U0369750

汉语国际教育规划论集

李　燕　主编

南开大学出版社

天　津

图书在版编目(CIP)数据

汉语国际教育规划论集 / 李燕主编.－天津:南开大
学出版社,2017.5
ISBN 978-7-310-05372-8

Ⅰ.①汉… Ⅱ.①李… Ⅲ.①汉语－对外汉语教学－
教育规划－文集 Ⅳ.①H195.3－53

中国版本图书馆 CIP 数据核字(2017)第 093815 号

版权所有　侵权必究

南开大学出版社出版发行
出版人:刘立松
地址:天津市南开区卫津路 94 号　　邮政编码:300071
营销部电话:(022)23508339　23500755
营销部传真:(022)23508542　　邮购部电话:(022)23502200
*
唐山新苑印务有限公司印刷
全国各地新华书店经销
*
2017 年 5 月第 1 版　2017 年 5 月第 1 次印刷
230×155 毫米　16 开本　17 印张　2 插页　241 千字
定价:56.00 元

如遇图书印装质量问题,请与本社营销部联系调换,电话:(022)23507125

本书为北京市教委科研计划项目"一带一路"地区汉语国际教育规划研究（项目编号：SM2017100090004）和北方工业大学青年拔尖人才项目的阶段性研究成果

代序：什么力量在推动语言传播？*

李宇明

（北京语言大学）

一、问题提出

什么叫作语言传播？目前似乎还没有一个十分恰切的定义。张西平教授和我主编过《世界汉语教育丛书》（外语教学与研究出版社，2007 年出版），当时，西平教授要我为丛书写个序言，序言的题目是《探索语言传播规律》。我在序言中写道："语言传播，指 A 民族（包括部族）的语言被 B 民族（包括部族）学习使用，从而使 A 民族（语言领属者）的语言传播到 B 民族（语言接纳者）。"这是对语言传播的一个描述，不能看作严格意义上的定义。在此基础上进一步分析，当一个民族的语言传播到另一民族时，其可能的结果是：1. B 民族可能将它作为外语来使用，如英语之于中国；2. B 民族可能放弃本民族的语言，接受 A 民族的语言，如汉语之于满族；3. B 民族可能两种语言并用，实行双语制，如汉语之于畲族、英语之于

*本文原载于《汉语国际传播研究》2011 年第 2 期。微信公众平台"汉语国际传播研究"和"语言政策研究"也曾推出此文（2016 年 5 月 31 日、6 月 1 日）。李燕近日在编写《汉语国际教育规划论集》一书，试从语言规划学的视角来审视汉语国际教育与汉语国际传播等诸多问题，并认为《什么力量在推动语言传播》的一些观念很契合她正编的文集的理念，想将此文作为文集序言。我十分高兴，特志于此，并希望语言规划研究能够更多关注汉语国际教育领域。

新加坡等；4.还会有其他一些情况。

尽管学界还不能恰切定义"语言传播"，但是自古至今语言传播现象都大量存在，特别是近半个世纪以来，世界交往和人口流动以级数的形式增频加速，语言传播的规模在加大，语言传播的速度在增加，语言传播的方式、种类在增多，这为语言传播研究提供了大量案例，也对语言传播研究提出了急切的社会需求。

语言传播是通过语言学习来实现的，多数是通过第二语言学习（当然也包括第 N 语言学习）来实现的。学习一种语言的成本极为昂贵，既要花费大量的金钱，也要花费大量的精力，而且第二语言学习的效果还往往不大理想。例如，中国学习外语的人数据称有三个亿，但这些外语的学习，除为考学、应聘、晋级、升职等应试之外，似乎没有起到太大的作用，通过外语获取的真正效益其实非常低。既然语言学习成本那么高，真实的收益又那么不肯定、不稳定，人们不禁会问，为什么 B 民族的成员还要学习 A 民族的语言呢？人们还可以进一步问，为什么学习的是 A 民族的语言而不是别的民族的语言呢？

这种提问，其实是问这样的问题：某个民族的语言向另一民族、另一地区的传播，是被某种力量推动着的，这种力量可以称为语言传播的动因。那么，这种力量是什么力量？这种动因是什么动因？了解语言传播的动因，有利于从一个方面认识语言传播规律，并在此基础上制定科学的语言传播规划。

二、历史上的语言传播

研究语言传播动因，可以从研究语言传播的各种典型事例着手。历史上，语言传播的重大事例不胜枚举，比如：希腊语的向外传播，至今在许多科学领域、在许多语言中还可以找到希腊语和希腊字母的踪影；再如拉丁语，作为中世纪西方的国际媒介语，在历史长河中传播到世界上很大一部分地区，至今仍在科学、神学等领域发挥着作用；阿拉伯语随着阿拉伯帝国的扩张和伊斯兰教的传播不断向外传播，南传到北非，北传到中亚，东部影响到马来半岛和印度尼西亚。西班牙语、葡萄牙语、法语、德语、俄语等，在不同的历史时期也向世界各地传播，至今还都是有影响的国际语言。目前，人们研究较多的是英语的传播，英语在欧洲西北角的岛国上孕育，之后伴随着英国殖民者的脚步和商人的船队走出英伦，走向世界，以至于形成了今天的国际超级大语言。

考察历史上语言的传播过程可以发现，不同时代不同语言的传播，有着不同的动因。有些语言是通过殖民和移民来实现传播的，或者称其是军事动因，因为殖民扩张的过程始终伴随着军事与征服；有些语言通过宗教来实现传播，有些语言通过文化来实现传播，有些语言通过意识形态来实现传播。

阿拉伯语的传播主要是宗教动因，世界各地信奉伊斯兰教的人增多，阿拉伯语随之不断向外传播，有的国家和地区直接使用了阿拉伯语，有的吸收了大量阿拉伯语的成分，有的改用了阿拉伯字母，传播的结果有很大差异。

俄语在"十月革命"之后的向外传播，"意识形态"动因起到了最为重要的作用。20 世纪 50 年代，新中国曾经掀起了大规模的学习俄语的热潮，俄语在中国外语教学中的地位十分显耀，而当时英语在中国仅是一般的外语，与俄语的地位不能同日而语。中苏关系紧张之后，特别是苏联解体之后，中国的俄语教育面临极大危机。俄语在世界其他地方的传播情况与在中国的情况十分近似。当年，受苏联意识形态影响的国家都把俄语教育与学习苏联的意识形态紧紧粘连起来，而随着苏联的衰落与解体，俄语教育也多转换成英语等其他外语教育，甚至连当年的苏联的加盟共和国也多是如此。今天，俄语在中国又有了转机，尤其是在东北边境贸易兴盛的地区，机场、贸易区、公共场所都有俄语标识。不过，这种转机的动因不是意识形态，而是经济贸易。

语言传播动因是复杂的，有的是单一动因起作用，多数情况下是多种动因复合起作用；多种动因在复合作用时，又有主导有辅助，错综复杂，相辅相成。还应看到，语言传播的动因会因历史条件的发展变化而发生各种变化，如不同动因作用强弱的变化、动因的增减变换等。不同语言的传播都是在一定时空背景中发生的，研究各种社会时空条件对语言传播动因的影响，有利于全面把握语言传播的规律。

三、汉语传播的动因问题

汉语传播也是历史上语言传播的经典事例，研究语言传播不可能不研究汉语传播。早在先秦时代，汉语就向四方传播，远及八荒。而影响最大的，是汉唐以来向朝鲜半岛和日本的传播，形成了影响至今的东洋汉学。明代以后，通过传教士和旅行者，汉语传到西洋，形成了至今犹在的西洋汉学。汉语也伴随着劳工和移民漂洋过海走到东南亚，形成当今东南亚华人的华语。

历史上汉语传播的动因主要是文化和移民。汉语当年在日本、朝鲜半岛等东亚国家的传播，主要是汉文化的优势。历史悠久的汉文化，特别是汉唐文明，对周边国家产生了很大吸引力，他们纷纷学习汉语和汉字，用汉字记录他们的语言文化，或者通过借鉴汉字、演绎汉字来创制本民族文字。西洋汉学的形成，也主要是由于西方对中国文化的兴趣。继利玛窦之后，许多传教士来到东方传教，马可波罗等旅行家及一些商人也来到中国，他们把汉文和汉文化传到西方。南洋华语的形成主要是移民因素。当年，华侨背井离乡，辗转来到南洋各地，在当地扎下了根，还有一些华侨则走得更远。不管是老移民还是新移民，他们都是把汉语带向世界各地的一支力量。今天世界许多地方都有唐人街，唐人街上的汉语也是移民动因形成的。

曾经有一段时期，汉语国际传播的步伐几乎停止。清朝末年，国力衰微，之后国难不断，内忧外患，国家积贫积弱，哪有人来学汉语？1949 年，中国历史翻开新的一页。1950 年，中华人民共和国第一个对外汉语教育机构——"清华大学东欧交换生中国语文专修班"成立。此后相当长的一段时间，对外汉语教学的主要对象是东欧、越南等国学生，那时汉语传播的动因主要是政治，也可以说是意识形态。

当代，汉语真正再次有规模地向世界传播，是在 20 世纪 80 年代后，特别是 2005 年首届世界汉语大会召开之后。这一波的汉语国际传播的动因是什么？

是文化动因吗？我认为主要不是。因为中国文化几千年来都存在，为什么清末以来汉语传播几乎停顿？由于近代的社会思潮，特别是"文化大革命"，中国传统文化受到严重冲击，历史上有段时期，我们甚至把文化看成了历史包袱，要彻底抛弃而后快。比之盛唐，可以说现在并不是中国传统文化最昌盛、对世界最具吸引力的时代，人们为何要学习汉语？当然，这一波的汉语国际传播动因中包含有文化动因。从外国人学习汉语的数量看，最多的是韩国人、日本人和华裔华侨子弟，这里面自然有文化因素。但是即便是韩国、日本和海外华裔华侨子弟，他们的学习动机也不全是文化层面的，其中有很大一部分经济动因。

这一波的汉语国际传播是移民动因吗？应该说有这个因素。中国改革开放之后，一批新移民走向世界各地，他们希望自己的子女能够保持母语，但是这批汉语学习者的数量有限，而且，学习动因是任何民族的移民都有的。

当然，这一波的汉语国际传播的动因也不可能是意识形态、宗教或者军事。当前，汉语国际传播最主要的动因应该说是经济。近些年，中国经济稳步发展，国民生产总值已经排名世界第二，而且发展前途非常乐观，是"金砖五国"之一。对个人还是对国家，越来越多的人相信，掌握汉语就能够得到中国经济发展带来的好处。很多国家关于学习汉语的宣传，早就有这种法。

当下汉语传播的主要动因是经济——如果这个判断是正确的话，那么就应当充分利用经济因素去推动汉语传播。比如：在汉语传播的对外宣传上，应以"汉语学习的经济价值"作为基本口径；在海外办学机构的设置上，应当充分考虑受中国经济影响较大的区域，应当更多地听取我国经济部门的意见；在国内办学中，与中国经济发展关系密切的专业应该较多介入，提供宏观策划和课程、师资等方面的具体援助；在课程设置上，除了语言课程之外，应当充分向学生介绍现代中国，特别注意培养学生从事涉华工作的能力，甚至是培养学生在中国工作的能力；中国各有关企事业单位在推荐吸纳人才时，应当为海外汉语学习者尽量提供工作机会，让他们学好汉语以后，有可能谋到一份职业，甚至是较好的职业，从而能够给汉语学习更大的推力。同时，在鼓励汉语教育走出国门的同时，还要鼓励学生到中国来留学，中国依然是学习汉语、了解中国最理想的地方。

当然，当下汉语传播还有文化动因和其他动因，在注重经济动因的同时，也要兼顾不同国家、不同学生的其他学习动机，比如对于华裔华侨子弟，对于日、韩、越南等国的学习者，在注意经济动因之时也要重视文化动因，因为中华文化必然是华裔华侨子弟的"母文化"，学习母文化是"族裔义务"；因为自古以来中华文化就通融到了日、韩、越南等国的文化交融，学习汉语和中华文化对于理解他们自身的文化具有重要意义。

总而言之，我们通过研究历史和现在的各种语言传播现象，分析推动语言传播的力量，寻求语言传播的动因，从而更好把握语言传播的基本规律。这种研究，理论上是解决语言为什么能够传播的问题，实践上是推动汉语更好地向国际传播，满足世界人民对于汉语学习的需求，提高其学习效率，而且学而得益。

前　言

　　语言规划（Language Planning）是社会语言学及应用语言学的一个年轻分支学科，其主要研究内容包括以下四个方面：语言地位规划、语言本体规划、语言习得规划和语言声望规划。语言地位规划是与语言外部环境有关的规划，主要涉及国语、国家官方工作语言的选择问题。语言的本体规划则是对语言及文字本身进行的规划，包括词典编纂、语音规范、文字改革、科技术语的翻译与规范等工作。语言习得规划是由库帕（Cooper）提出，也被称为语言教育规划，它是教育领域内的语言规划，主要是对学习对象、师资、教学目标、教学方法和教材、社区、财力资源所进行的决策，围绕汉语国际教育"教"与"学"等方方面面的问题都是习得规划领域关注的重点。语言声望规划由哈尔曼（Haarmann）提出，它与语言形象密切相关，其主要目标是通过制定公开的、成文的政策或采用类似政策的手段，提高语言的声望和地位。哈尔曼指出，政策和规划若要产生很大的影响，要做大量的推进工作，以确保各项政策和规划能够落到实处，这些具体工作可以在官方/政府、机构、利益集团、个人等四个层面开展。汉语国际教育研究涵盖内容广泛，既涉及汉语教学的微观领域，同时亦包含宏观战略层面的汉语国际传播、孔子学院建设等相关问题，这与语言规划学的习得规划和声望规划研究息息相关。李宇明教授也曾指出，教育历来是语言竞争的热点领域，它既存在于外语教育、少数民族的双语教育等诸多领域，同时也存在于汉语的国际教育领域之中。激烈的语言竞争，既是语言教育领域的语言处于活跃状态的表现，但也可能引发语言冲突，进而转化为社会冲突。因此，汉语国际教育领域需要制订科学的语言规划，在积极满足全世界范围内汉语学习需求的同时，致力于建构世界和谐的语言生活，促进人类文明的多元、健康发展。我们希望，未来汉语国际教育规划的研究能够在植根于汉语国际教育的现实基础之上积极引进、吸收国外先进的理论和研究方法，走出一条"自我出新和据实立新"的研究之路。

本书精选了自 2010 年以来公开发表的 20 篇学术论文，按照汉语国际教育理论与孔子学院建设两个框架体系进行编排。当然，这只是一个大致的分类而已。汉语国际教育理论研究侧重汉语国际教育的学科建设、教材建设、汉字教学、语言学习需求研究、语料库建设、汉语国际传播研究等方面的内容；孔子学院研究则主要涉及孔子学院的评估、发展模式、与其他国家语言推广机构的比较研究等。本书收录的文章均体现出较高的学术价值与应用价值，对于学界进一步了解近年来汉语国际教育理论与孔子学院建设研究的相关成果，推动我国汉语国际教育事业的发展，以及政府制定相应的语言政策与规划具有一定的指导意义。篇幅所限，有些优秀论文未能收录。论文格式根据需要进行了相应的调整，以形成全书统一的体例。

本书的出版得到各位入选作者的大力支持和鼓励，在此表示最诚挚的谢意。非常感谢李宇明教授对文集编写工作的多次指导并欣然答应将力作《什么力量在推动语言传播》作为本书代序，使文集更具学术分量。感谢王辉和王春辉师兄的帮助。感谢南开大学出版社的张彤主任在本书出版过程中提供的大力支持，感谢于飞编辑的辛苦付出。本书的写作和出版得到了北京市教委科研计划项目和北方工业大学青年拔尖人才项目的资助，在此一并致谢。

愿本书的出版能够引起读者对汉语国际教育、语言教育规划研究的兴趣、关注与思考。由于笔者学识所限，本书虽历经打磨并校对再三，谬误或疏漏之处在所难免，尚祈各方专家学者不吝指正。

李 燕

2016.7.29

目　录

上篇：汉语国际教育规划理论研究

1. 汉语传播的国际形象问题

李宇明

（北京语言大学）

汉语向世界传播，关乎全世界各地的华人。让世界共享汉语，并由之共享汉文化及中华文化，关系到人类语言文化的多样性乃全人类的和谐进步，故而，汉语的国际传播与共享深为海内外所关注。汉语国际传播的效率，同任何语言一样，最终取决于有多少人把它作为第二语言来学习和使用。

汉语在历史上早就传播到了四邻之域。汉学在数百年前也经由传教士带去欧陆。20 世纪中叶，对外汉语教学再兴；到 20 世纪末，汉语开始了新一轮的国际传播，或可称之为"汉语的当代国际传播"。在当代的国际传播中，全面而真实地彰显汉语的学习价值，自觉塑造足以吸引汉语学习者的国际形象，十分重要，不可轻视。本文拟就汉语国际传播的形象问题，做些讨论，以求教于方家。

一、语言的国际形象

在国际上有影响的大语言，如英语、法语、西班牙语、俄语、阿拉伯语、德语、希腊语、意大利语、日语、印地语等，都有其国际形象。语言国际形象的形成，是各种复杂因素相互作用的结果。

到目前为止，对影响语言形象的各种因素及其相互作用机理的全面分析还不多见。据笔者初步观察，这些因素主要有三类：第一类，语言所属的国家的国际形象，这是构筑语言国际形象最为重要的因素，是语言国际形象的基础；第二类，语言本身的状况，包括语言的结构类型、文字（字母表）情况、语言负载信息量的多寡以及语言在国际各领域的流通情况等；第三类，人们有意识的对语言形象的塑造与传播。法语、英语国际形象的形成与发展可以作为语言形象分析的典型例子。

法语是第二次世界大战之前世界上最有影响力的语言。1539年，法国国王弗朗索瓦一世颁布《维莱尔—科特雷敕令》，规定在法国国土上凡与公共生活相关的文书，必须使用法语。法语在法国的地位由此得到确立，并随着时间的推移愈加巩固。后来，法国在国际上的影响越来越大，不仅慑服四邻，而且势力南及地中海沿岸。此后，随着其殖民地不断扩展，法语逐渐成为世界上最为重要的语言之一。时至今日，法语还在五大洲使用，法语国家组织有 56 个成员国和 19 个观察员国，其数量超过了联合国成员国总数的三分之一。

歌颂法语的颂词充满历史。法语的国际形象可以概括为"优美""文明"。法国的启蒙运动——伏尔泰、孟德斯鸠、卢梭以及以狄德罗为代表的百科全书派——创造了灿烂的法国文明。法国文化的光环自然也冠于法语之上。这些是法语国际形象的客观基础，但法语的形象不仅与其客观基础相关，而且也与人们有意识地形象塑造相关。法国人对于自己母语的热爱，世界上大概没有几个民族可以与之相提并论。李清清（2014）在对与之相关的文献梳理时指出，法国人把法语看作法国，看作"法国人的首要资本，法国人尊严的象征，法国统一的通道，传播世界文化和谐与同一遗产的工具，是法国梦想的一部分"（Riding，1944）。而且，法国人还认为，"法语不仅是法国的语言，更是全人类的语言"。2012 年 9 月在北京召开的"中法语言政策与规划比较研究国际研讨会"上，法国驻中国大使白林女士这样描述法语："法语是和平的语言，是安全的语言，是外交的语言，也是众多国际机构的官方语言，是世界法语区的通用语言。"（李宇明，2014：15）

英语的国际地位，从第二次世界大战结束时开始超越法语。英语最为显著的国际形象是"国际化""现代化"。所谓国际化，是因为英语几乎成为当今世界的通用语，学会了英语，就可以在世界各地行走，可以在不同的文化领域穿行。所谓现代化，指的是现代科学文化，甚至是互联网的信息，大多数都贮存在英语文献中。学习英语有利于掌握英语文献，有利于掌握现代科学文化知识。

英语的国际形象自然与以英语为母语的国家的国际地位分不开，特别是与当年大英帝国建立的"日不落"帝国相关，与后来美国对世界各领域的巨大影响更加相关。此外也应看到，以英语为官方语言的国家、以英语为主要外语的国家也为英语的国际化推波助澜，注入了强大的活力。

英语的国际传播是英美等国有计划的推广，还是自然而然的结果，几十年来在语言规划学界一直存在着争论（参见 Robert Phillipson，2000）。但是不管如何，方方面面对英语形象的"包装"的确从未停止过。早在 19 世纪，印度总督立法委员麦考莱就说，英语是"想象丰富的语言、有用的知识的媒介和国际交流语言"（Macaulay，1835）。对于非以英语为母语的人来说，英语被"包装"为、后来也的确成为社会精英的标记。

近些年，英语的"包装"又有两个变化趋势：

其一，侧重于英语的经济价值。例如，卢旺达政府 2008 年进行了语言政策的大变革，用英语替代法语作为政府工作语言和教育语言。这一语言政策的变革，有其国内因"大屠杀"而导致的政治原因，也有巨大的经济理由：他们把英语看作"不仅是卢旺达而且是全世界经济增长和发展的支柱"。英孚教育 2012 年发布了针对全球 54 个国家的《英语熟练度指标》（EF English Proficiency Index）报告①，其首页即明确指出："英语无论对于国家还是个人而言，都是谋求经济富裕的关键要素。拥有更高的英语能力与更高的收入、更大的出口额、更轻松的商业环境和更多的创新形成正相关关系。"

其二，人人都应学习英语。许多语言经济学家研究发现，一般情况下，懂英语的移民其收入要高于不懂英语者。这些研究及上面所援引的英孚教育的报告，客观上都在"改装"英语的"精英的标记"，今日之英语已经不仅仅是精英的语言，也逐渐成为一般劳动者

---

①参见英孚教育官方网站：http://liuxue.ef.com.cn/epi/downloads/。

工作与生活所需要的基本技能。法国前任总统萨科奇也顶不住英语的魔力，2011 年宣布了法国三岁儿童英语学习计划，声称他希望法国青年学习这门"莎士比亚的语言"和"女皇的英语"，因为"当今在法国没有掌握英语即是一种缺陷"（Pickup，2011）。

法语和英语的影响力为人们熟知，不必描绘其国际形象形成的细枝末节。但有两点需要特别注意：

第一，国家、语言的状况是语言形象的基础，但是语言形象仍然需要在此基础上进行塑造。语言形象的塑造者首先是母语人或"母语国"，但也有"外语人"和"外语国"，一旦"外语人""外语国"参与某语言的正面形象塑造，这种语言的国际传播能量就会加倍增长。

第二，法语是"高雅"的，英语是"实用"的。英语一步一步夺去法语的国际地盘，反映了以"实用"为重的当代的国际语言选择意识。而关于英语包装的两种新趋势，更助长了这种"实用"意识。

二、汉语的国际形象

汉语在东亚早就树立了自己的国际形象，而由传教士引发的西方汉学，也形成了西方的汉语形象。在中国近三十年的经济的快速、持续发展中，世界对中国也有了新认识，这种新认识也会转化为塑造汉语形象的新元素。现在，汉语的国际形象也许可以表述为三个关键词：神奇、经济红利、难学。

东方社会、东方经典、汉语汉字，对西方人来说的确古老而神奇。初次接触中国的传教士、西方早期的汉学家及其文化界都曾不断感叹古老的东方文明。这种早期的感叹便形成了西方人心目中的汉语形象。其后的中国学者和教师，书本中写的、课堂上讲的，也多强调中华文化的悠久与独特，彰显汉语汉字的微妙与奇特，致使西方人心目中的汉语形象不断得到印证与加强，形成汉语"神奇"的国际形象。

汉语、汉字、汉文化之于西方，的确有神秘、奇特之特点，这些特点也能够对世界上许多学者和年轻人产生吸引力，吸引他们来学习汉语，来解码汉文化。但是，被"神奇"所吸引，必然只是少数具有"探险"精神的人，许多人也许会望奇兴叹，会浅尝辄止；而且，对世界上汉语学习者的文化导向也不应当只是"考古"式地回溯求奇，而还应当将其目光引导至中国的当下与未来。就此而言，汉语的国际形象应当由"神奇文化"向"魅力文化"嬗变。嬗变的途径之一，就是要探讨中华文化对人类当下和未来的价值，发掘中华文明与其他文明的相同、相似、相通、相关之处，并及时加入现代文明的创新成分。

汉语的"经济红利"形象，是"实用"性的形象。2005 年 7 月 22 日，《文汇报》发表了对法国教育部汉语总督学白乐桑先生的专访文章。白乐桑先生说："1973 年我到中国学习，完全凭兴趣，也不知道学了汉语能有什么用处。今天不同了，汉语已成为一门绝对实用的语言。因此，许多中学校长应学生和家长的要求向法国教育部提出并设汉语课。"

汉语的"经济红利"形象，与中国近三十年来经济的发展分不开。2000 年，中国已经是世界第七大经济体，2007 年超越德国成为世界第三大经济体，2010 年第二季度又超越日本成为世界第二大经济体：中国 GDP（国内生产总值）总量为 1.33 万亿美元，而日本那一季度的 GDP 总量为 1.28 万亿美元。网易财经 2013 年 2 月 10 日报道，2009 年中国成为世界第一大出口国和第二大进口国，2012 年中国的贸易总额首次超过美国，成为世界贸易规模最大的国家。美国商务部发布数据称，美国 2012 年的商品贸易总额为 38628.59 亿美元；中国海关发布的数据是，中国 2012 年的贸易总额为 38667 亿美元。"世界第二大经济体和世界最大贸易国"都表明了中国在世界经济中不容忽视的地位。

汉语的"经济红利"形象，不仅与中国近三十年的经济发展分不开，也与国际上对中国未来经济的预测分不开。例如，高盛董事长吉姆·奥尼尔 2001 年曾在《高盛眼中的世界》一书中预测：到 2050 年"金砖四国"（巴西、俄罗斯、印度和中国）将主导世界；到 2035 年，中国将超越美国，成为世界上最大的经济体。再如，美国莱坊公司和花旗银行发布的《2012 年财富报告》（李清清，2014：161），如表 1 所示。

表 1 《2012 年财富报告》中的世界前 10 大 GDP 国家（2010—2050 年）

排名	GDP（PPP） 单位：万亿美元			
	2010 年		2050 年	
1	美国	14.12	印度	85.97
2	中国	9.98	中国	80.02
3	日本	4.33	美国	39.07
4	印度	3.92	印尼	13.93
5	德国	2.91	巴西	11.58
6	俄罗斯	2.20	尼日利亚	9.51
7	巴西	2.16	俄罗斯	7.77
8	英国	2.16	墨西哥	6.57
9	法国	2.12	日本	6.58
10	意大利	1.75	埃及	6.02

《2012 年财富报告》预测，到 2050 年，中国 GDP 总量将是美国的两倍，稳居世界第二大经济体的地位。

美国彭博新闻社（Bloomberg News）2013 年 12 月 4 日报道，从 2014 年 9 月起，英国中小学将开设外语必修课。时任英国首相卡梅伦在一封电子邮件中说："当今天出生的孩子离开学校时，中国必定已成为全球最大的经济体。所以现在我们必须超越传统上对法语和德语的关注，让更多孩子学习汉语。"英国政府设定了一个目标，计划让学习汉语的人数翻番，达到 40 万人。英国政府将给希望增设汉语课的学校提供资金，并努力增加会说汉语的学校教职员人数。

20 世纪末兴起的"汉语的当代国际传播"，必须理性考虑汉语的国际形象应如何再塑造的问题：是塑造成"古老文明"的语言，还是"拥有未来"的语言？前者是从历史文化的角度设计，后者是从经济生活的发展设计。在上文中笔者曾指出，"实用"是当代的国际语言选择意识。加强汉语的"经济红利"形象，应该是汉语最吸引人的学习价值。

如此分析，"经济红利+魅力文化"应当成为塑造汉语当代国际形象的关键词。汉语是一种负载着"魅力文化"且具有"实用价值"的"未来语言"，拥有汉语，就能够拥有未来！

三、"汉语难学"辨

汉语难学，大约是西方不少民族的印象。伍铁平（1988）先生曾经举过几种语言的例子，令人印象深刻：

法语：C'ert du chinois.（"这简直不可理解"，字面意为"这是汉语"。）

德语：Das ist Chinesisch für mich.（"这对我来说是不可理解的"，字面意为"这对我来说就是汉语"。下二句同。）

荷兰语：Dat is chinees Vo-or me.

波兰语：To dla mnie chińszczyzna.

一些当代汉学家也有汉语难学的看法。例如，美国密歇根大学中国研究中心学者戴维·莫色（David Moser）1991 年曾经发表了《为什么汉语如此如此地难学？》（Why Chinese is so damn hard?）的文章；汉语说得相当流利的汉学家顾百里（Kubler，2001）也曾说过，"对于英语母语者来说，汉语是一门极其难学的语言"。

从美国一些学院的课时计划也可以证明顾百里先生的话是有道理的。据王晓钧（2004）所述的美国国防学院的材料，以下四类语言达到中等水平，其学习时间大约为：

①西班牙文、法文、意大利文——857 小时；

②德文——1190 小时；

③俄文、希腊文、希伯来文——1644 小时；

④中文、日文、阿拉伯文、韩文——2205 小时。

包括汉语在内的第四类语言，学习时间大约是第一类语言的 2.58 倍。印京华也曾指出，美国外交学院据其 50 年教学之经验，美国外交官达到职业要求的语言水平，下面四类语言所需要的学习时间大约为：

①德语、法语、西班牙语等——6 个月；

②希腊语、印尼语、俄语等——10 个月；

③印地语、土耳其语、越南语等——12 个月；

④汉语、阿拉伯语、日语、韩语等——24 个月。

包括汉语在内的第四类语言，学习时间竟然是第一类语言的 4

倍。美国国防学院和美国外交学院对每种语言学习难度的说明在细节上有出入，但是汉语学习需要最长的时间，这是共同的。

语言本身的复杂度因各种语言的发育状态不同而有差别。就语音系统、词汇构造和语法类型来看，汉语的复杂度应当是中等的。赵元任（1980）也认为："中国的语言在世界上，对于没有学过任何语言的小孩子，可以算是中等，不特别难，也不特别容易。"

语言复杂度并不等于语言学习难度，甚至也不是影响语言学习难度的最为重要的元素。仔细分析，语言学习难度取决于三个变量：其一，语言距离。决定语言距离远近的因素主要有：学习者的母语与目的语有无同源关系，若有同源关系还要看谱系关系的远近，相互之间语言借代关系的多少，文字系统的相似度，有无相同、相通、相近的文化等。其二，语言学习条件。比如，有无目的语的生活环境、有无合适的学习材料、有无懂行的教师等，对于语言学习的影响都是巨大的。其三，语言学习动力。不同的语言学习动机产生不同的学习动力，不同的学习动力对于克服学习困难、获得学习成效有很大影响。

前面所举的汉语难学的例子，分析起来，多数都是语言距离造成的。而大量教学实践表明，除了声调等问题之外，汉语难学主要不是语言难学，而是汉字难学。据《中国语言生活状况报告（2006）》（下编）的统计，使用频率最高的 591 个、958 个、2377 个汉字，分别覆盖语料的 80%、90%、99%。据《中国语言生活状况报告（2007）》（下编）的统计，使用频率最高的 595 个、964 个、2394 个汉字，分别覆盖语料的 80%、90%、99%。其后几年的《中国语言生活状况报告》的统计数据都与之相近。这些统计数据显示，汉字虽然数以万计，但是在实际语言生活中，600 个汉字就能覆盖 80%左右的语料，1000 个汉字就能覆盖 90%左右的语料，2400 个汉字就能覆盖 99%的语料。

解决汉字难学的问题，就字量来说，主要是解决 1000 个高频汉字的学习问题。当年，小学汉语母语教学中，汉字也是个比较困难的问题；现在通过各种汉字教学法的研究与实践，汉字已经不再是小学母语教学中"拦路虎"式的大问题。在汉语作为第二语言的教学中，海内外也都已经积累了较多有价值的经验，印京华（2006）和李泉、阮畅（2012）等先生，也对第二语言的汉字教学提出过很好的建议。特别是现代信息技术的快速发展，也为解决汉字教学问题提供了新手段。

汉语难学，不管是真问题还是假问题，不管是汉语形象问题还是教学实践问题，都是汉语国际传播必须充分重视、妥善解决的问题。学习一种语言需要很大的投入，包括学资、精力等，"汉语难学"会让许多人望而却步，严重妨碍汉语的国际传播。因此，在舆论上应当努力破除"汉语难学"的印象，在实践上应当尽力提高汉语学习效率。

四、重视汉语国际形象的现实意义

理性认识语言国际形象的形成机理，对于汉语的国际传播以及汉语国际教育具有非常重要的意义。

一种语言要具有良好的国际形象，其基础是这一语言所属的国家的形象，特别是国家对世界所做出的贡献。汉语要有良好的国际形象，需要所有使用汉语的国家和地区在思想文化、科学技术、经济、艺术等方面都取得辉煌成就，并因其成就而促进人类进步。汉语不仅在中国大陆使用，也在香港、台湾地区使用，也在海外许多华人社区使用，因此，这需要全世界华人共同努力，共同弘扬和创造华人的优秀文化。

以汉语为母语者要珍视汉语，维护汉语的尊严，遵从汉语规范并不断创建汉语新规范，要最大限度将本国文明与人类文明注入汉语，包括自觉将本国的知识创造用汉语表达，包括重视外汉翻译事业，将人类知识创造贮存在汉语之中，以此提升汉语的信息量，提升汉语的国际应用价值和学习价值。

汉语国际教育工作者对汉语国际形象的塑造当然更为直接与重要。我们要认真梳理中华传统文化，把那些能够泽被当下、惠及人类的优秀文化编入教材，特别是要把当下中国方方面面的惊人发展真实地介绍给汉语学习者，使他们通过汉语学习能够分享中华优秀文化，了解现代中国以分享中国发展的红利。汉语学习者，甚至这些汉语学习者的所在国，也都是汉语形象的重要塑造者和传播者。

我们要致力于打破"汉语难学"的神话，切实提高汉语的学习效率。现在的一些汉语教材，其内容侧重于传统中国和"民俗中国"，较为忽视对现代中国的关照。一些教师有意无意地强调汉语汉字的深奥，在练习、考试等教学环节，未有意识地促成学习者的"成功感"，这可能催生了"汉语难学"的刻板印象。2005 年《文汇报》记者对白乐桑先生说，有人说，对外国人而言汉语太难学，白乐桑先生回道："难学，那是你们中国人自己这么说。"他认为，由于长期以来所谓"汉语难学"的说法，致使不少想学汉语的人望而却步，这对推广汉语起到了负面作用。"其实这种说法我在中国听得最多，在国外倒并没有多少人经常这样议论。"白乐桑先生的意见，值得深思。

如何塑造汉语的国际形象，国家文化规划、语言规划和教育规划者都应关注；这方面的顶层规划和具体举措，还需要重视、需要协调、需要创新。中国的经贸界人士，在推动中国经贸走向世界之时，也应注意带动汉语走向世界，并通过经贸活动来增加汉语的学习价值。

总而言之，一种合适的、正面的语言形象，对于语言和文化的国际传播具有十分重要的意义。良好的语言形象，不仅与语言所属国的国际影响相关，也与语言贮存的信息量相关，更需要人们的理性塑造。汉语现在的国际形象是"神奇、经济红利、难学"，应在此基础上，通过各种举措，使之转变为"经济红利+魅力文化"的形象。要实现这种嬗变，需要理性认识语言形象塑造的规律，借鉴世界一些通行语言的"包装术"，调动全世界的积极性一起正面塑造和持续传播汉语的形象。

参考文献

［1］陈贤纯. 学习汉语也并不难. 语言教学与研究. 1986（1）：127-132.

［2］戴曼纯、刘润清等. 国外语言规划的理论与实践研究. 北京：外语教学与研究出版社. 2012.

［3］丹尼斯·埃杰著. 吴志杰译. 语言规划与语言政策的驱动过程. 北京：外语教学与研究出版社. 2012.

［4］国家语言资源监测与研究中心编. 中国语言生活状况报告2006（下编）. 北京：商务印书馆. 2007.

［5］国家语言资源监测与研究中心编. 中国语言生活状况报告2007（下编）. 北京：商务印书馆. 2008.

［6］金立鑫. 试论汉语国际传播的国家策略和学科策略. 华东师范大学学报. 2006（4）：97-103.

［7］井上史雄. 日语的价值（李斗石译）. 延吉：延边大学出版社. 2010.

［8］李泉、阮畅. 关于"汉字难学"之教学对策. 汉语学习. 2012（4）：83-90.

［9］李泉. 关于汉语难学问题的再思考. 语言教学与研究. 2010（2）：31-38.

［10］李清清. 英语和法语国际传播对比研究——全球语言秩序中的语言选择. 北京外国语大学博士论文. 2014.

［11］李宇明主编. 中法语言政策研究. 北京：商务印书馆. 2014.

［12］尼古拉斯. 奥斯特勒. 语言帝国：世界语言史. 上海：上海人民出版社. 2011.

［13］王晓钧. 美国中文教学的理论与实践. 世界汉语教学. 2004（1）：100-104.

［14］吴应辉. 汉语国际传播研究理论与方法. 北京：中央民族大学出版社. 2013.

［15］伍铁平. 汉语并不难. 世界汉语教学. 1988（4）：201-207.

［16］印京华. 提高美国学生汉语文化水平要走好的第一步. 国际汉语教学动态与研究. 北京：外语与外语教学出版社. 2005.

［17］印京华. 寻求美国中文教学的新路：分进合击. 世界汉语教学. 2006（1）：116-121.

［18］俞志强. 跨越"汉语难学"这道坎儿. 语言教学与研究. 2012（4）：38-45.

［19］赵元任. 语言问题. 北京：商务印书馆. 1980.

［20］Gordon, D. The French Language and National Identity (1930-1975). The Hague: Mouton. 1978.

［21］http://www.dailymail.co.uk/news/article-1351899/French-force-children-learn-English-age-THREE-President-Sarkozy-gets-way.html (download 10/03/2014).

［22］http://www.nytimes.com/1994/08/07/world/mr-all-good-of-france-battling-english-meets-defeat.html (download 10/03/2014).

［23］Li Wei. Applied Linguistics. John Wiley & Sons, Ltd. 2014.

［24］Macaulay, T. B. Minute Recorded in the General Department by Thomas Babington Macaulay, Law Member of the Governor-general's Council, dated 2 February 1835. In L. Zastoupil and M. Moir (eds.). The Great Indian Education Debate: Documents Relating to the Orientialist-Angllicist Controversy, 1781-1843. Cornwall: Cruzon. 1999: 161-173.

［25］Pickup, O. Sacré Bleu! French to Force Children to Learn English from the Age of THREE, if President Sarkozy Gets His Way. Dailymail. February 1, 2011.

［26］Riding, A. Mr. "All-Good" of France, Battling English, Meets Defeat. The New York Times. August 7, 1994.

［27］Robert Phillipson. Linguistic Imperialism（语言领域的帝国主义）. 上海：上海外语教育出版社. 2000.

（原文载于《Global Chinese 全球华语》第一卷第 1 辑，柏林：德古意特出版社，2015）

2. 汉语国际教育专业的定位问题*

陆俭明

（北京大学）

一

2013 年 10 月 26 至 27 日，由北京语言大学主办，华东师范大学、北京外国语大学、上海外国语大学协办的"2013 年全国高校汉语国际教育/对外汉语本科专业建设研讨会"在北京语言大学隆重举行。这次会议的一个核心内容是讨论汉语国际教育本科专业/对外汉语本科专业的定位问题，并讨论开展汉语国际教育到底需要培养什么样的汉语教师，汉语教师需要具备什么样的素质。讨论这些问题对当前的汉语国际教育/对外汉语教学和整个学科建设，都很有意义。但是，在讨论这些问题之前，有必要先对汉语教学本身的几个问题有个全面正确的认识。

第一个问题：该树立什么样的"汉语国际传播观"？

该树立什么样的"汉语国际传播观"？汉语国际传播的目的是什么？有人会说："这还用问吗？是为了推广汉语，推广文化，增强我国的软实力。"这是目前很普遍的看法。但这种认识不值得肯定。使用"推广"一说极为不妥，这正如吴应辉（2013）所指出的："汉语国际推广"这一术语曾一度被官方广泛使用，它能充分反映有关

* 本文是作者根据在"2013 年全国高校汉语国际教育/对外汉语本科专业建设研讨会"（2013 年 10 月 26 日，北京语言大学）全体会上所做的报告修改而成的。

机关要把汉语推向世界的主动性、积极性和美好愿望，但会带来"文化侵略"之嫌的负面效应。

事实上，这不是"会带来"，而是已经带来了负面影响。应该看到，"推广汉语，推广文化"之说违背了 21 世纪"文明，和谐，共赢"的时代特点。应该看到，现在是一个大数据、网络化、全球化以及人类逐步走向太空的时代，我们要逐渐习惯于用世界的眼光来看中国，用世界的眼光来看世界，用世界的眼光来思考问题。对于汉语国际传播，我们也需要有这种世界的眼光，而不是只有"国家的眼光"。只有这样，我们的作为、我们的工作才会受到各国的欢迎与尊重，才会真正符合我们的国家利益。因此，我们应该明确，汉语教学走出国门，开展汉语国际教学，其目的是为世界各国建造通向中国的友谊之桥——汉语桥。我们应该树立这样一种"汉语国际传播"观。

第二个问题：汉语国际教学的核心任务是什么？

原先的对外汉语教学也好，现在的汉语国际教育也好，就学科性质来说没有本质的区别，都是关涉到汉语言文字学、应用语言学、教育学、心理学、文学以及文化、艺术和其他某些学科的多学科交叉性学科，其核心任务与内容是汉语言文字教学，其出发点和终极目标是让愿意学习汉语的外国学生学习、掌握好汉语汉字，培养他们综合运用汉语的能力。因此，汉语教学总的指导思想应该是，"怎么让一个零起点的外国学生在最短的时间内能学好、掌握好汉语汉字"。

为什么要强调汉语国际教学必须以汉语言文字教学为核心任务呢？理由有二：

第一，汉语教学最直接的目的是设法让外国学生在最短的时间里学好、掌握好汉语汉字。有人强调要通过汉语教学让外国学生了解灿烂的中华文化。这个想法当然好，但是试问：如果我们进行了长时间的汉语教育，外国学生的汉语汉字却依然过不了关，他们怎能了解中华文化？

第二，外国学生在学习汉语的过程中所出现的问题、所提出的问题，主要或大量的都是汉语言文字方面的问题。

因此，汉语教学的基础教学是汉语言文字教学，尤其在初级阶段的汉语教学中，从整体上来说，其他学科方面的教学都是为学生更好地学习掌握汉语言文字服务的。

第三个问题：文化教学在汉语国际传播中应放在什么位置？

有人说，汉语教学的重心现在应由语言教学转移到文化教学。更有媒体片面而又偏激地宣传："汉语教学是手段，传播中国文化才是目的""不能只讲授语言的应用，而不深入到文化的内涵""外国人要学的是中国文化，不是汉语"等（李泉，2012）。这些看法很抢眼，但并不正确。确实，语言教学离不开文化，特别是由于不同民族、不同国家存在着文化上的差异，所以需要重视跨文化交际问题。但重要的是，汉语教师要有文化的头脑，而不是使文化教学成为汉语教学的重心，不能把文化教学当作汉语教学的主流；更不能用文化技艺来冲击乃至取代汉语言文字教学。要知道，语言是文化的载体，汉语教育必然会同时伴随着文化教育，但文化教学不能成为汉语教学的主流。正如赵金铭（2012）所指出的，文化教育应该润物细无声，应该是耳濡目染、潜移默化的。这样的文化教育才能深入骨髓。汉语教学中的文化教育要从这方面去下功夫研究，而不是像目前那样表面地开设些文化课，教些文化技艺。目前这种做法只是一种浮躁之举。再说，一个民族、一个国家文化的传播，一定的宣传当然需要，但主要是靠文化自身的吸引力、感染力和影响力，这才真能达到有效的文化传播。此外，文化传播还有赖于两方面：一是我们每个中国人，特别是汉语教员自身的言谈举止——汉语教师就是中华文化的形象大使，就是中华文化的窗口与镜子。二是由学好并掌握了汉语，特别是汉语书面语的外国学者向自己的国人介绍中华文化，这是中华文化走向世界最有效的途径之一。如果按照前面所说的那些错误导向来开展汉语国际教学，不仅仅会大大削弱汉语言文字的教学，从文化传播的角度来说，这也既非策略之举，更非科学之举，反倒有损中华文化的传播，引起一些国家的不安与反感。

我们的老前辈吕叔湘、季羡林、朱德熙等都不约而同地这样强调过："首先要教给外国汉语学习者的是汉语本身。"只有达到前辈们所说的教学目的，才能真正做到汉语教学、中华文化传播双赢。

二

我们需要培养什么类型的汉语教师？这就涉及汉语教师的素质问题。大家知道，汉语教师的素质主要由三方面构成，那就是知识结构、能力结构和思想心理素质。关于这个问题已有不少学者论述过。这里我只想强调，如果大家认同我上面所谈的关于汉语教学的基本观点和指导思想，那么很显然，作为一名称职的汉语教师——应做到以下几方面。

在知识结构里，首先必须具有较好的有关汉语言文字学的功底，掌握好有关现代汉语语音、词汇、语法、文字等方面的基础知识；同时要具备与汉语教学密切相关的其他知识，如中外文学、中外文化知识、教育学、心理学等方面的知识。

在能力结构里，首先要有较好的汉语素养和表达能力，以及一定的外语能力。多位有经验的从事汉语教学的学者专家都谈到，母语语文素养和能力是汉语教师的"内功"，而外语能力有助于汉语教师进行必要的汉外对比，有助于适应海外的生活和教学环境。有了较好的汉语素养和表达能力以及一定的外语能力，才能当一名合格的、称职的乃至出色的对外汉语教师。他们的意见很对，因为有了较好的语言素养与能力才更善于将学术语言转化为教学语言，从而进行有效的教学。其次要有高超的课堂教学技能，以便组织好课堂教学的各个环节，激发学习者学习汉语的兴趣，使不同国家、不同语种、不同学习目的、不同年龄层次的汉语学习者都喜欢学习汉语，使他们都能学有所得。汉语教师还一定得有跨文化交际的意识与能力，这样才能跟学生、学生家长以及当地教师很好地沟通与交流。汉语教师还得有查阅文献资料的能力，包括网上搜索所需资料的能力。文化知识一般不可能都记在脑子里，而网上大多都能查找、搜索到，所以必须具备搜索、查找资料的能力。而更重要的是，教师要有一定的科研能力，具体说要有一定的汉语研究能力，以便回答和解释在教学过程中所出现的、所遇到的、学生急需知道的种种"为什么"的问题。教师也必须了解，教学过程中所出现的、所遇到的、学生急需知道的种种"为什么"的问题，在现有的参考文献资料中难以找到现成的答案。

在思想心理素质方面，教师首先要有高度的教育责任心，心里要有学生，眼睛里要有学生，要多从学生的角度着想，要关注学生的学习需求、学习难点。同时，教师要有亲和力，这种亲和力除了来自教师个人的形象和性格外，主要来自教育态度、教育水平和对学生的爱心，以及实事求是的态度和自尊自重的品格。

事实上，汉语教师并不好当。我们必须批判和清除"汉语教学小儿科"的思想。从某种意义上来说，汉语教师比其他院系的教师更难当。

我们目前的汉语教师，特别是外派的志愿者，知识结构如何？能力结构如何？思想心理素质又如何？大家心里都很清楚，只是不愿说或不便说。国外已有不少负面反映。国外有的单位反映，派来的志愿者汉语教师，不但有关汉语知识一问三不知，就连怎么教汉语还得我们从头教他们。这很值得我们反思。

三

面对蓬勃开展的汉语教学，如何加速培养高素质的汉语教师是我们目前所面临的重要任务。

可是，在汉语教师培养上，当前面临两大问题，一是培养规格问题；二是培养模式问题。在这两方面目前意见不尽相同，但大家都在不断思考与探索。

关于汉语教师培养规格问题，这在上面已经谈了，这里不再重复。

关于汉语教师的培养与培训，我认为当前有四个问题急需引起大家足够的重视。

第一个问题是：面对不同的汉语学习群体，汉语教师是否需要分类对待、分类培养？

现在，在汉语教师培养上存在着一定的盲目性，存在着一刀切和缺乏针对性的问题。中山大学周小兵教授早在 2007 年就指出，"学生是成人还是少年，对教师要求不同"（周小兵，2007）。我很同意他的意见。

我想，从培养人才的角度看，起码要区分两种培养目标：大学任教的汉语教师和中小学任教的汉语教师。在大学任教的汉语教师常常会面对学生提出的有关中文方面的各种各样的"为什么"问题，大学汉语教师有责任、有能力去回答、解决这些"为什么"，因此在大学任教的汉语教师必须有较好的中文知识，特别是汉语言文字学的功底，需要有针对汉语言文字某要素开展独立研究的能力，需要有教学实践研究和汉语习得研究等方面的知识与能力，需要有一定的教学技能与艺术；而中小学的汉语教师一般不会面对上述问题，他们所面对的是，怎么组织好各个环节的教学活动，怎么引发学生学习汉语汉字的兴趣——这是他们需要关注的主要课题，因此在中小学任教的汉语教师，当然需要一定的中文知识，但更需要外语能力，更需要中小学教学的教学技能和艺术，需要掌握一两种中华技艺，以及少儿心理学、教育学方面的知识。

现在，越来越多的国家开始在中小学开设汉语课；再说，汉语教学能进入各国基础教育领域，这就标志着汉语在走向世界的道路上大大跨进了一步。我们需要有针对性地培养与培训在国外中小学，以及国内专门招收外国孩子的中小学任教的汉语教师。

第二个问题是：高校设立"对外汉语"本科专业（现称"汉语国际教育"本科专业），是否需要审时度势，适当调整？

1985年，国家教委批准在北京语言学院、北京外国语学院、华东师范大学、上海外国语学院四所高校率先设立"对外汉语"本科专业。在当时和稍后的一段时间内这为我国的对外汉语教学和汉语国际教育事业培养了大批专业人才，在培养汉语教师方面起了积极的作用。2008年，教育部在全国范围内广泛增设对外汉语专业，当年开设这个本科专业的高校就有138所，2010年年底统计增加到285所。2012年，教育部将"对外汉语"本科专业更名为"汉语国际教育"本科专业，到目前为止已有342所高校设立了这一本科专业。这一本科专业的招生人数，各高校不一，有的每年招收二三十个学生，有的招收七八十个学生，最多的一届招收了一百二三十个学生。近五年来，报考这一专业的人数激增，录取分数大大高于其他文科院系。其中确有相当多的考生是出于爱国热忱，但也有相当多的考生是受"能出国任教"的宣传语的影响所致。

2008 年对外汉语专业广泛增设，其出发点当然是为了加快培养汉语教师。但是，现在看来，这未必是经过科学论证后所做出的举措。

第一，这与教育部规定高校师资一般需要博士生，某些专业可以是硕士生的规定不一致——对外汉语本科毕业生不能直接进入高校从事汉语教学工作。就全国来说，据有关方面调查，最后能从事汉语教学工作的不超过 1500 人；普遍存在培养目标与学生国内就业困难的矛盾。

第二，当时对汉语教学学科性质的认识尚不清晰，因此未能就增设该本科专业的条件做出明确规定，结果出现一拥而上的状况，一些没有增设条件的高校也纷纷增设了这一专业。

第三，该专业应制订什么样的教学计划也缺乏明确要求与规定，结果是除少数有基础的高校外，多数高校培养内容是中文系、教育系、外语系教学计划内容适当删减后的拼盘，致使毕业的学生论中文不如中文系毕业生，论教育学不如教育学院的毕业生，论外语不如外语学院的毕业生，能继续深造的不超过 20%。

我认为，根据目前的汉语教学发展形势，教育部有关方面应重新审视和调整"汉语国际教育"本科专业在高校的设置，需要适当压缩这一专业，只在有条件的高校设立，且着重培养在中小学任教的汉语老师和从事汉语国际教育的管理人才。

四

汉语国际教育的广泛开展必然带来汉语教师不足的问题。如何解决好海外汉语教师不足的问题？目前的主要做法是大量派出志愿者。教育部之所以允许一些高校盲目增设汉语国际教育/对外汉语教学本科专业，可能跟认为境外汉语教师的缺口要由我们派出的志愿者来填补这一思想有关。且不说目前派出的志愿者汉语教师符合素质要求的很少，从长远来看，亦非上策。海外汉语教师的培养，从长远来看应立足于培养越来越多的本地教师，而不是立足于外派大量汉语教师志愿者。必须认识到，只有当海外的基础汉语教学基本上都由当地汉语教师来教，才真正能做到汉语"国别化"教学，汉语也才能真正走向世界。

最后想谈这样一个问题，怎样才能让汉语成为世界各国的首选外语，成为国际强势语言？

国人大概都盼着汉语能成为世界各国的首选外语，汉语能成为国际强势语言，这愿望是好的，可是要让汉语成为世界各国的首选外语，成为国际强势语言这得靠什么？不要以为只要我们在全世界办越来越多的孔子学院和孔子课堂，汉语就能走向世界，就能成为世界各国的首选外语，就能成为国际强势语言。事实会告诉我们，一种语言要成为各国首选外语，要成为世界强势语言，取决于多方面的因素，而其中最重要的因素是两个：

第一是国家强盛，特别是在经济、政治和综合国力上能居世界前列。这是最根本的因素。

第二是国家科技、教育事业的高度发展，这是在具备前一个因素条件下的关键性因素。

显然，汉语要成为各国的首选外语，成为世界的强势语言，重要的是我们国家要强盛，特别是在经济、科技、教育上能居世界前列。我想，一旦我们国家能在世界各国进行投资，开设工厂或企业，所招聘的员工要求必须会汉语；一旦各个国家要发展自己的科学技术非得派学生到中国来留学；一旦在某些科学领域，特别是自然科学领域，非得参考用中文撰写的学术论文不可；一旦各国青年都想着要到中国来留学或工作，那么各国青少年就自然地把汉语作为首选外语了，就像现在世界各国对待英语那样。

参考文献

[1] 李泉. 国际汉语教学：学科与事业，在"汉语应用语言学学科建设与发展高峰论坛"（2012 年 8 月 20 日，北京语言大学）上的报告. 2012.

[2] 吴应辉. 汉语国际传播研究理论与方法. 北京：中央民族大学出版社. 2013.

［3］赵金铭. 国际汉语教育的本质是汉语教学，在"汉语应用语言学学科建设与发展高峰论坛"（2012 年 8 月 20 日，北京语言大学）上的报告. 2012.

［4］周小兵. 海外汉语师资的队伍建设. 云南师范大学学报（对外汉语教学与研究版）. 2007（5）.

（原文载于《语言教学与研究》2014 年第 2 期）

3. 汉语国际教育"三教"问题的核心与基础

崔希亮

（北京语言大学）

汉语国际教育的"三教"问题已经成为热门话题。所谓"三教"问题指的是教师问题、教材问题和教学法问题。教师、教材、教法问题其实是语言教学的永恒主题,但是为什么汉语国际教育中的"三教"问题成了最近的热议话题呢？这里边有复杂的原因。本文准备就以下三方面的问题进行探讨：第一,"三教"问题提出的背景与"三教"问题的现状；第二,多元背景下的汉语教学研究；第三,三个问题的相互纠结与求解。

一、"三教"问题提出的背景与现状

"三教"问题是在汉语国际推广的大背景下提出来的。"汉语国际推广"的概念是伴随着中国国际地位的提高而提出来的,这是国家提升软实力、实现中华文化伟大复兴的宏观战略的组成部分,也是对外汉语教学事业的合理延伸。从宏观层面上看,随着中国改革进程的不断深化、开放领域的不断扩大,中国的经济奇迹逐渐为世人瞩目,中国在国际关系格局中的作用也在不断上升。现在,中国在融入国际社会的同时已经成了国际大家庭中的重要成员,加入世界贸易组织、成功举办北京奥林匹克运动会、国际贸易量的增加、双边和多边外交的活跃以及国际交往越来越频繁、越来越深入,国际上学习汉语、了解中国社会和中国文化的需求在不断地升温，这就给汉语国际推广提供了广阔的舞台，然而我们对此准备不充分。从中观层面看，无论是对外汉语教学还是海外汉语教学，学习者群体、学习动机、学习目标、学习环境都呈现出多元化的趋势，然而我们还没有完全适应这种变化。从微观层面看，教学观念、教学模式、教学手段、教学方法、教材编写、课程设计、教师培训等具体问题的解决都亟须与时俱进。于是，如何以最短的时间、最小的代价、最有效的方法让学习者取得最大的学习效益，成了汉语国际推广领导者和从业人员最关心的问题。这一问题关系到汉语国际教育能不能健康、稳定和可持续发展，所以"三教"成了汉语教学界一个非常令人关切的话题。这就是"三教"问题提出的背景。那么，"三教"问题的现状如何呢？我们从以下几个方面来看。

（一）教学环境的多元化带来学习需求的多样化

现代意义的汉语第二语言教学始于 20 世纪 20 年代，但是大规模的汉语第二语言教学活动还是最近二十年的事。随着来华留学生数量的大幅增加，国内接受来华留学生的高等院校也在不断增加。改革开放之前的三十年，来华留学生几乎都是通过政府双边协定渠道来华的政府奖学金生，数量也很有限，如 1962 年仅有 1138 人，集中在京津地区少数几所高校，语言学习几乎都集中在北京语言学院[①]，到 2000 年来华留学生的人数是 5.2 万人，2008 年已经激增到 223 万人，招收留学生的高等院校和教育机构增加到 592 所（张秀琴，2009）。与此同时，一些大中城市的中小学也开设了国际部。以北京为例，2004 年北京市成立了"北京市中小学对外汉语教学研究会"，会员单位 84 个[②]。国际上汉语教学的规模和层次也进入快速发展阶段，东北亚、东南亚、北美、欧洲、中亚、大洋洲、非洲、拉丁美洲学习汉语的人数在不断增长，虽然没有具体可征的统计数

----

①资料来自《中华留学教育史录》（1949 年以后），北京：高等教育出版社 2000 年版（于富增，2009）。

②北京市中小学对外汉语教学研究会成立于 2004 年，根据该研究会提供的资料，目前会员单位已经有 84 个，涵盖了北京市 77 所中学和职业学校，7 所小学。

据，但是这种发展趋势是毋庸置疑的。来华留学生在目的语环境中学习，学习方式和效果与海外学习者母语环境中的教学都有很大不同。比如说，在目的语环境中的学习者来自不同的国家和地区，他们有不同的语言背景和文化背景，因此我们所采用的教材和使用的教学法是具有普遍适用性的，而在学生母语环境中的汉语教学则与此不同，学习者的语言背景和文化背景相对比较单一，因此教材的选用就要有针对性，教学法的实施也会带有地域特点。"三教"问题所涉及的问题首先是教学环境问题，不同的教学环境会给教学提出不同的要求。

（二）学习目的的多元化带来教学样式的多样化

中国的对外汉语教学在刚刚起步的时候教学目标比较单一，以语言预科教育为主，大部分学习者学习汉语的目的是为进入中国各大学学习专业知识做准备。现在仍然有一部分学习者是以接受语言预科教育为目的的，但是从整个来华留学群体来看，学习者的目的千差万别，很难一言以蔽之。例如，北京语言大学的马士基班，教学对象为马士基集团的高中级管理人员，他们的要求是只学习听力和口语，不要求学习汉字和阅读，因此传统的听说读写译的教学安排对他们来说显然不适用。在海外，学习者的情况更为多元，如华裔背景的学习者，他们的学习目的有的是为了继承祖先的文化或者与本民族的文化保持联系，有的是为了强化父辈语言和文化的某种优势，或者为了某种功利目的；也有非华裔学习者，学习目的也很不相同，有的是对中华文化感兴趣，有的是希望更多地了解中国社会，有的是希望在与中国进行业务往来的时候获得语言优势，有的人只是一时好奇，尝试一下所谓的世界上最难学的语言到底如何难学，不一而足。学习者的年龄层次也呈现出多元态势，从儿童到老人，各个年龄段的人都有。学习者学习需求的多元化就要求我们的教师能够根据学习者的特点因材施教，教材和教学法也要根据学习者的要求随时调整。

（三）教学理念的多元化带来教学法的多样化

任何教学法都是建立在教学理念之上的，而任何教学理念都有自己的语言学理论做支撑，语言学理论的发展变化又与哲学思潮的变化紧密相联。比如句型操练（drilling）法的语言学理论基础是结构主义，而结构主义语言学的哲学基础是经验主义和行为主义；又比如，功能法的语言学理论基础是乔姆斯基的普遍唯理语法，而这个理论又是建立在笛卡尔理性主义的基础上的。翻译法、直接法、听说法、模仿记忆法、认知法、沉浸法、任务型交际法、综合法等等林林总总、五花八门的各种教学法都是不同教学理念的具体呈现，它们都有各自的教学目的和教学方法（程棠，2008）。语言学理论的发展和第二语言教学、语言习得、语言认知研究的发展催生了各种各样的教学理念，而教学理念的多元化势必带来教学法的多样化。汉语第二语言教学借鉴了很多其他语言作为第二语言教学的理论和方法，因此在全球范围内的汉语教学也呈现出多元化趋势。各种不同的教学模式和教学法八仙过海，各显神通。然而，用印欧语的眼光来看汉语一直为学者们所诟病，用欧美的各种语言学理论来指导汉语教学有时难免有削足适履之痛。正如吕必松指出的那样："汉语语言学的时弊在于很多汉语研究者习惯于用印欧语系语言的眼光看待汉语"，"汉语语言学是汉语教学最重要的理论依据，汉语语言学理论上怎么说，汉语教师就怎么教"（吕必松，2008）。目前的困境是，汉语的语言学研究与欧美的语言学理论已经很难切割，我们的概念体系、话语体系、哲学基础和方法论基础都已经很难摆脱西方语言学的影响，尽管我们看到一些学者在这方面做出了很多尝试（如徐通锵，1997、2008）。教学理念的多元化对教师、教材和教学法来说都是一种挑战，尤其是我们外派到不同国家和地区执教的汉语教师和汉语教师志愿者，要适应不同教学理念的要求，而这样的适应过程往往是痛苦的，在我们的教师培训过程中应该加进各种教学法及其教学理念的内容，还要加进与将要派往的国家教育理念及相关传统有关的教育。

（四）孔子学院教学模式带来汉语国际教育的多样化

根据孔子学院总部网站的介绍，"孔子学院是中外合作建立的非营利性教育机构，致力于适应世界各国（地区）人民对汉语学习的需要，增进世界各国（地区）人民对中国语言文化的了解，加强中国与世界各国教育文化交流合作，发展中国与外国的友好关系，促进世界多元文化发展，构建和谐世界"。世界上第一家挂牌孔子学院首尔孔子学院诞生于 2004 年 11 月，短短的 5 年时间已经建立了 500 多所孔子学院和孔子课堂。"截至 2009 年 10 月，全球已建立 282 所孔子学院和 241 个孔子课堂，共计 523 所，分布在 87 个国家（地区）。孔子学院设在 85 国共 282 所，其中，亚洲 28 国 70 所，非洲 15 国 21 所，欧洲 29 国 94 所，美洲 11 国 87 所，大洋洲 2 国 10 所。孔子课堂设在 25 国（缅甸、马里、巴哈马只有孔子课堂，没有孔子学院）共 241 个，其中，亚洲 10 国 27 个，非洲 2 国 2 个，欧洲 7 国 34 个，美洲 5 国 176 个，大洋洲 1 国 2 个。"[①]毫无疑问，孔子学院的遍地开花刺激了汉语学习的热潮，同时也给汉语第二语言教学带来新变化。众多的孔子学院分别在不同的国家和地区落户，每一家孔子学院或者孔子课堂都有自己的特色，到目前为止还没有形成统一的教学模式和教学法。从教学内容上看，基础的语言教学、文化教学只是孔子学院教学活动的一部分，此外孔子学院还组织各类文化展示活动，如中国文化周、中国电影周、中国经济讲座、中国社会讲座、中国武术教学、中国烹饪体验等活动；从学习者层次上看，可以说是有教无类，有中小学生，有大学生，有商人，有大学教授，也有家庭主妇。

（五）世界格局的多极化与文化的多元化

国际局势的变化波诡云谲，很多偶发事件会对世界格局产生长远的影响。比如，"9·11"事件对美国的影响是深远的，这种影响使得美国改变了对世界和国家安全的看法，影响了美国的外交战略。美国马里兰大学国家外语中心的费雷德里克·杰克逊（Frederick H. Jackson）和应用语言学研究中心的玛格丽特·马隆（Margaret E. Malone）提出报告，呼吁美国增强外语能力，建构国家语言框架综合战略，美国政府把阿拉伯语、汉语、俄语、朝鲜语、印地语、波斯语等 19 种语言作为"关键语言"（critical language）（参见 Jackson & Malone，2009）。"9·11"之后，国际格局发生了戏剧性的变化，单极世界逐渐走向终结，多极化的格局逐步显现。欧洲、东盟以及

---

①录自孔子学院总部网站。

俄罗斯、中国、印度、巴西纷纷崛起，东西关系、南北关系都发生了很大变化。最近发生的全球经济危机也改变了人们对西方大国的依赖，他们开始把目光投向东方，投向中国。在这种形势下，文化多元性的价值越来越显著。这也为汉语国际教育提供了平台，同时也对汉语国际教育提出了新的要求，那就是越来越多的人希望了解东方文明，希望了解中国文化。因此，我们的教学已经从语言教学逐渐拓展到文化教学。如何让学习者更好地理解和领会中国文化的精华，成了我们必须研究的课题。

（六）教学法的迷信和迷思

有人认为，只要掌握了先进的教学法就可以大大提高汉语教学的效率。这种想法固然其来有自，但是我们必须知道，所有的教学法都不是孤立存在的，它们与其他内容密切相关。赵金铭（2001、2004）曾提出，对外汉语研究应该包括四个不同的层面：本体论、认识论、方法论、工具论；崔希亮（2005）也提出了要研究"教什么""怎么教""怎么学"和"用什么教"的问题。教学法属于"怎么教"的范畴，但是要想知道怎么教，先得知道教什么。无法想象一个只懂得教学法而不懂得物理学的人能够教好物理学。一个对汉语一知半解的人，即使懂得各种花样的教学法，他也不可能成为一个合乎要求的汉语老师。因此我们说没有放之四海而皆准的教学法，也没有一种治百病的教学法。

（七）现代教育技术对语言教学的影响

现代教育技术的发展速度超出人们的想象，新技术的出现往往会改变传统的教学方式。例如，计算机和多媒体技术的发展，为教学提供了更多的选择，互联网技术的发展为教学提供了海量的信息和资源，也为语言学习提供了新渠道。如何有效地利用现代教育技术来提高语言教学的效率，而不是让眼花缭乱的技术把教育者和学习者搞得目迷五色、不辨蹊径，需要我们认真研究。

从以上分析看出，汉语国际教育已经出现了多样化的趋势，这种多样化体现在各个方面，因此才会有"三教"问题的提出。在"三教"问题中，最核心的问题是教师问题，因为好的教材是好的教师编写出来的，教学法也要靠教师来实践。换言之，没有合格的教师，就不会有优秀的教材和教学法。即使有了好的教材和教学法，一个没有经过训练的教师也可能会把学生吓跑。"汉语难学"在世界上似乎已成公论，如果再没有好的老师，很多学习者会知难而退。现在我们面临两个问题：一是在数量上需要大批受过训练的汉语教师，二是在质量上需要高水平的汉语教师。我们的汉语教师不仅仅要擅长教书，还应善于研究，因为，有很多问题没有现成答案，需要我们自己去研究，寻找答案。也就是说，我们有一部分教师要介于匠人与学者之间，起码要成为某一个方面的专家，这样才能做到游刃有余。

二、多元背景下的汉语教学研究

我们以往的汉语教学研究主要集中在四个方面：汉语本身的问题、教学法的问题、学生习得与认知的问题、教学工具和教学环境的问题。关于汉语本身的问题，研究的领域可以涵盖语音及语音教学、词汇及词汇教学、语法及语法教学、汉字及汉字教学、语篇及语篇教学（写作）、汉语史、方言、语言对比、语言类型学等几个侧面；关于教学法的问题，研究领域涵盖教学理论、各种教学法的理论与实践、口语教学、书面语教学、阅读教学、翻译教学、教学模式、课程设置、教学评估等几个侧面；学生习得与认知的问题可以涵盖学习理论、第二语言习得理论与实践、偏误分析、中介语、文化冲突问题、学习者焦虑问题、学习方法及其成绩评估等；关于教学工具的问题涵盖了教材、多媒体课件、教学环境、语料库、网络、教学辅助工具等。这些研究也可以根据其针对性分成不同的研究方面。

（一）普适性研究与特殊性研究

我们的研究有普适性的和特殊性的两种。语言点的安排、教材的编写、教学法的选择都有两种安排：一种是体现语言学习普遍规律的，比如英语教材中的《新概念英语》，并非针对某些学习者群体，而是适用于所有学习者的。《新概念英语》是普适性教材的一个很成功的例子。这种普适性的研究我们已经做过很多。而特殊性的研究是指针对不同学习群体的问题而进行的专题研究，如日本学生汉语学习的问题与英国学生、美国学生会有差异，我们的研究者和汉语教师在面对不同的学习者的时候最好清楚他们各自的困难是什么。这就需要做针对性的研究。例如，崔希亮等（2008）的研究就属于这一类。国别化教材的编写和教学法的选用应该建立在研究的基础上。

（二）面向教学的语言要素研究

以前我们提到汉语本体研究的时候总是想到对汉语语音、语义、语法、汉字、篇章自身规律的探索，这属于基础研究的范畴。在汉语国际教育领域我们所说的汉语本体研究指的是面向教学的语言要素研究。汉语言文字学领域有很多研究成果，如何把这些已有的成果转化为教学上可以利用的材料，还需要进行基础研究之后的应用研究。除此之外，有很多教学中遇到的问题是从未有人涉足过的，需要我们做专门的探索。

（三）针对语言要素的教法研究

有些问题已经有很多人从不同侧面进行过研究，并已经做过教学上循序渐进的安排。例如，对于"把"字句的教学，有很多语法和语义条件都已经描写清楚了，在教材上也有了明确说明。但是，如何又快又好地教会学生使用"把"字句仍然需要专门的研究。教学上要追求的不是理论的完美，而是"二效"原则：效率和效果。对于施教者来说，效率和效果永远是追求的目标。因此，针对语言要素的教法研究就成为一项非常重要的任务。比如，如何教会阿拉伯学生汉语的四个声调、如何教会越南学生和泰国学生汉语的重音和语调、如何教会美国学生正确使用汉语介词"在"、如何教会法国学生正确使用"了"等，都需要有人进行总结和实验。又如，对于从小熟悉拼音文字的学习者来说，如何克服汉字学习中的困难、对成年人和儿童进行汉语教学应该如何区别对待等，也需要进行教法上的探索。成年人会进行理性的拷问，孩子一般不会。成年人往往有学习其他语言的经验，孩子通常没有。成年人有丰富的生活经验和语言交际的经验，因此使用外语的心理压力比孩子要大。

（四）针对学习环境的教材研究

教材是教学活动中的重要工具，教师和学生对教材的依赖程度都很高。现在市场上通用的教材很多，但是优秀的教材仍然凤毛麟角。那么什么样的教材才是优秀的教材呢？最重要的指标当然是好用、合用。要做到这一点，以下几点是必须做到的：第一，教材的编写者心中要有学生，他要知道学生学习过程中会遇到哪些障碍，怎么安排生词、语法点、如何复现等都要心中有数；第二，教材编写者心中要有教学理念，他要懂得教育规律和语言学习的规律，心中要有教学法，编写教材的时候其实已经预想好如何教；第三，教材的编写者心中要有汉语自身特点的整体概念，他要知道语言要素的教学建立在对语言材料烂熟于心的基础上；第四，教材的编写者要有丰富的教学经验，他要熟知教学的各个环节以及每个环节可能遇到的问题；第五，教材的编写者要熟悉学生的学习环境，教学材料的选取要贴近学习者的生活环境。要做到以上几点的关键只有四个字：研究、实践。任何一套好的教材都是在扎实研究的基础上完成的，也都需要在实践中不断修订完善。

（五）各类课程和教学模式的研究

教学研究不仅仅要研究语言本体的问题、教学媒介的问题、教学法的问题，还要研究课程和教学模式的问题。随着教学对象的多样化、教学目标的多样化、教学环境的多样化，课程的设计也要接轨，不能以不变应万变。以北京语言大学非学历语言教育为例，来华留学生来自不同的国家和地区，校园内外的语言环境都是目的语环境，因此我们有分课型教学的传统，听力、口语、阅读、汉字、写作、综合各尽其能，听说读写译等各种技能分头训练，与此相配套的教学模式也各行其道。而在不同的国家和地区，我们必须照顾到他们各自的教学传统，根据他们的实际需求设计课程，选择教学模式。例如，我们为沙特阿拉伯国王大学中文系设计的课程和选择的教学模式就必须照顾到阿拉伯世界的传统和习惯，包括课时的长度和前后课程的衔接，都不是随意安排的。

（六）真实教室和虚拟教室教学研究

前面我们所讨论的教学研究基本上以真实教室环境为原型，这种教学环境当然是汉语国际教育的主流，起码现在还是主流。但是我们不能忽视虚拟课堂的教学研究。在网络环境中如何安排教学，如何吸引学习者，如何与学生互动，如何与学生建立师生感情等，都是虚拟环境下汉语教学研究的课题。虚拟教室有自己的弱点因为施教者和学习者不能面对面地交流，实时互动比较困难；但是，虚拟教室也有自己的优势，对学生来说时间比较灵活，可以采用量体裁衣的方式选择学习课件，学习自主性很强。互联网打破了时空的限制，使语言学习超越了传统的教学模式。网络时代培养了一批 E-learning 网络学习者群体，他们习惯了虚拟环境的自由，学会了利用超链接所获得的各种学习资源。

（七）检验教学效果的测试研究

如何检验学生的学习效果？这也不是一个简单问题。语言水平测试（如 HSK）和语言能力测试（如 C-test）都是专门开发出来测试语言水平和语言能力的工具。检验教学效果当然不能仅仅依赖这些既有的考试，教师还会根据自己的需要实施各种测验。这些测验的信度和效度不能和专门的测试工具相比，但是这些测验所反馈的信息对于施教者和学习者来说都很重要。对于教师来说，考然后知教之不足；对于学习者来说，考然后知学之不足。教学成效的评估往往就在这些试卷和分数上面。教学主管部门还要参考学生的打分来评价施教者的成败，而这些问卷的设计也都需要研究和评估。我们应该对评估进行再评估，看看这些评估在多大程度上能够反映真实的教学情况。

教学研究的内容很多，我们这里提出几个基本原则：第一要有趣；第二要有用；第三要有效；第四要有限；第五要有序。限于篇幅这里就不展开说了。

三、"三教"问题的相互纠结与求解

教师问题、教材问题和教学法问题表面上看是三个问题，实际上它们是互相纠结的，是一个整体。教师是问题的关键，教材和教学法与教师问题密切相关。可以这样说，有什么样的教师就会有什么样的教材，就会有什么样的教学法。教材的质量、教材是否合用、教学法的取舍都取决于教师的教学理念。而教师的教学理念来自于教师的基本素质和专业素质。所以，我们首先讨论教师的问题。

（一）教师——教学队伍，需要良性发展

教师是教学活动的灵魂，他既是教学活动的设计师，又是教学活动的实施者；他既是传道授业的先生，又是学生言语活动的教练，他既是课堂艺术的创造者，又是学生眼里的百科全书。学生有任何关于汉语和中国社会、中国文化的问题，首先想到的就是问老师。从决策者的角度看，我们需要培养大批能够适应汉语国际教育形势发展的教师；从教师的角度看，要成为一名合格的汉语教师应该具备一些基本的要素。教师要生存，要发展，要有成就感，就必须考虑知识发展、素质发展、专业技能发展和职业生涯发展四个方面的问题。

（1）教师的知识发展：知识准备。一个好的汉语教师应该具备汉语言文字学知识、语言学理论知识、教学和学习理论知识（尤其是第二语言习得知识）、中国文化和中国社会历史知识、教育心理学知识、外语和学生母语国的知识、关于中国的百科知识等。

（2）教师的素质发展：素质养成。一个好的教师应该具备这样一些基本素质：语言表达能力、组织能力、理解能力、外交能力、亲和能力、现代教育技术应用能力、独立发现问题和解决问题的能力等。

（3）教师的教学发展：专业技能。一个好的教师一定是一个专业人士，具有非专业人士所不具备的技能。现在大家都知道，并非任意一个会说普通话的人都可以成为一个好的汉语教师，他需要具备一些语言教师特殊的禀赋：有耐心，善解人意，理解学生的困难和困惑、知道当行则行当止则止的道理，了解教育规律，熟悉所教的内容、可以熟练变换教学方法，最重要的是他要喜欢这份工作和这个职业，既是好之者，更是乐之者。

（4）教师的生涯发展：生涯规划。一个好的教师应该是以此为乐、以此为荣、兢兢业业的学者和师父。一个行当要吸引很多优秀的人才入行并在平凡的岗位上甘之如饴，就必须为这个行当的从业人员创造良好的环境，让他们实现人生的价值。而一个愿意以汉语国际教育为终身职业的人需要提早做好自己的生涯规划。首先，要读书，专精的阅读和杂览主义缺一不可，读书可以弥补知识的不足；

然后要保持赤子之心，对所有未知的问题保持学术好奇心；还有，应该培养发现问题的慧眼和解决问题的巧思，不要在纷繁复杂的日常琐事中迷失了方向，更要避免变得麻木不仁。

（二）教材——教学媒介，需要有的放矢

教材应该建立在教学实践的基础上，而教学实践中既有问题，又有主义，我们要解决问题，但是应该在主义的指导下解决问题，避免就事论事。所以说编教材不是一件简单的事，基础研究必不可少。理论的作用就在于我们可以以一当十、举一反三地解决问题，没有理论就只能是见招拆招。目前汉语国际教育需要有的放矢的教材，需要有针对性的教材。汉语教材需要借鉴其他语言教材编写的经验，需要借鉴在教学中广受欢迎的教材的长处，并在此基础上进行创新。一套教材总是与一种教学法结合在一起，教材的后面隐藏着教学法的考虑，而教学法的背后隐藏着教学理念的考虑。

（三）教法——教学捷径，需要灵活多样

"工欲善其事，必先利其器。"教学法是汉语教学的捷径，也是语言教学快捷有效的利器，得法者事半功倍，不得法者事倍功半。在对待教学法的问题上，我们坚持以下一些观念：

（1）各种教学法没有优劣之分，要针对不同的情况选取不同的教学法；

（2）好的教学法可以做到以不变应万变；

（3）好的教师在教学法的运用上可以做到随机应变；

（4）法无定法，贵在得法；

（5）要得法先要得道，法中有道，万法归一。

任何教学法看起来都只是一些操作上的技术，但是任何教学法背后都是有一个指导思想的，这个指导思想就是理论，就是道。为学日益，为道日损。知识的学习是越积越多，而道则越来越简单。万法归一是道的最上乘境界。

参考文献

[1]程棠. 对外汉语教学——目的、原则、方法（第二版）. 北京：北京语言大学出版社. 2008.

［2］崔希亮. 对外汉语教学的基础研究与应用研究. 对外汉语教学的全方位探索——对外汉语研究学术研讨会论文集（赵金铭主编）. 北京：商务印书馆. 2005.

［3］崔希亮等. 汉语作为第二语言的习得与认知研究. 北京：北京大学出版社. 2008.

［4］吕必松. 汉语研究与语言教学：黎天睦汉译文选序. 汉语研究与语言教学：黎天睦汉译文选（黎天睦著，方立等译）. 北京：北京语言大学出版社. 2008.

［5］徐通锵. 汉语字本位语法导论. 济南：山东教育出版社. 2008.

［6］徐通锵. 语言论——语义型语言的结构原理和研究方法. 长春：东北师范大学出版社. 1997.

［7］于富增. 改革开放 30 年的来华留学生教育（1978—2008）. 北京：北京语言大学出版社. 2009.

［8］张秀琴. 改革开放 30 年的来华留学生教育（1978—2008）前言. 改革开放 30 年的来华留学生教育（1978—2008）（于富增著）. 北京：北京语言大学出版社. 2009.

［9］赵金铭. 对外汉语研究的基本框架. 世界汉语教学. 2001（3）.

［10］赵金铭主编. 对外汉语教学概论. 北京：商务印书馆. 2004.

［11］Jackson, F. H. & M. E. Malone. Building the foreign language capacity we need: Toward a comprehensive strategy for a national language framework. Washington DC: Center for Applied Linguistics. 2009.

（原文载于《世界汉语教学》2010 年第 1 期）

4. 论汉语教学的三大分野*

郭 熙

（暨南大学华文学院，北京华文学院）

汉语教学问题一直是个热门话题。从对外汉语教学、华文教学，再到汉语国际教育，名称、性质、类别等的讨论一直没有停止。笔者曾在相关讨论中进行过分析（郭熙，2004a、2004b、2007、2012a），随着事业的发展和研究的深入，我们觉得有必要对相关问题做进一步梳理。

一、以往对汉语教学的分类

（一）早期的分类

语文教学和对外汉语教学①这一区分是从国家角度进行的。20世纪70年代前，中国的语言教学主要是母语文教学，通常称为语文教学。70年代开始，随着外国留学生的增加，"对外汉语教学"应运而生。虽然"对内""对外"的分法遭到包括笔者在内的质疑（郭熙，2004a），但它毕竟使我们开始明确认识到存在着不同类型的汉语教学——它们各有自己的教学对象。它推动了作为事业的对外汉语教学的发展，推动了汉语语法的描写，也促进了汉语研究的深入，

---

*本研究为国家语委十二五科研规划项目"华语研究与华文教育的对接与互动"（WT124-52）、教育部重大攻关项目"新形势下国家语言文字发展战略研究"（批准号：1OJZD0043）。
①近年来，"对外汉语教学"这个名称有被"汉语国际教育"取代的趋势。有关部门设立了"汉语国际教育"专业硕士学位，本科的"对外汉语"专业也做了同样的改动。

成果如吕叔湘（1980）、刘月华等（1983）的研究等以往对汉语教学的分类有以下几种。

（1）民族语言教学和国家通用语言教学

这是从民族的角度区分的。中国是一个多民族国家，需要一种国家通用语言。在这一点上，历史选择了汉语。于是，在少数民族地区的汉语教学也逐步兴起。民族地区的汉语教学不单单是另一个民族的语言教学，它更是国家通用语言教学。因此，既需要把它跟汉语为第一语言学习者的语文教学加以区分，也需要把它跟外国人学习汉语进行区分。这些区分也促进了汉语教学和研究的发展。例如，从这个角度开展的少数民族汉语水平考试（MHK）研究和实践，就取得了非常大的成绩。

（2）第一语言教学和第二语言教学

这是从语言习得的角度，也是个人的角度进行区分的。这一划分促进了不同教学对象所采用的教学方式的分化。为了提高教学效果，学界进行了大量的调查和分析，从而形成了各种不同的教学模式。同时，这一区分促进了语言习得理论的引入，提升了对汉语和汉语学习的认识，在对汉语的描写和解释方面大有推进。

（3）母语教学和非母语教学

人们对母语这一概念的认识并不一致。有时用来指第一语言，有时候用来指民族语言，也有的兼而有之。在海外华人社会的汉语教学中，母语教学和非母语教学的划分常常见诸报刊，但含义并不清楚，更多的情况下是用来指民族语言。李宇明（2003）从理论上对这一概念及相关问题进行了阐释。他认为，母语是指向民族共同语的。王宁（2005）则区分了个人母语和社会母语。社会母语这一特征把华人社会与非华人社会明确区分开来。例如，新加坡有两个华人社会，一个是英语的华人社会，一个是华语的华人社会。

（二）早期分类引发的困惑

前述各种分类形成于不同的时期或阶段，它们各有自己的贡献，也引起一些问题。例如，对外国人的汉语教学中，外国人情况并不相同。许多马来西亚华人的第一语言是华语，他们从小就上华文学校，直到中学，甚至大学。中国高校因为他们是外国人以汉语水平等级考试（HSK）成绩作为录取标准显然不合适。简单区分第一语言和第二语言也有同样的问题。在马来西亚和新加坡，常常有人质疑，为什么要用教洋人的方法去教授华人孩子的母语（民族语言）？因为不少人往往简单地认为只要是本族人就要用第一语言的教法，外族人就要用第二语言的教法，而没有根据教学对象的不同而调整教学模式（郭熙，2011）。

传统的种种区分还导致了对海外华人社会汉语教学定性的困难。不得已时，人们只好说，海外华人社会的汉语教学，既是母语教学，又是第二语言教学，或既是母语教学，又是外语教学（林蒲田，1998），甚至出现所谓是带有母语基因的第二语言教学（李方，1998）等。

对汉语教学分类的思考并没有停止。李宇明（2009：6-11）从宏观角度把现有汉语教学分为 5 类：1）作为第一语言的母语教学；2）作为第二语言的母语教学；3）少数民族的国家通用语言教学；4）东南亚的第二语言教学；5）纯粹的第二语言教学。

（三）海外华文教育影响下的对"对外汉语教学"的内部区分

我们曾从社会语言学的角度提出区分华文教学和汉语教学（郭熙，2012a：233-248）。汉语教学强调的是交际工具，而华文教学在强调交际工具的同时，还强调认同目标。华文教学和汉语教学的区分，在母语传承教育和汉语传播这两种不同性质的语言教学上大大向前迈进了一步。

简单区分华文教学和汉语教学也逐渐显露一些缺陷：1）尽管已经认识到华侨的华文教学和华人的华文教学有不同（郭熙，2012a：233-248），但仍简单地出于都在海外这一理由而同样对待，显然不合适；2）在汉语教学中，把华文教学分出后，就出现了两个"汉语教学"，形成了"汉语教学"同名异指；3）没有进一步区分国外的汉语教学和国内民族地区的汉语教学。

二、重新认识汉语教学的类型

语言不只是符号系统，不只是交际工具，它还是身份的标志。应该充分重视语言在不同层面的认同作用，例如，国家认同、民族认同、文化认同、地域认同和群体认同等。中国历来有通过语言实现群体认同的意识。"老乡见老乡，两眼泪汪汪"的依据主要是乡音，不少地方至今仍然会有人对那些因为常年在外地工作而丢了乡音的"撇洋腔"者表露出愤慨和蔑视。最能体现语言认同建构的是客家人。"宁卖祖宗田，不丢祖宗言。"（郭熙，2012b）客家话是现代汉语方言中唯一以人群命名的方言，从中可以看到认同的力量。认同需要建构，通过语言进行认同建构应该是语言教育的一个重要目标。从不同的目标看，汉语教学有不同层级的类别。按照这一思路，我们把汉语教学分为三个大类（如下文表 1 所示）。下面具体讨论。

（一）国家通用语言教学

以国家通用语言教学（国语教学）为目标的有以下三类。

（1）汉语民族群的国语教学

汉语民族群在这里指中国说汉语的民族。回族的形成就是以采用汉语作为民族共同语为标志的（郭熙，2013：185），满族转用了汉语。还有一些民族，如畲族，大多数人使用汉语，壮族、羌族、蒙古族和土家族使用汉语的也不少，而在大都市中的各民族成员差不多都使用汉语。汉语民族群的国家通用语言教学通过语文教学来实现。

（2）民族地区非汉语民族群的国语教学

这里强调民族地区的非汉语民族群的汉语教学，是因为中心城市内的少数民族绝大多数已经以汉语为第一语言。民族地区通行民族语言，国家通用语言教学对他们而言是第二语言教学，应该采用第二语言教学的方法和模式，但它跟以往所说的对外汉语教学（今所谓汉语国际教育）有重要的不同。

（3）华侨子女的国语教学

以往把华侨子女的母语教学和华人的华文教学统称为华文教学，是从母语教育角度考虑的。然而，对华侨子女的母语教育还有一个重要任务，即国家认同教育，对他们的母语教学同时还是国家通用语言教学，所以，应该把它从华文教学中分离出来。

（二）华文教学

华文教学这个名称最早见于国外。国内 20 世纪 80 年代逐步开始使用这一名称，但其含义并不明确。笔者早期的一些讨论也反映了这种认识（郭熙，2004b）。今天看来，华文教学的"华"标明了语言的民族及文化传承性，它是一种"祖语"（heritage language）教学。事实上，正是家长、社会对下一代语言文化传承的关注，才有了通常所说的华文教育。

（三）中文教学

从汉语教学中减除国家通用语言教学和华文教学，剩下的就是狭义的汉语教学，也就是通常所说的汉语作为第二语言的教学。我们主张称之为中文教学（或称为华语/中国话教学），正如我们也把英语教学称为英文教学一样。称中文教学反映了国别和国家属性。过去很长一个时期里，无论是国内还是国外，都常以"中国话""中文"等来称说汉语，采用"中文教学"这一名称。国外如美国、加拿大、澳大利亚等现在还称中文教学（姚道中、刘月华，1997）。

表1 汉语教学分类表

教学类型 / 教学对象 / 性质、环境、目标	国家通用语言教学			华文教学	中文教学
	汉语民族群	非汉语民族群	华侨	华人	非华裔外国人
母语教学	+	-	+	+	-
第一语言	+	-	+/-	+/-	-
教育目标 — 国家认同	+		+	-	
教育目标 — 中华民族认同	+	+	+	+	
教育目标 — 中华文化认同	+	+	+	+	+
技能目标 — 交际工具	+	+	+	+	+

三、再分类的意义

（一）社会政治文化意义

国家通用语言教学长期以来多停留在普通话推广上，对国家通用语言教育强调不够。在各民族、各个方言区提出国家通用语言教学，不仅有助于培养国家意识，也有助于提升民族语言和方言的保护意识。在民族地区把国家通用语言教学称为汉语教学在客观上让人感觉是让少数民族学习汉族语言。如前所说，汉语并非汉族所独有；同时，历史和现实已经把汉语推至了国家通用语言的地位。不称汉语教学，而称国家通用语言教学，其意义是重大的。

把华侨的母语教育纳入国语教育的范畴，有利于对华侨子女母语教育目标的确定的认识。华侨是中国公民，有享受母语教育的权利，国家也有对他们进行母语教育的义务。既不能把华侨子女的母语教育等同于国内的语文教育，也不能等同于海外华人的母语教育。要通过教育使他们热爱祖国，心系祖国。掌握祖国的语言有利于他们的发展。

（二）语言教学上的意义

汉语民族群的语文教学一直存在颇多争议。首先是对"语文"的解释多种多样。作为语文教学的创始者的解释是口头为语，书面为文（郭熙，2007：6）。这一解释是从"语文"的来源进行的，常使人想到它诞生前的"国语""国文"。其次是语文教学的目标。中国九年义务教育《语文课程标准》提出了所谓人文性与工具性的统一。但我们对语言教育（尤其是语言国情教育、语言文明教育）重视不够。21世纪初轰轰烈烈的语文课改几乎没有听到语言学界的声音。

民族地区的非汉语民族学习者的国语教学已经取得了很大成效，也积累了丰富的经验，为民族沟通，也为民族地区的各方面发展做出了贡献。称非汉语民族群的汉语教学为国家通用语言教学这在一定程度上弥补了把民族地区语言教学简单理解为二语教学的不足。

华侨子女生活在国外环境中，语言背景各异。新华侨的子女多会说普通话或家乡方言，语言教学的主要任务是读写。将他们区别对待有重要的意义。

初步调查显示，全世界华语学习者中非祖语生（non-heritage language learners）约为学习者总数的三成，而祖语生（heritage language learners）则多达七成，且多是学龄儿童。这跟通常所说的汉语作为第二语言的学习者形成了明显区别。他们的教学大纲、教科书、教学方法等都需要有大量的研究做支撑，如各地华裔华语习得的特点、不同环境下语言习得规律的观照等。另一方面，华语在各地的变异、华人文化在各地的特色也应在教学中得到体现，这就需要描写各地华语事实，分析各地华人文化特点等，其语言学等意义也不难想见（郭熙，2012a：233-248）。目前，海外非常重视祖语教学研究，华文教学研究将会大大地丰富这一领域的研究成果。

参考文献

［1］郭熙. 对外汉语学说略. 汉语学习. 2004a（3）.

［2］郭熙. 关于语言规划中贯穿国家认同建构意识的问题. 澳门语言研究三十年——语言研究回顾暨庆祝程祥徽教授澳门从研从教三十周年文集（一）（徐杰、周荐编）. 澳门大学. 2012b：13-21.

［3］郭熙. 海外华人社会汉语（华语）教学的若干问题：以新加坡为例. 世界汉语教学. 2004b（3）.

［4］郭熙. 华文教学概论（第 1 版）. 北京：商务印书馆. 2007.

［5］郭熙. 华文教学在新加坡——目标和层次的讨论. 华文学刊（新加坡）. 2011（1）.

［6］郭熙. 华语研究录. 北京：商务印书馆. 2012a.

［7］郭熙. 中国社会语言学（第 3 版）. 北京：商务印书馆. 2013.

［8］李方. 含有母语基因的非母语教学——海外华文教育管见. 语言文字应用. 1998（3）.

［9］李宇明. 海外华语教学漫议. 暨南大学华文学院学报. 2009（4）.

［10］李宇明. 论母语. 世界汉语教学. 2003（1）.

［11］李宇明. 语言功能规划当议. 语言文字应用. 2008（1）.

［12］林蒲田. 21 世纪东南亚华文教育前景及与中国的关系. 华侨大学学报. 1998（1）.

［13］刘月华、潘文娱、故韡. 实用现代汉语语法. 北京：外语教学与研究出版社. 1983.

［14］吕叔湘. 现代汉语八百词. 北京：商务印书馆. 1980.

［15］王宁. 论母语与母语安全. 陕西师大学报. 2005（5）.

［16］姚道中、刘月华. 中文听说读写. 美国 Cheng & Tsui Company. 1997.

（原文载于《中国语文》2015 年第 5 期）

5. 谈汉语中介语语料库的建设标准[*]

张宝林　崔希亮

（北京语言大学）

一、前言

　　进入 20 世纪以来，汉语中介语语料库在对外汉语教学与研究中的作用日益凸显，引起了学界的广泛关注，汉语中介语语料库建设渐成高潮，"成为语料库研究中的热点"（谭晓平，2014），汉语中介语语料库建设正在跨入一个繁荣发展的重要时期。

　　另一方面，直至今天，汉语中介语语料库建设并无统一标准，不论哪一种语料库，不论是已建成的还是在建的，都是根据建设者的主观认识和研究经验进行建设，建库实践中存在很大的随意性。这种随意性表现在许多方面。例如，在语料收集方面，有的语料库只收作文，有的兼收造句；有的只收作文考试答卷，有的兼收平时的写作练习；有的只有录入版语料，有的还附带原始语料。又如，在语料和语料作者的背景信息方面，有的语料库收集的较多，有十几项，有的很少，只有几项。在语料规模方面，有的语料库有几十万字，有的则达几百万字，而以百万字左右者为多。在语料标注方面，有的进行标注，有的未做标注；有的只经过断句、分词和词性标注等加工处理（陈小荷，1996），有的只标出错别字或部分偏误句，有的则从字、词、句、篇、标点符号等角度对全部语料中存在的偏

　　*本研究得到教育部哲学社会科学研究重大课题攻关项目（批准号：12JZD018）和国家社会科学基金项目（批准号：12JBYY054）的资助。

误现象进行穷尽性标注；而对语料中正确的语言表现，除个别语料库之外，一般皆未标注；标注的方法与代码也不尽相同；语料及相关背景信息的查询与呈现方式各异，有的使用便捷，有的则不甚方便；分词和标注词性使用的是为汉语母语研究或中文信息处理服务的、为母语语料库建设设计的分词规范与词表，并不完全适合汉语中介语的实际情况；已建成的语料库除极少数向学界开放之外，大多未能实现资源共享。这些问题使语料库在规模、功能、质量、用法等方面尚存在诸多局限，不能完全满足用户的使用需求（张宝林，2006、2008、2010；崔希亮、张宝林，2011；张宝林、崔希亮，2013）。

我们认为，建设标准是汉语中介语语料库建设经验的总结，凝聚着学界对语料库建设的理论思考，标志着语料库的建设水平，对语料库建设具有重要指导意义。它是汉语中介语语料库建设中带有全局性的重大问题，不仅关系到语料库建设本身，对基于语料库的汉语教学与相关研究也具有重大影响。当前，建设标准已成为制约汉语中介语语料库建设水平与发展的瓶颈，二十余年的建库实践则提供了进行建设标准研究的坚实基础，因此，进行汉语中介语语料库建设标准研究的时机已经成熟。

基于上述认识，本文专门探讨通用型汉语中介语语料库建设标准问题，希望能引起学界的关注与讨论，逐渐形成共识，以促进语料库建设的进一步发展和建设水平的提高，为汉语教学与研究提供更好的优质资源。

二、研究建设标准的目的与原则

（一）目的

研究语料库建设标准的目的有两个：直接目的和最终目的。前者为语料库建设服务，后者为汉语的教学与研究服务。

为语料库建设服务，就要总结以往建库实践中的经验教训。总结经验可以认识语料库的建设规律，加快建设速度，提高建设水平；总结教训可以使新的建库工作不必从头摸索，少走弯路，减少语料库建设中的低水平重复。

为对外汉语教学与研究服务，就要了解广大教师和研究人员的实际需求，并根据这些需求确定语料标注内容。例如，学界的研究兴趣可能分布在汉字、词汇、语法、语篇、语体、语义、语用、辞格、交际文化等各个方面，作为通用型语料库，就应为满足各种研究目的而做语言文字乃至交际文化等各个方面的标注；有做偏误分析的需求，就要做偏误标注；有做表现分析的需求，就要采用"偏误标注+基础标注"的模式进行标注（张宝林，2008、2013）；总之，应尽可能满足教学与研究方面的多种需求，理论上是满足所有需求。

（二）原则

1. 全面性

研究语料库建设标准的目的决定了本项研究必须贯彻全面性原则。从其直接目的看，语料库建设从设计到施工，从收集语料到语料标注，从研制管理与查询系统到上网运行与维护，是一项非常复杂的系统工程，涉及很多方面的很多工作内容和细节，哪个环节处理不好都会影响语料库的建设。因此，语料库建设标准的研究要全面。

从为教学与研究服务的角度看，不同研究者的关注点与研究兴趣往往存在很大差异，研究对象与内容各不相同，使用电脑的习惯方式也可能多种多样。在语料库建设过程中，要从语料类型、语料标注、语料检索与呈现方式等方面进行妥善的设计与安排，确保语料库功能的全面，以满足他们的需求。这同样需要贯彻全面性原则。

2. 可行性

建设标准的制定要有充分的现实基础，有些必要但暂时做不到的事情不能作为标准。例如，使用计算机进行自动标注，不但效率高，标注的一致性也好，但中文信息处理除分词和词性标注达到实用水平之外，对其他语言层面的自动标注尚无实用价值，目前就不能把自动标注作为建设标准。

3. 区别性

汉语中介语语料库包括口语语料库和笔语语料库，通用型汉语中介语语料库的建设标准理应包括口语语料库和笔语语料库的建设标准。由于两种语料在承载媒介上的根本区别，建设标准必须对不同类型的语料库做出不同的规定。例如，口语语料库必须包括声音语料，这是笔语语料库所没有的；为了满足对中介汉字的研究需求，笔语语料库必须进行汉字标注，而口语语料库的文本部分系由母语者转写，因而无须进行汉字标注。

三、建设标准的研究内容

（一）语料库建设流程

1. 研究建设流程的重要性

研究这一问题的目标是设计一套汉语中介语语料库建设的标准流程，使任何从事这一工作的人可以沿着正确的途径，按部就班地建设语料库，而无需每建设一个语料库都从零开始，一步步探索，甚至重复前人走过的弯路，因而能在一定程度上避免低水平重复，提高建设速度，及时地为汉语教学与研究服务。

2. 标准流程

（1）提出建库任务，进行总体设计

提出建库任务：明确建库的具体目标，说明要建设一个什么样的语料库，建设这样一个语料库的原因、目的和意义，解决语料库建设的必要性问题。

进行总体设计：研究怎样建设语料库，怎样实现建库的目的和意义，明确语料库的特点，确定语料库的规模、选材、结构、标注内容与方式、建设原则、使用方法等，解决语料库建设的可行性问题。

（2）语料的收集与整理

语料是建库的基本前提，建设语料库时，首先要解决语料来源问题。

（3）语料相关背景信息的收集与整理

语料背景信息包括两种：语料作者的背景信息，也就是学习者信息；语料自身的背景信息。

作者背景信息包括其自然情况、学习情况、考试成绩等。例如，性别、国别、是否华裔、母语或第一语言；汉语学习目的；汉语学习的时间与地点；各学期的期中考试成绩、期末考试成绩、平时成绩等。据悉，在全世界4000多万汉语学习者中，华裔学习者占70%（贾益民，2007），而华裔和纯粹的二语学习者的学习情况有很大差异。因此，在上述背景信息中，"是否华裔"具有重要意义。"母语或第一语言"对二语习得情况深层原因的分析具有重要价值，应予特别关注。

语料本身的信息指语料产出时的相关要求。例如，语料的语体和文体，笔语语料的标题或口语语料的话题，笔语语料的字数要求和口语语料的时长要求，完成语料的时间要求，语料产出的地点（指课上、课下、考场）等。

（4）语料的录入与校对

语料录入与转写中难免有错误与疏漏，而"底层不一致性在上层应用中会被放大几倍到几十倍"（宋柔，2010），因此必须对录入与转写的语料进行严格的校对，这是确保语料真实可用的重要环节。

（5）制定标注规范与实施语料标注

语料标注规范主要解决标注内容与方式的问题。标注内容是标什么的问题，如只标偏误还是也标正确的语言表现？对语料的标注是深加工还是"浅"加工？深加工的话，深到何种程度？标注方式是怎么标的问题，如先标什么后标什么？人工标注还是机器自动标注？使用什么样的标注代码？这些内容也可以概括为"标注模式"问题（参见张宝林，2013）。把这些问题解决了，制定出科学、完备、明确、易行的标注规范，才能实施标注。这也是保证标注质量的重要方面。

（6）开发人工辅助标注工具

语料标注是一项非常繁琐、细致的工作，标注内容越丰富，标注的层次越深，标注人员需要记忆的规范条款就越多，标注过程中也就越容易出现错误，包括代码使用不一致的现象。计算机技术人员则可以研发一些供标注使用的工具软件，把标注项目与代码一一对应起来，从而大大减轻标注人员的记忆负担，使他们可以把主要精力集中在对语料的考察、对各种语言现象的分析和对各种偏误性质的判别上。还可以用"一键 OK"的方式取代标注人员添加标注代码的多道复杂程序，并确保代码的完整性。而"基于 web 的语料协同标注系统"则可以实现"人机互助""人人互助"，从而大大提高标注的科学性与效率（张宝林、崔希亮，2013）。

（7）各种数据的统计与表格编制

语料标注完毕后，可经统计得到多种相关数据，如总字次、总词次、不同字的数量、不同词的数量、各种短语、句类、句型、句式的总数量、偏误语言现象数量、与偏误项目相对应的正确语言表现的数量，等等。显而易见，这些数据对了解学习者的汉语使用情况具有重大意义。将数据制成表格则可以方便用户使用。

（8）语料库管理软件与检索系统的开发研制

在语言研究人员进行语料的收集与标注时，计算机设计与编程人员应进行管理软件与检索系统的开发研制工作。

（9）语料库集成与上网试运行

在语料标注、语料库管理软件与检索系统的研发工作结束后，由计算机技术人员把语料及各种统计数据入库，整合语料库系统，并上网试运行。在此过程中，语言研究人员要与之密切配合，根据语言研究的相关需求，完善语料库的各种功能，并对语料库进行多方面测试，发现问题，及时研究并予以修正。最终使语料库顺利运行，具备完善的使用条件。

（10）语料库发布与开放

在经过测试、语料库具备预定的各项使用功能之后，应通过多种途径，如互联网、专业刊物等，向学界发布消息，并向学界乃至社会各界开放；如果没有特别原因，应向全世界免费开放。

（二）语料的收集与录入标准

1. 语料收集标准

（1）真实性与代表性

语料的真实性指语料必须是由学习汉语的外国人自主产出的成段表达语料。自主产出是指不论写出来的文字还是说出来的口语，都是学习者主观思考的产物，而不是抄写的或记录的别人的话；成段表达是说语料不论长短，都必须是有语境的一段话，而不是造句。

需要特别指出的是，这些原始语料必须放入语料库，以供用户使用与查核。因为语料的行款格式、中介汉字与标点符号的原始面貌等第一手信息只有在原始语料中才能得到最真实的体现；语料录入的质量也只有对照原始语料才能做出准确的评价。

　　语料的代表性指所选语料要能真实反映学习者整体或大多数学习者的汉语面貌与水平，而不仅仅是反映个别或某一小部分学习者的汉语学习情况。这是因为，"我们需要分析由许多说话者收集的大量语言，以保证我们的结论不是基于少数说话者的个性语言而做出的"，"语料库的代表性反过来决定研究问题的种类和研究结果的普遍性"（道格拉斯·比伯等，2012：152）。为了确保语料的代表性，语料应达到较大规模，应来自较多样本、较大范围。例如，全球汉语中介语语料库的语料将来自全球的汉语教学单位，数万个样本，五千万字规模，无疑将具有非常充分的代表性。

　　真实性是建设汉语中介语语料库的基本前提，没有这个前提，语料库就不能反映汉语学习者真实的语言面貌，基于语料库的研究及得出的结论也必然毫无意义。而代表性与真实性密切相关，在某种程度上可以说是一种更大范围和更高层次上的真实性。

　　（2）平衡性与系统性

　　语料的平衡性指不同类型的语料在分布上应尽可能均匀，如不同国籍、不同母语、不同学习时间、不同专业背景、不同专业方向、不同汉语水平的汉语学习者所产出的语料数量应该完全相同。

　　然而这样理解平衡性并不恰当。因为，现实情况根本无法达到这样"理想化的绝对平衡"。以国籍而言，学习汉语的外国人本来就以韩国、日本、东南亚居多，而欧美较少，非洲、南美洲更少。现实情况如此，我们不可能从学习者国籍的角度保证语料的绝对平衡性。另外，"理想的绝对平衡"也不应该是我们追求的目标，因为那并不符合外国人学习汉语的实际分布情况。

　　因此，我们必须实事求是地对不同类型的语料在选择上有所区别。例如，从汉语水平角度看，初级、中级、高级三个学习阶段学习者的语料数量应完全相同。从国别角度看，则应采取分层抽样的方法：学习者多的国家的语料多取；学习者少的国家的语料少取；只有个别或很少学习者的国家的语料则暂时不取，因为语料太少将无法保证研究结论的客观性、普遍性与稳定性，这是没有意义的。

　　成系统的语料能够反映学习者的整个学习过程和完整的语言面貌，便于从各种角度对语料进行观察分析，对基于语料库的相关研究具有重要意义。

语料的系统性体现在三个方面：①语料和学习者的背景信息齐全，并能够一一对应；②同一名学习者或同一个学习者群体在不同学习阶段或不同年级的语料齐全；③在各类考试中，通过考试和未通过考试的考生的语料齐全，通过考试的不同档次分数的考生的语料齐全。

（3）有声性与有图像性

这条原则针对口语语料库和多模态语料库的建设。与笔语语料库相比，口语语料库的价值在于：除了可以考察学习者口语中词汇、语法、语义、语用等方面的实际表现之外，还可以了解学习者实际的汉语语音面貌，可以对其进行声、韵、调等方面的考察与分析。多模态语料还有视频材料，可以对言语交际中的体态语进行研究。这是口语语料库和多模态语料库的最大特点。因此，口语语料库必须具备"有声性"特点，多模态语料库还须具备"有图像性"特点，配备与文本文件相对应的声音文件和视频文件，以满足语音和口语教学与习得方面的研究需要（张宝林，2012、2014）。

2. 语料录入标准

为了保证语料的真实性，在语料录入阶段应采取"实录"原则，对语料中字、词、短语、句、篇、标点符号等方面的偏误及书写格式均须原样录入，不能做任何更改，以最大限度地保持语料原貌。对于笔语语料来说，错字是录入的难点，因为电脑字库中没有，无法直接录入。录入时可先以代码标注，后期加工时则应体现其原貌。对于口语语料库来说，在把口语形式的语料转写为书面形式的语料时，还应如实反映口语表达中的停顿、重复、语音偏误等。对于多模态语料库，还应描绘与口语交际相伴随的表情与肢体动作。

（三）语料标注

1. 全面性与相对性

作为通用型汉语中介语语料库，语料标注的内容越丰富、越全面，就越能满足各种基于语料库的研究需求。为此，应在汉字、词汇、短语、句类、句型、句式、语篇、语体、语义、语用、修辞乃至交际文化因素等各个方面、各种层面上对相关的语言文字现象进行标注，以保证语料库功能的全面，更好地为汉语教学与研究服务（张宝林，2013）。

由于汉语本体研究与习得研究的局限，所谓"通用型"语料库的建设也必然受到某些限制，难以做到百分之百的"通用"，因而语料标注又有一个相对性问题。例如，语义问题，从某些实例来看，是应该、也是可以标注的。以"时常在家里弄得乱七八糟"为例，"家里"并非动作的处所，而是动作的受事，因而是典型的语义问题，可以根据语义角色关系进行标注。但由于语义和语用在本体研究上的研究尚不够充分，有些现象难以区分，不易甚至无法标注。例如："老师，你媳妇漂亮吗？"究竟是学生不了解该词含有的不严肃、不庄重之意而造成的语义偏误，还是其使用场合不对导致的语用偏误？应该说都有可能，操作上应该如何标注恐难把握。另一方面，这方面的"大多数问题都可转化为词汇、语法问题来解决"（侯敏，2013），例如前一例可处理为把字句的回避偏误，后一例可处理为词汇误用。在这种情况下，为了避免"不仅加大了标注员的工作量和工作难度，还会增加语料标注的错误率，影响语料库的信度和形象"（侯敏，2013），语义标注就应暂缓，待语义语用方面的相关研究取得进一步的成果后，再考虑其标注问题。交际文化因素的标注与此相似。

2. 科学性与通用性

科学性指语料标注要正确、准确，符合汉语字词的相关规范，符合一般的语法规则。对同类语言现象的判断与标注，要具有一致性。

语料标注的科学性首先体现为"标注规范"的科学性。"标注规范"在繁简字体、异体字、新旧字形、数字用法、标点符号用法、异形词的判定方面均应以国家相应的语言文字规范为标准；在研制出汉语中介语语料库专用分词规范与词表之前，分词及词性标注应以国家标准《信息处理用现代汉语分词规范》（GB/T13715-92）、《信息处理用现代汉语词类标记规范》（GB/T20532-2006）为标准；语法系统应以学术影响大、采用范围广、具有行业标准意义的语法著作和语法大纲为主要依据，例如国家汉办组织编写的《汉语水平等级标准与语法等级大纲》（刘英林主编，1996）、《高等学校外国留学生汉语言专业教学大纲》（李杨主编，2002）、《国际汉语教学通用课程大纲》（2008）等。

科学性还体现为语料标注的一致性。对同一种语言现象所做的标注应该一致，不能前后不一，自相矛盾。

标注代码的前后完整，形式统一，也属于一致性的范畴。

语料标注的一致性问题意义十分重大。要解决这一问题，目前可以采取的办法，一是通过制定严密的标注规范、严格规范标注流程、对标注员进行严格有效的培训等方法，尽最大可能将语料标注的错误率降到最低；二是通过检测计算出标注的错误率，并在语料库的说明中明确告知用户，使用户了解依据该语料库进行的相关研究，其结论有多大的置信区间，可以在多大程度上相信这个结论。而最终的解决方案则是通过技术手段，实现人和计算机的优势互补，实现计算机自动标注。

我们认为，检验并说明标注错误率对语料库的使用者及其研究结论来说极为重要，"语料库的标注者应该提供相关的标注质量信息"（郑家恒等，2010：6）。但从现实情况看，尚无一个汉语中介语语料库做过这样的说明。这充分表明问题的重要性和紧迫性。建设标准不仅要关注此问题，将其列为条款，而且应予特别强调。

通用性指语料标注代码应符合标准化与通用化要求，使用通用代码，以便于用户使用，也有利于语料的资源共享。为此目的，学界应积极开展协作研究，尽快研制出能为学界普遍接受并乐于使用的语料标注规范与代码，从而实现语料标注的标准化与通用化。

国内外母语语料库建设大多采用可扩展的置标语言（XML）进行编码，对语料的文本信息进行标注。在汉语中介语语料库的建设中，也已有人开始研究利用 XML 进行编码，对语料进行标注，如李斌（2007）、林君峰（2014）。从理论上说，XML 具有最广泛的通用性，最适合通用代码的开发，应深入研究并尽快应用于汉语中介语语料库的语料标注。

3. 只标不改

只标不改即只是指出语料中的偏误现象与偏误类型并进行分

类标注，而不做任何修正。这样处理的原因，一是同一个错误可能存在多种不同的改法，在语料库中很难将所有改法一一列出；二是修正会导致语料"失真"，影响研究结果的客观性；三是对于广大用户来说，语料库的最大价值是提供汉语中介语的语言事实，从中可以发现各种偏误现象及数量、比例等相关数据，进而通过研究得出结论指导教学。要达到这样的目标，标出偏误即可，而无须修改。

（四）资源共享

1. 现状

有研究指出，近十年来，虽然语料库数量众多，类型丰富，但可公开使用的语料库并不多。如何最大范围地实现语料库的资源共享模式，让语料库研究成果的受益群体最大化，仍然是一个值得研究的课题（谭晓平，2014）。

十多年前，当我们设计"HSK 动态作文语料库"时，就提出了语料库建设的开放性原则（张宝林、崔希亮、任杰，2004）。语料库建成后，我们立即兑现承诺，向海内外各界人士免费开放；后来又应用户要求，取消普通用户与高级用户的区分，提供语料下载功能，全面开放了语料库。语料库自 2006 年建成以来，为数以万计的海内外用户提供了语料支持，发挥了其应有的作用。

近年来，要求语料库开放的呼声越发强烈。这种呼声有其充分的合理性，因为语料库本来就"应该是一个可以被人类和科学研究者重用的、共享的资源"（郑家恒等，2010：6）。

2. 资源共享的理据

梁任公有言："夫学术者，天下之公器也。"此言之重要前提，学术研究之材料亦当为天下之公器，否则，无学术矣（故纸沉吟，2011）。语料库之语料即"学术研究之材料"，实乃公器，本来就应该为天下人所用。

国家资助语料库建设的目的就是要促进学术发展，推动国家教育事业与科学技术的进步，而实现最充分的资源共享是达此目的的前提。

公民作为国家税收的纳税人，完全有资格与权利使用国家科研经费资助的科研成果，当然，涉密的成果除外。

近年来，随着我国经济的持续发展和国际地位的不断提高，在全球范围内希望了解中国、愿意学习汉语的人越来越多，汉语国际教育迅猛发展。在这种情况下，我们更应关注、了解各类学习者的汉语学习状况，探索与总结面向各类汉语学习者的教学规律，千方百计提高教学效率。在这方面，汉语中介语语料库有着不可替代的重要作用，应该积极主动地、全心全意地为汉语的教学与研究服务，尽快开放。

今天是一个以互联网、云计算、大数据为显著特征的信息时代，其核心观念是开放。目前，国外一些国会图书馆和大学图书馆的数字化成果都是全数上网，完全公开，免费下载，这已成为一些国家进行公助数字化项目的前提。人文计算是一个新兴的将现代信息技术深入应用了传统人文研究的跨学科领域。数据是人文计算的基础，从目前整个学科的发展来看，数据开放、数据共享已经逐步成为这一学科的趋势（李启虎等，2014）。

据我们了解，我国国家图书馆的数字文献只要是不涉及版权问题的也都能上网阅览、下载，而且是免费的。

我们认为，汉语中介语语料库及基于语料库的相关研究是信息技术的成果、网络时代的产物，属于人文计算的范畴，同样应该贯彻数据开放、资源共享的时代精神。

3. 资源共享的途径

如上文所述，数据公开、资源共享已经成为一些国家进行公助数字化项目的前提。我国也有研究指出，要顺应人文计算学科数据开放和数据共享的发展趋势，将数据共享作为项目的考核指标（李启虎等，2014）。我们认为，这是实现资源共享的有效途径。

我们主张，凡是由各级政府科研管理部门批准立项和资助的语料库建设项目，包括汉语母语语料库和汉语中介语语料库，乃至其他各种语料库，建成后必须向学界与社会开放，免费供高等院校、科研院所、公民个人浏览使用，并将此作为项目中检与结项的重要指标。

这当然应成为汉语中介语语料库在使用方面的标准，并应该成为国家科研管理部门的明文规定。

4. 知识产权与隐私保护

（1）语料库上网开放，欢迎任何人登录浏览与研究使用，唯一的条件是限于非商业目的。

（2）使用语料库进行教学与学术研究，是语料库价值的体现，唯一的要求是在研究成果中注明语料来源。

（3）汉语中介语语料库中的语料来自教学单位，有些单位的作文题目和综合课考试题目在更换新的教材之前可能还会使用。为了保证正常的教学秩序，这些题目不能公开，根据这些题目写的作文也不能全文公开，而仅以句子形式呈现。这当然会在一定程度上影响语料库的功能，但也只能如此。

（4）尊重并保护语料产出者的个人隐私，其姓名信息不能公开；视频语料中的人物图像等如未得到当事人同意，也不能公开。

四、结语

目前，汉语中介语语料库建设中存在的随意性，已经成为制约语料库建设发展的关键问题。这个问题不解决，语料库的建设水平就无法提高，汉语教学与研究对语料库的迫切需求就无法全面满足。而破解之道，就是制定语料库建设标准。

建设标准是汉语中介语语料库建设领域的一个冷僻话题，迄今为止，尚未见有专文进行探讨。本文提出的见解与主张不一定全面、恰当，但作为引玉之砖，希望引起学界的重视与讨论，促进语料库建设的规范化，推动其进一步发展，以期更好地服务于汉语国际教育事业。

参考文献

[1] 陈小荷."汉语中介语语料库系统"介绍. 第五届国际汉语教学讨论会论文选. 北京：北京大学出版社. 1996.

[2] 崔希亮、张宝林."全球汉语学习者语料库"建设方案. 语言文字应用. 2011（2）：100-108.

　　[3] 道格拉斯·比伯、苏珊·康拉德、兰迪·瑞潘. 语料库语言学. 北京: 清华大学出版社. 2012.

　　[4] 故纸沉吟. http://blog.sina.com.cn/u/1342911437. 2011-06-07.

　　[5] 侯敏. 对汉语中介语语料库标注规范研究的一些意见. 未出社. 2013.

　　[6] 贾益民. 海外华文教育的若干问题. 语言文字应用. 2007 (3): 23-26.

　　[7] 李斌. 中介语语料库建设中的语言错误标注方法. 暨南大学华文学院学报. 2007 (3): 55-59.

　　[8] 李启虎等. 抓住信息时代机遇, 促进人文计算发展. 未出版. 2014.

　　[9] 林君峰. 基于 XML 的汉语中介语语料库集成标注模式. 第三届汉语中介语语料库建设与应用国际学术研讨会论文. 2014.

　　[10] 宋柔. 文本语料库建设同语言教学和语言研究. 讲座课件. 2010.

　　[11] 谭晓平. 近十年汉语语料库建设研究综述. 第七届北京地区对外汉语教学研究生论坛论文. 2014.

　　[12] 张宝林. "HSK 动态作文语料库" 的标注问题. 数字化汉语教学的研究与应用. 北京: 语文出版社. 2006.

　　[13] 张宝林. "外国留学生汉语学习过程语料库" 总体设计. 数字化汉语教学进展与深化. 北京: 清华大学出版社. 2008.

　　[14] 张宝林. 汉语中介语语料库建设的现状与对策. 语言文字应用. 2010 (3): 129-138.

　　[15] 张宝林. HSK 动态口语语料库总体设计. 语言测试的跨学科探索. 北京: 华语教学出版社. 2012.

　　[16] 张宝林. 关于通用型汉语中介语语料库标注模式的再认识. 世界汉语教学. 2013 (1): 128-140.

　　[17] 张宝林. 关于汉语中介语语料库建设的基本原则. 汉语测试的理论与创新研究. 北京: 华语教学出版社. 2014.

［18］张宝林、崔希亮."全球汉语中介语语料库建设与研究"的设计理念. 语言教学与研究. 2013（5）：27-34.

［19］张宝林、崔希亮、任杰. 关于"HSK 动态作文语料库"建设构想. 第三届全国语言文字应用学术研讨会论文集. 香港：香港科技联合出版社. 2004.

［20］赵金铭. 国际汉语教育的本质是汉语教学. 汉语应用语言学研究（第 2 辑）. 北京：商务印书馆. 2013.

［21］郑家恒、张虎、谭红叶、钱揖丽、卢娇丽. 智能信息处理汉语语料库加工技术及应用. 北京：科学出版社. 2010.

（原文载于《语言文字应用》2015 年第 2 期）

6. 通用型、区域型、语别型、国别型

——谈国际汉语教材的多元化[*]

李　泉　龚　雪

（中国人民大学）

一、引言

　　新中国成立以来，国内已出版各类对外汉语教材共计 8380 册，5483 种（范长喜等，2012）。近十几年来出版和修订重印的教材估计不下三四千种，目前已基本解决国内汉语教材的"温饱"问题。随着世界范围内学习汉语人数的增多，国外出版的各类汉语教材也不断增多，但不少国家和地区的教材仍然相对缺乏，总体上还处在需要解决"温饱"的阶段。海内外教材数量虽然不断增多，但公认的好教材以及可选的切实的教材还不够多，加之信息和流通等方面的原因，教学一线选择一套合适的教材并非易事，特别是海外。可见，教材编写与研究仍是当下和今后的一项重要工作，其中加强教

　　*本研究受中国人民大学科学研究基金（中央高校基本科研业务费专项资金资助）项目"国际汉语教材编写理念创新研究"（项目编号：2013030254）资助（"明德青年学者计划"的阶段性成果）。本文初稿曾以《国际汉语教材：通用型、区域型、国别型》为题，在香港大学中文学院主办的"首届国际汉语教学研讨会"（香港，2013 年 12 月 4～6 日）上宣读，增补后以《汉语教材：通用型、区域型、语别型、国别型》为题，在北京大学和哥伦比亚大学主办的"第五届中青年学者汉语教学国际学术研讨会"（纽约，哥伦比亚大学，2014年 5 月 23～24 日）上做过大会主旨发言。此次发表又修改了题目和相关内容。

材编写的理论研究、理念创新研究尤为重要。

近年来，教材的国别化问题受到广泛重视，也取得了一定的成就。因为，研究国内编写的教材如何更好地适合国外教学，研究国外编写的教材如何更好地适应当地教学，这本来就是汉语教材编写与研究的应有内涵，是教材针对性的重要体现。但是，有些学者把国别化教材看成是教材编写的"趋势""主流""大势所趋"，乃至教材编写的根本出路，则有些强调过头。海内外教材编写者和出版机构如果一窝蜂地都来编写所谓国别化教材，对于国际汉语教材的编写和研究来说未必是好事，至少不符合教材编写、研究和使用的多元化要求，而多元化是教材编写和研究的常态。

鉴于此，本文根据教材适用范围和所用诠释语言的不同，将汉语教材分为通用型、区域型、语别型和国别型四类，探讨它们的内涵和特点、适用范围和编写理据、设计和编写要求以及各自的优势与局限，进而提出本文的相关建议，希望有助于促进教材编写的理论研究和理念创新。

二、通用型汉语教材

（一）通用型教材的基本内涵

通用型教材是为某一类教学对象及特定教学目标编写的教材。"某一类教学对象"指的是成人或非成人、在校生或非在校生、学历生或非学历生等，也可以指初、中、高不同阶段的语言学习者，但一般不限于特定国家和母语背景的学习者。"特定教学目标"指的是全面提高汉语听、说、读、写综合语言能力，或是提高口语、听力、阅读、写作等专项语言技能。

（二）通用型教材的编写理据

无论从理论上说，还是从教材出版成本和利益最大化考虑，任何教材都应追求适用对象的广泛化，应用价值和经济效益的最大化。更重要的是，汉语对几乎所有海外学习者来说都是一种"真正外语"，汉字更是一种"另类文字"（特别是对非"汉字圈"的学习者来说），不仅在书写方式上，更在认知、记忆和运用等多方面都是一种全新的文字体系。汉字与汉语的关系跟其他语言与相关文字的关系有很大的不同。因为，世界上许多语言都是拼音文字（音素文字或音节文字），其字母是没有意义的，汉字是语素文字"唯一的代表"，其本身是有意义的（吕叔湘，1985）。汉语、汉字对学习者来说具有普遍性的特点，是编写通用型教材重要理据。除此之外，英语作为对第二语言教学教材具有广泛影响的大都是通用型教材，如《新概念英语》。国内过去和现在广泛使用的汉语教材也都是通用型教材，如《初级汉语课本》、《发展汉语》（第二版）；海外编写和面向海外编写而广泛使用的教材也大都属于通用型教材，如《中文听说读写》《新实用汉语课本》等。这表明，通用型教材始终是第二语言教材的主流品种。

（三）通用型教材的主要特点

（1）教材编写的理想境界是让更多同类教学对象和学习目标的学习者都能使用。因而，淡化使用对象的国别特征和学习者的母语背景，以"普遍的外国人"为教学对象，并针对特定学习群体的学习需求设计和安排教学内容。

（2）以对外国人汉语教学的普遍规律和教学经验为统领，更加关注汉语、汉字自身的特点，关注汉语文章的体裁、语体特点及其呈现，注重语言知识的系统性和科学性。

（3）课文话题、教学内容和话语场景以中国为主，偶尔兼顾海外内容和场景（如"圣诞节""中国城""中文学校"）或国际性话题（如"环保""素食者""求职就业"）。

（4）主要的缺点是，对非教材注释语言母语者的针对性差，即在语音、词汇、语法、文化及学习方式和学习特点等方面，难以给予系统性的设计和针对性的训练，难以兼顾和体现某些具体国别学习者的学习生活、社会环境和文化习俗。

（5）汉语通用型教材更适合在中国编写和使用，因为来华学习者往往不仅仅是某一特定国家的学习者，换言之，来自不同国家的汉语学习者可能被编在一个教学班级里，因此中国国内编写的教材大都是通用型的。海外或面向海外编写的通用型汉语教材，要特别注意教材的容量不能过大，要适合海外学时少的特点；内容取向上要注意"中国内容"和"海外内容"的兼顾，前者应占据绝对多数。

（6）可能的优势是，可以为不同国别、不同区域和不同母语的学习者所选用，可以系统地展示汉语、汉字的知识，较为全面地介绍当代中国的方方面面。如果设计理想，可能成为某一类型及其特定教学对象的品牌教材，特别是系列教材或系列配套教材。

需要说明的是，通用型教材实际上还可以细分为普遍型通用、区域型通用和国别型通用三个小类。这里说的主要是普遍性通用教材。如果是区域型和国别型通用教材，则上面特点（4）所提到的缺点和不足就可以得到不同程度的克服和弥补。也就是说，通用型教材如果以某一区域或某一母语为背景，则亦可以归入其他教材类型，如《中文听说读写》（英语注释）和《汉语言文字启蒙》（法语注释）亦可算作国别型或语别型教材。

三、区域型汉语教材

（一）区域型教材的基本内涵

区域型教材是为某一地理区域的汉语学习者编写的教材，如面向东南亚、中亚、北欧、南美、非洲等编写的各类汉语教材。教材的媒介语可以是该区域的通用语或是英语等其他通行较广的语言。区域型教材仍然以提高学习者汉语听、说、读、写综合语言能力，或是提高听、说、读、写等某一两项语言能力为目标。

（二）区域型教材的编写理据

同一地理区域即地缘国家，在语言、文化、宗教、历史、传统以及气候、物产、饮食、习俗、生活方式等多方面相同相近的地方多，并且汉语教学的历史与传统、模式与特点等也往往相同相近，至少在上述多个方面同一区域相关国家的汉语教学具有较多人文环境和自然环境方面的共性，并因此而有别于其他区域。这就为区域型通用汉语教材的编写提供了客观基础。

（三）区域型教材的主要特点

（1）区域型教材是某一区域通用的教材，因此也是一种通用型教材。区域型教材应该遵循和体现通用型教材的一些特点和要求，也即在话题、课文内容、文化内涵、教学模式与教法等方面应体现该区域的共性特征和教学需求。

（2）教材编写的理想境界是让本区域内更多国家、更多的同类教学对象都能使用所编教材。为此，应充分提取本区域语言学习、教学方式、话题语境、文化风俗、气候环境、物产饮食等人文和自然因素的共性特征，并以适当的比例和恰当的方式加以呈现。

（3）区域型教材的编写要求是，课文话题、教学内容和话语场景仍然以中国为主，适当兼顾有关区域的生活内容和场景。如为北欧编写的区域教材应适当呈现那里的人文和自然特点，如与"雪"有关的生活、文化及相关的词汇和课文内容，为非洲某一区域编写的教材应适当体现与"旱季""雨季"有关的工作、习俗及相关的词汇和课文内容。

（4）从理论上说，区域型教材的使用范围小于通用型，但针对性应该强于通用型教材。区域型教材既要考量学习者的目的语水平、学习需求、学制学时等因素，也要考量该区域的文化传统、宗教信仰、气候、物产、习俗等共性特征，并在教材中给予恰当体现。

（5）区域型教材可能的优势是，可以为该区域不同国别和不同母语的学习者所选用，系统地展示汉语、汉字知识，可以较为全面地介绍当代中国的方方面面。如果设计理想，可能成为特定区域内所普遍选用的教材，并有助于推进区域教学的规范化和标准化。

需要指出的是，区域型教材的编写应以区域化教学观念的确立和区域化教学共性与个性的研究为基础。事实上，汉语国际化的过程也是汉语教学区域化的过程。由于地理环境、历史文化传统以及汉语教学的历史和现状的不同，使得地缘区域有诸多共同点，非地缘区域有诸多差别。因此，区域化是个客观存在，而在教材话题、课文内容中恰当地结合和呈现不同区域汉语学习者的人文环境和自然环境特点，也正是教材针对性的应有内涵。

四、语别型汉语教材

（一）语别型教材的基本内涵

语别型教材是为共同使用某种语言的学习者编写的汉语教材，如以法语、德语、西班牙语等为母语或通用语的汉语学习者编写的教材。语别型教材不限于某一国家的学习者使用。语别型教材也以提高学习者综合汉语能力或是专项汉语技能为目标。

（二）语别型教材的编写理据

汉语作为第二语言的教材编写，最基本的要求应是注重汉语与学习者母语及相关文化的关照和比较，以增强教材的针对性和实用性。持有同一种母语的汉语学习者，不仅母语背景相同，其文化、习俗、宗教乃至社会历史、社会生活等也相同或相近，这就为编写语别型教材提供了语言和文化对比的便利。

（三）语别型教材的主要特点

（1）语别型教材也是一种通用型教材，是持有相同母语的汉语学习者通用的教材。因此，语别型教材最大的特点应该是充分体现汉外语言及文化对比研究的成果，也即教材应着重呈现经过语言及文化对比后所发现的教学重点和难点以及应该繁复和简约之处。

（2）教材编写的理想境界是，让共同使用某一母语的更多国家、更多的同类教学对象都能使用所编教材，即追求该语别母语者的普遍适用性。为此，应充分考量和提取有关地区和国家在人文因素和自然因素方面的共性特征，并给予恰当的呈现。

（3）语别型教材的编写在遵循科学性、实用性和趣味性等教材编写的一般原则的同时，更要体现对该语别汉语学习者的针对性教学，即在语音、语法、词汇、汉字教学方面，在话题选择、内容叙述、注释说明、练习设计等各个方面详略得当、重点突出。

（4）语别型与通用型教材的区别在于，前者是明确为某一母语的汉语学习者编写的，使用对象均是该母语者的某一学习群体；后者是为持不同母语者编写的，使用对象可以是不同国家、不同母语者。

（5）语别型与区域型教材的区别在于，前者有共同的母语或通用语，但不限于某一国家或某一区域，因而更加关注学习者母语的特点及与汉语的差别，并在教材中给予应有的体现；后者不限于是否有共同的母语或媒介语，而是限于共同的地缘区域，因而更加关注该区域共同的地域特征和人文特征。

（6）在生词注释、语法翻译等方面，语别型教材的针对性和实用性均强于通用型和区域型。因为前者直接用学习者的母语注释和翻译，后两者用媒介语来注释和翻译，显然，前者更便于学习者准确认知和掌握。

需要强调的是，是否进行汉外语言及中外文化的对比，对比的深度广度及由此做出的学习难点和重点的预测是否准确，教材在词汇和语法教学及课文内容中对汉外语言文化的差异呈现得是否充分和准确，是编写语别型教材成败得失的关键。

语别型教材的优势是，可以也应该进行汉外语言对比，进而预测汉语教学的难点和重点，以增强教材的针对性，提高教学的质量和效益。然而，这在很大程度上说只是一种理想境界。因为进行系统的汉外语言对比并预测出学习和教学的重点与难点绝非易事，且不说许多情况下根本缺失这项前期的对比工作，就是对比了也不一定就能准确地预测出教学的重点和难点，而往往是所预测的难点并不一定难，而没有预测到的地方却成为学习的难点。当然这并不是语别型教材本身的缺憾，而是编教者对比、预测和实施的问题，因此，语别型教材仍然是教材编写的一种重要类型。

五、国别型汉语教材

（一）国别型教材的基本内涵

国别型教材是专为某国汉语学习者编写的教材，如为泰国、越南、匈牙利、瑞士、巴西、阿根廷等国学习者编写的汉语教材。国别型教材可以是综合教材，也可以是专项技能教材。

（二）国别型教材的编写理据

一方面，某一国别汉语学习者大多具有共同的母语，有自己独特的历史、国情和文化传统及生活习俗，有相同或相近的教育体制。专门为某国编写某种第二语言教材不仅可以更好地照顾到这些方面，也可以更好地进行语言和文化的对比，更好地解决教材的"当地化"问题。另一方面，不同国家即使是有共同母语或通用语，有大体相同或相近的文化传统，但实际上这些国家之间在社会生活和文化习俗的各个方面也还会存在各种各样大小不等、程度不同的差异，而没有共同母语或通用语的国家之间的差别就可能更大更多。以上两方面正说明编写国别型教材的可行性和必要性。

（三）国别型教材的主要特点

（1）国别型教材也是一种通用型教材，是某国汉语学习者通用的教材。国别型教材最大的特点应该是充分体现对该国学习者汉语教学的重点和难点，以及他们的生活环境、学习环境和学习习惯及其有兴趣的话题和教学内容。

（2）教材编写的理想境界是，使该国同类教学对象都能使用所编教材，即追求教材在该国的普遍适用性。为此，应充分考量和提取该国具有同样学习目标的教学对象在汉语、汉字认知上的特点和学习需求，并给予恰当的呈现和充分的训练。

（3）国别型教材同样要遵循教材编写的科学性、实用性、趣味性等一般原则，更要体现出对该国别的针对性教学，即在汉语语音、语法、词汇、汉字和文化教学方面，在话题选择、内容叙述、注释说明、练习设计等各个方面详略得当、重点突出。

（4）国别型与语别型教材的区别在于，前者限于某一国家使用，后者不限于某一国家使用。国别型关注语言的对比和狭义文化（具体国别文化）的对比，语别型关注语言的对比和广义的文化（有关国家共性文化）对比。因此，理论上前者针对性强于后者。

（5）国别型与语别型教材一样，在生词注释、语法翻译等方面，其针对性和实用性强于通用型和区域型教材。因为前两者是用学习者的母语或通用语来对译，后两者是用某种媒介语来对译，从理论上说，前两者比后两者更便于学习者准确认知和掌握。

需要明确的是，国别型教材意味着可以更好地进行汉语和该国别语言及两种文化的系统对比，从而在教材中做出相应的安排。因而，与有同样预设的语别型教材一样，是否进行语言和文化对比、对比的深度广度以及在此基础上进行的教学难点和重点的预测是否准确，直接影响国别型教材质量的高低和可能的优势能否实现、在多大程度上实现。汉外两种语言和文化、习俗、国情等的对比工作做得好、落实得好，则国别型教材的优势才能得以实现。相反，为某国编写的教材就很可能成为贴了"国别型教材"的一个标签。当然，这不意味着不能编写国别型教材，事实上，早前中美合作就编写出了《话说中国》（上、下册分别于 1985、1990 年出版）这样在体例设计、话题选择及内容安排等方面颇有示范意义的国别型教材（李泉，2011）。

六、再比较与再讨论

（一）四种类型教材的共性与差异

（1）从根本上说，通用型、区域型、语别型、国别型四类教材都应以提高学习者汉语综合能力或说听等专项能力为教材编写的基本目标。因此，都可以是综合教材或单项技能训练教材。这就要求各类教材的设计和编写都应以汉语汉字自身的知识系统及其组合规律、应用规律和教学规律为根本着眼点来安排和取舍教学内容。中国文化的教学、外国文化的融入和规避、有关国家国情因素的考量等，都应以便于汉语汉字的教学和有助于提高汉语交际能力为目的，而不能淡化乃至挤压汉语本身的教学。可见，从教学目标、结构方式和主体内容看，四类教材没有根本区别。

（2）从本质上说，这四类教材都属于"通用型教材"，分别是世界范围内通用和某一区域内通用、某一共同语别相关国家通用、某一国家相关教学对象本质通用。然而，它们虽均为通用型教材，但通用程度及范围各不相同甚至差别很大，其中，通用型可以使用的范围最广，国别型的使用范围最窄，区域型和语别型的使用范围居中（二者使用范围难分高下），也即：通用型>区域型>语别型>国别型。

（3）一般来说，教材适用对象越广、国别越多，对学习者的母语、文化、社会环境等的关照就越难以全面和充分；相反的话，则能体现出给更充分的关照。因此，就针对性而言，国别型最强，通用型最差，语别型略强于区域型，即：国别型>语别型>区域型>通用型。

（4）从注释的准确程度上看，用学习者母语来对译汉语词汇、解说语法现象，应好于用媒介语的效果，因此，国别型和语别型教材的"对译"和"解说"比通用型和区域型教材应更准确、更易于理解。国别型只针对某一国家学习者，语别型针对有共同通用语的不同国家学习者，因此前者注释的准确性应高于后者。通用型适用范围大于区域型，区域型又有着自然和人文环境相同或相近的优势，因此区域型教材注释的准确性优于通用型。综上，就注释的准确程度上说：国别型>语别型>区域型>通用型。

（5）从教材编写和出版的应用价值和经济效益上看，显然教材设定的适用范围越广，其应用价值和可能的效益也就越大，相反则不然，至少从理论上说应该是这样。而追求最大化的应用价值和经济效益，应该是教材设计和编写的基本理念。如果精心编写和正式出版的教材仅仅为少数学习者使用，那这种不计成本和效益的做法至少不是教材编写的常态。因此，从教材应用价值和效益最大化的角度看：通用型>区域型>语别型>国别型。

（6）从对语言及文化对比要求的程度上看，通用型只能是汉语与其他语言的泛比，更多的是关注汉语自身特点的教学，如注重汉语虚词、量词、关联词语的教学以及由教学经验获得的诸如汉语补语、"把"字句等的教学。区域型在语言上也只能是汉外泛比（有通用语的可以进行细比），但可以也应该体现出相关区域的自然和人文特点，以增强教材的实用性、趣味性和学习者的成就感。比较起来看，国别型和语别型教材对汉外语言及文化的对比要求最高，尤其是前者，因此这两类教材既有条件也有义务进行语言及相关文化对比，而只有对比并在此基础上有针对性地安排教学内容，才能体现出这类教材的特色和优势。因此，从便于对比和应该对比的要求和可能的程度上看：国别型>语别型>区域型>通用型。

综上，将四种类型教材的主要异同归纳如下表1所示。

表 1　四种类型教材的共性与差异

	（1）教材目标与结构方式	（2）理论上使用范围的广度	（3）教材针对性的强度	（4）注释的准确程度	（5）应用价值与效益	（6）对比要求的程度
通用型	+	+++	+	+	++++	+
区域型	+	++	++	++	+++	++
语别型	+	++	+++	+++	++	+++
国别型	+	+	++++	++++	+	++++

对表 1 的几点说明：表中（1）都是一个"+"，表示四类教材在编写目标与结构方式上没有根本性的区别；（2）中"+"越多表

示教材使用范围理论上越广；（3）中"＋"越多表示教材针对性理论上越强；（4）中"＋"越多表示教材注释和理解的准确度理论上越高；（5）"＋"越多表示教材应用价值和经济效益理论上越大；（6）"＋"越多表示教材对语言和文化的对比要求在编写实践上越高越强。不难看出，各类教材有共性有差异，只有充分体现不同类型教材的编写要求，才可能实现不同类型教材的特点和价值。教材编写绝不仅仅是个类型选择的问题，更不是一个"标签化"的问题，而是一个"思想凝练"和理念创新的问题，是一个精心设计和精心实施的问题（李泉，2013）。

（二）若干意见与建议

（1）通用型、区域型、语别型、国别型四类教材各有优势和不足，也各有自己的适用范围和功用。很难说哪类教材最优，哪类教材最差，更不应该用一种类型替代其他类型的教材编写和研究。从教材自身的设计、研究和应用需求来看，这四类教材都需要编写和进一步研究从满足和推进汉语国际化的需求和进程来看就更是如此。汉语的国际化实际上就是汉语教学和教材编写的多元化，是教材类型和体系的多元化。

（2）不管是现在还是将来通用型都应是教材研究和编写的重点。通用型只是一个总名，我们可以编出各种各样、各具特色的通用型教材。换言之，通用型可以有广阔的编创空间，通用型教材的大量存在就说明了这一点。具有教学法、教学理念和教材编写理念创新并广泛流行的教材大都是通用型。对通用型教材持反对意见是因为：没有哪一种教材可以包打天下，可以适用于所有的教学对象。这话本身并不错，但用来批评通用型教材却不合适。通用型的"通用"是相对的、有限的通用，它追求的是最大限度满足某类教学对象的特点和学习需求。

（3）鉴于同一地理区域在地缘、语言、文化、宗教、历史、习俗以及汉语教学传统等多方面有共性优势，我们建议，应确立国际汉语教学区域化的概念，加强区域通用型汉语教材的研究和编写。鉴于某些语言在世界范围内或某些地区通行较广，建议应加强诸如法语、西班牙语、阿拉伯语、葡萄牙语、俄语、德语等语别通用型汉语教材的研究和编写，促进汉语国际化进程中地缘区域化和语别类型化优势的形成和发展。其中，"汉语教学区域化"既是地理概念，也是人文概念。编写这类教材，有利于推动和促进区域内各国汉语教学共性和个性的研究，有利于区域化教学大纲（语言、文化、话题）、教学模式和评估体系的建立。确立这一观念，有利于发挥汉语母语国的辐射功能，如中国东北地区院校与俄罗斯、日本及朝鲜半岛，中国西部院校与中亚各国，中国西南、东南地区院校与东南亚各国汉语教学的交流与合作。

（4）国别型有其适用范围和应用价值，从理论上说，这类教材可以做到基于汉外语言及文化对比来编写，针对性最强。但是，这类教材对于"对比"的要求很高、很明确。不进行对比或对比进行得不全面、不准确，相应措施不到位，就不能真正实现国别型教材的优势，"国别化"就只是一句口号。然而，对汉外两种语言及文化进行全面而深入的对比绝非易事，对编教者的要求相当高。当然，这不意味着国别化教材不能编，采用中外合编的方式将有助于实现对比的要求。

（5）各类教材的编写都应以汉语汉字的基本知识及其组合规律与应用规律的教学为主，都应以中国话题、中国故事为主，都应以自然而恰当地介绍和展示中国人思维方式、价值取向、历史传统和文化习俗等为主。换言之，各类教材的编写都要注意教材内容的"中国化"问题，特别是所谓的国别化教材。因为，学汉语最终是要跟中国人打交道，不管是口头还是书面。当然，这不意味着汉语教材不能有"外国的话题和故事"，为了学习和交流的方便，为了增强教材的趣味性和学习者的成就感，完全可以在各类教材中适当融入"外国的内容和文化"，但融入的量要有度，呈现方式要恰当。

参考文献

[1] 陈绂. 如何使海外汉语教材更具国别性. 云南师范大学学报（对外汉语教学与研究版）. 2014（2）：1-5.

[2] 陈颖、冯丽萍. 论语言教学环境对本土教材编写的影响. 云南师范大学学报（对外汉语教学与研究版）. 2014（2）：17-20.

〔3〕狄国伟. 国际汉语教材本土化问题、成因及实现策略. 课程·教材·教法. 2013（5）：80-83.

〔4〕董淑慧. 汉语教材编写的本土化特征. 海外华文教育. 2014（1）：93-100.

〔5〕范常喜等. 国际汉语教材发展概括考察. 国际汉语（第二辑）. 广州：中山大学出版社. 2012.

〔6〕津田量. 日本汉语教材综合研究及分析. 汉语学习. 2010（2）：105-112.

〔7〕李香平. 当前留学生汉字教材编写中的问题与对策. 汉语学习. 2011（1）：87-95.

〔8〕李泉. 论对外汉语教材的针对性. 世界汉语教学. 2004（2）：49-57.

〔9〕李泉. 义化内容呈现方式与呈现心态. 世界汉语教学. 2011（3）：388-399.

〔10〕李泉. 对外汉语教材通论. 北京：商务印书馆. 2012.

〔11〕李泉. 汉语教材编写的根本问题探讨. 国际汉语教育研究（第2辑）. 北京：高等教育出版社. 2013.

〔12〕刘乐宁. 论汉语国别教材的适用性. 海外华文教育. 2010（2）：21-28.

〔13〕吕叔湘. 汉语文的特点和当前的语文问题. 语文学习. 1985（5）-（6）.

〔14〕王方. 初级汉语教材功能与语法相结合的量化研究. 汉语学习. 2014（3）：89-96.

〔15〕吴思娜. 外国留学生听力课堂活动与教材需求分析. 汉语学习. 2013（1）：89-95.

〔16〕吴应辉. 关于国际汉语教学"本土化"与"普适性"教材的理论探讨. 语言文字应用. 2013（3）：117-125.

〔17〕杨德峰. 上世纪80年代以来的对外汉语语法教材的"得"与"失". 汉语学习. 2012（2）：69-76.

〔18〕赵金铭. 教学环境与汉语教材. 世界汉语教学. 2009（2）：210-223.

[19] 赵金铭. 何为国际汉语教育"国际化""本土化". 云南师范大学学报（对外汉语教学与研究版）. 2014（2）：24-31.

[20] 郑通涛、方环海、张涵. 国别化：对外汉语教材编写的趋势. 海外华文教育. 2010（1）：1-8.

[21] 周小兵、程燕. 汉语教材中成语的系统考察——基于 31 册综合（读写）教材与《大纲》的分析. 汉语学习. 2013（6）：97-104.

（原文载于《汉语学习》2015 年第 1 期）

7. 汉语作为二语的分级读物考察[*]

——兼谈与其他语种分级读物的对比

周小兵　钱　彬

（中山大学）

一、引　言

传统意义上的分级读物是指按照母语读者不同年龄段的智力和心理发育程度所编写的阅读材料。读物一般由原创故事或原著的简写版构成系列丛书，难度随级别递增。本文所讨论的分级读物指以词汇量为分级标准、以促进汉语习得为目的、用有限词汇编写或改写的、供二语学习者在课外独立阅读的系列阅读材料。鲁健骥（2002）认为，大力加强泛读课程的建设是对外汉语教学的当务之急，尤其是要编写大量供泛读使用的读物。翟汛（2010）谈及现有汉语教学资源的问题时也指出，目前教学资源"品种不多"，"缺乏各类自学读物"。根据初步统计[①]，在 9600 册各类国际汉语教学资源中，汉语读物仅有 597 册，占 6.2%；分级读物数量更少，仅 37 册，占 0.4%。汉语分级读物不仅在数量上严重不足，编写也存在问题。

---

　　*本文是国家汉办国际汉语教材开发与培训基地（中山大学）项目的成果之一。写作过程中得到储诚志、王葆华等专家的指导，《语言文字应用》匿名审稿专家也贡献了很好的意见；在此一并致谢！

　　①根据中山大学国际汉语教材研发与培训基地全球汉语教材库截至 2012年 12 月的数据。

现有汉语分级读物存在哪些问题？编写时应考虑哪些因素？为了回答这些问题，本文选取了国内已出版的汉语分级读物[①]共 4 套：

《汉语分级阅读》1～3（史迹，华语教学出版社，2009，简称《分级》）；

《中文天天读》1A&B～5A&B（朱勇等，外语教学与研究出版社，2009，简称《中文》）；

《实用汉语分级阅读丛书》甲、乙级（崔永华等，北京语言大学出版社，2009，简称《实用》）；

《汉语风》300、500 词级（刘月华、储诚志等，北京大学出版社，2010）。

通过考察以上读物的适用对象、内容选择、语言难度及等级设置，我们对相关问题进行探讨。

二、适用对象

周小兵等（2010）指出了"对象明确"在汉语教材编写中的重要性："对象明确，有助于教学内容的科学选择和教材难度的合理设定。"总体来看，汉语分级读物在适用对象说明方面存在两个问题：一是适用对象整体设定模糊，二是各级语言水平信息不足。

（一）适用对象范围

据考察，大部分汉语读物或没有适用者说明，如《实用》；或适用者设定较模糊。例如，《中文》仅交代"用于满足各级水平的汉语学习者的阅读需求"，"各级水平"实际只限于 500～5000 词级水平，并未顾及 500 词级以下及 5000 词级以上的读者。又如，《分级》"针对外国学生学习汉语的需要，将一些中国当代作家的中短篇小说分别简写成汉语 1000 词、2000 词和汉语 3000 词的简写本"；考察发现，该读物语言难度较大（词汇等级统计数据详见本文第四部分），内容又是反映"最近三十年发生的各种社会变化"的，并不适合非中文专业的学习者以及少儿学习者。我们根据《分级》前言及故事

---

①目前已出版的还有《中文小书架——少儿汉语分级读物》（初级）（陈琦、班班等编，北京语言大学出版社，2009），主要面对学龄前、小学汉语学习者，故未选入一并讨论。

内容可推断，该读物很可能是针对国外中文系本科生编写的。如能明确这一点，将更有利于读者的选择。

相比之下，《汉语风》的适用对象范围设定相对清楚："大学和中学里从初级（大致掌握 300 个常用词）一直到高级水平（包括美国 AP 课程①）的中文学生，以及水平在此之间的其他中文学习者。"既明确了读者范围，也介绍了起始水平和词级的对应情况，同时考虑到海外读者群。该读物语言难度小，故事也多选青少年感兴趣的题材（详见下文），内容和设计读者群较为匹配。

（二）各级别语言水平说明

现有汉语分级读物以学习者所掌握词数为分级标准，但很多读者不清楚自己的词汇量，对学了多久、考试成绩等信息却比较熟悉。因此，若在给出词汇量之余提供其他对应信息，如已学时间、汉语水平考试等级等，多种信息互相参照，读者的定位会更便利、更准确。

读物的各级语言水平大致用两种方式说明：一是语言描述。例如《分级》第 3 册有说明，"全书汉语词汇量控制在 1000 个，从甲级 1033 个词中选出大约 870 个常用词汇，在此基础上根据本书的内容补充了约 130 个常用词汇"，多数读者对自己掌握多少"甲/乙级词"无明确概念，因此操作性不足；如有更详细的说明会好一些。二是表格展示。例如，《实用》等级表中列出各级词汇量、已学时间和汉语水平等级考试（HSK）等级。《中文》除列出词汇量、已学时间（且标明学时）外，还列出了各级相应的文章字数和篇目数。但是有的读物表格信息较为单一，如《汉语风》除列出各级词数外，没有其他信息，该读物虽在"简介"中建议读者"先看看读物封底的故事介绍，如果能够读懂故事介绍的大意，说明有能力读懂该本读物；如果读不懂大意，说明该本读物对自己来说太难，应该选择

①这里仅指 AP 中文课程，其全称为"美国公立高中中文大学学分预修课程"，是供高中学生选修的外语课程，课程设计为两年，难度相当于美国大学四个学期（约 250 小时）第二外语的程度。考试成绩合格者进入大学后可从第五个学期的中文课开始选读。90%左右的美国、加拿大大学以及约 20 个其他国家的大学都承认其学分。

低一级的读物进行阅读",但对于初级水平读者来说,该叙述并不易读懂。相比之下,《实用》和《中文》给读者提供的语言水平信息更丰富、清晰容易操作。

研究发现,对象设定最明确的《汉语风》语言水平信息不足,信息最详细的《实用》和《中文》或缺少适用对象说明,或说明较模糊。《分级》既未明确适用对象,也未提供明晰的等级参考信息。综合来看,汉语读物在明确适用者方面都还需要完善。

三、内容选择

题材单一、内容脱离时代的故事势必会影响读者的阅读兴趣。经考察,汉语分级读物确有题材过于"中国化"、故事陈旧的问题。

（一）题材是否"中国化"

徐家祯（1997）指出,中国的汉语教材难以走向世界的重要原因之一便是"内容太'中国化''地方化'",这指的就是对世界性话题的忽略。考察发现,部分汉语读物的题材以展现中国社会文化为主。例如,《实用》已出版的 13 本分册几乎都是关于当代中国社会文化的,其中有 8 本直接以"中国"为题,如甲级读本《我在中国的那些日子》,乙级读本中的《中国教育》《中国经济》等。《分级》的三册共 17 个中短篇小说中有 14 个为"中国背景",比例超过八成,例如:《人民的鱼》展现近几十年中国百姓的生活变迁,《浪进船舱》讲述中国传统婚恋观、家庭观,《城乡简史》反映改革开放后的城乡差异。读物内容的文化背景局限于目的语国家,"宣传""介绍"中国的意味较为明显。

张蓓、马兰（2004）对英语二语学习者做过调查,58.2%的学习者认为含有多国文化的英语教材更适合他们。国外研究者如雪诺（Snow,1996）、桑德拉·梅拉尼（McKay,2002）等也提出,英语教材应当吸收使用者的文化,而不仅仅是英美文化。徐霄鹰等（2005）调查汉语阅读教材内容时发现,符合学生需求的中国化与国际化题材内容的比例为 63.7%:36.3%,国际化题材占近四成。课外读物由于面向更大使用群体,更要在内容上做到兼容并蓄。很明显,上述汉语读物在题材选择上离实际需求还有较大距离。

另外两套读物的做法值得学习：《中文》大部分故事没有明显的文化背景，中国题材仅占约 37%。即使谈及中国文化，也常常采用中外对比的方式，重在让读者体会文化差异。例如，《和中国人交朋友》比较中外请客、送礼等人际交往的不同习惯，《中国人怎么买车》生动展现了欧美人轻松、随意以及中国人细致、慎重的态度。《汉语风》已出版的分册虽没有外国题材，但选取了环保（如《我家的大雁飞走了》）、情感恋爱（如《我一定要找到她》）等具有文化共通性的话题。选材淡化了文化背景，旨在通过人物和情节展现鲜活的语言。

（二）故事的时代性

罗艺雪（2010）认为，"学习者对现行汉语教材的普遍意见之一是教材内容没意思"，"其突出不足是时代性不强"：一是"容易令那些已经在中国学习的外国学习者兴趣索然"；二是"让那些尚未踏入国门的汉语学习者产生误解"。一些汉语分级读物的故事内容较为陈旧。

比如，《分级》选用了 20 世纪 80 年代中国作家的作品，如《陈奂生上城》，故事反映了改革开放初期农村人的生活状况和心理状态。类似的作品在该读物中占三分之一。汉语学习者（尤其是青少年学习者）难以体会改革开放前后农民生活的差异，阅读兴趣自然会减弱，这样的内容比重太大，会影响读者持续地阅读整套读物。再如，《汉语风》中的故事绝大多数发生在现代，比如讲述女大学生离奇死亡的《错，错，错!》（300 词级），讲述电脑软件盗版案件的《电脑公司的秘密》（500 词级）。时代背景为读者所熟悉，加之情节充满悬念和戏剧性，阅读的愉悦感自然较强。

三、语言难度

语言难度在很大程度上影响了读物的可读性。有研究表明，生词量、语法项目的数量、句子的长度等都是决定汉语语料难度的主要因素（张宁志，1991）。限于篇幅，本研究从 4 套读物中抽取了

1000 词级别的分册①，仅从词汇和句子两个角度进行统计分析。

（一）词汇等级统计

我们借助《中文助教》软件并结合人工干预，依据《现代汉语词典（第 5 版）》对 4 套读物的正文（不包括阅读练习、词汇解释及生词表）进行分词处理，将正文汇与《词汉语水平词汇与汉字等级大纲》比对，结果见表 1。

表 1　四套汉语读物分册词汇等级统计（词数/百分比）

读物	甲级	乙级	丙级	丁级	超纲	专有名词	词种数
《汉语风》	505/71.33	99/13.98	39/5.51	30/4.24	20/2.82	15/2.12	708
《中文》	606/55.55	263/24.11	76/6.97	40/3.67	77/7.06	29/2.66	1091
《分级》	760/45.54	457/27.38	172/10.31	137/8.21	112/6.71	31/1.86	1669
《实用》	658/34.96	592/31.46	208/11.05	191/10.15	175/9.3	58/3.08	1882

经分析，有两点发现：

首先，部分读物的词汇较难，体现在甲乙级词比例偏低，越级词比例偏高。同为 1000 词级读物，《实用》的甲、乙级词仅占 66.42%，越级词（丙、丁级）达 21.2%，《分级》的甲、乙级词占 72.92%，越级词 18.52%，二者在 4 套读物中难度最大。以上两套读物的分册都是供学习半年左右的读者使用，该水平的课堂教材用词以甲、乙级词为主，分级读物作为补充阅读材料，难度应该更低。因此我们认为，1000 词级读物的生词应该以甲级词为主，乙级词为辅，上述读物显然难度偏大。相比之下，《汉语风》500 词级分册甲、乙级词占 85.31%，越级词仅 9.75%，在各套读物中难度最低。《中文》

①因各套读物已出版册数不同，本文尽量按词级一致、语料平衡的原则选取了 1000 词级的 3 套读物：《实用》乙级的《生活感悟》和《中国经济》分册，《中文》2A、2B 分册，《分级》第 3 分册。《汉语风》目前仅出版了 300 和 500 词级分册，因此选取了 500 词级分册《一幅旧画儿》《青凤》。

的甲乙级词占 79.66%，越级词 10.64%，相对也较简单。

其次，读物的超纲词控制得较好。表 1 显示，超纲词比例《汉语风》最低，仅 2.82%；《实用》最高，近 10%，各套读物差异明显。但《大纲》出版较早，收词难免滞后于实际使用情况。将超纲词和《汉语国际教育用音节汉字词汇等级划分》（下文简称《等级》）比对后发现：相当一部分超纲词已被《等级》收录。比如"环保、打印、手机、超市、打工、公务员、信用卡"等常用词未被《大纲》收录，但均被《等级》定为"普及化等级词"，即初级阶段的应学词。剔除这些词之后，各套读物的超纲词数量下降 40% 到 57% 不等，实际比例均降至 5% 以内。可见，汉语读物在选词方面考虑到了词汇的新旧更迭，有意识地选取了有时代特色的实用词汇。

（二）句长统计

下面从字数和词数两个角度对所选文本的句长进行统计①，并结合每百字句数进行分析。统计结果见表 2。

表 2　四套汉语读物分册句长统计

统计项目 读物	总字次	总词次	总句数	句长 （字数）	句长 （词数）	句数 （每百字）
《中文》	10664	7468	618	17.26	12.08	5.80
《分级》	39185	28983	1848	21.20	15.68	4.72
《汉语风》	10114	7054	410	24.67	17.20	4.05
《实用》	8041	5825	324	24.82	17.98	4.03

表 2 反映了两个问题：

首先，各套读物句长有差异，但总体难度偏高。根据张宁志（2000）的统计，中高级汉语教材和中国现当代文学作品的句长（字数）在 16～30 之间，每百字句数在 5.64～3.32 之间。结合表 2 看，所考察的初级汉语读物总体难度已和中高级教材及现当代文学作品原文相当。有的句子是句法成分较长，如："就像我的一句不经意的

----

①以"。""？""！"为句子的计数标志，计算字词数时已排除标点符号。如果是复句，按整句计数，分句不另行计算。《实用》和《汉语风》仅选择一册进行统计，以求大部分读物文本长度接近。

话给他的生命留下一点点印记一样，他也许永远不会知道，他的这些话，可能是我这个冬天收获的最大温暖。"(《实用》的《生活感悟》)句子状语"像……一样"结构中的成分长达 21 个汉字，14 个词。有的结构复杂："傻小想，要是到晚上张大哥还是这样睡着，一定是身体出了什么问题，那就要打 120 电话，送他去医院。"(《汉语风》的《一张旧画儿》)整句话是一个单句结构，但谓语动词"想"后又嵌套了一个多重复句。字数过多，结构、语义关系又较复杂的句子无疑会给初级水平读者的理解增加难度。

其次，汉语读物在词汇难度和句长的控制上表现并不一致。从单句字数和词数来看，词汇难度最低的《汉语风》和难度最高的《实用》句子均较长。

整体上，《中文》和《汉语风》难度控制得相对较好。但从词汇等级，尤其是从句长来看，汉语读物整体的易读性还有待改进。

四、等级设置

现有分级读物主要按词汇量安排级别，因而级别设置会影响学习者对读物的选择使用。通过统计发现，汉语分级读物主要有级别间距过大、单级分册数量少的问题。

（一）间距的大小

词级间距指的是读物相邻级别之间的词汇数量差。间距过大会产生两个问题：

首先，选择难。单从词汇量考虑（不考虑词的常用度），词级间距过大的读物会使部分读者感觉前一册过易，后一册过难。例如，面对《实用》的乙级分册（1000 词级），一个学习了半年的读者（约掌握 1000 多个词）可能觉得学不到新词，但是丙级分册（3000 词级，面向已学习一年读者）又太难，选择时前后为难。

其次，使用难。级别间距过大使得读完一级的读者需花较长时间才有能力读下一等级的分册，难以满足读者"持续阅读"的需求，读物词汇的有效复现也难以实现。还以《实用》为例，1000 词汇量的读者要独立阅读 3000 词级的分册至少要再等 6 个月。如果每一级分册数量较少或没有词汇量适中的其他读物，那么阅读过程就被迫中断了。中外读物的分级情况具体见表 3。

表 3　四套汉语读物分级情况（单位：个）

级别 读物	1	2	3	4	5	6	7	8	平均间距①
《实用》	500	1000	3000	5000					1500
《中文》	500	1000	2000	3500	5000				1125
《分级》	1000	2000	3000						1000
《汉语风》	300	500	750	1100	1500	2100	3000	4500	600

　　由表 3 可知，大部分汉语读物的间距较大：《中文》和《分级》的平均级间距都达到 1000 词。间距最大的是《实用》，达 1500 词。据考察，该读物级别划分和国内几部主要汉语教学大纲②的语言水平划分基本相同：1000 词级（半年以上）、3000 词级（一年以上）、5000 词级（两年以上），甚至还略高于《高等学校外国留学生汉语言专业教学大纲》（简称《专业》）③的标准：一年级词汇 2704 词；二年级达到 4919 词。分级读物用于自主阅读，其语言进步水平要求达到国内长期进修生或中文专业学生的教学目标，广大非专业读者及海外学习者就难以持续选读。

　　词汇间距较小的是《汉语风》，一到五级的间距都控制在 200～

---

　　①平均间距是指：读物相邻级别词汇数量差的总和除以间隔数（级别数减 1）的平均值。以《分级》为例即：（500+2000+2000）/（4-1）=1500。

　　②大纲指《汉语水平词汇与汉字等级大纲》和《高等学校外国留学生汉语教学大纲》（长期进修），简称为《等级》和《教学大纲》（长期）。《等级》在"词汇分级标准和筛选程序"中提到："在基础阶段中……前 3～4 个月为第一阶段，词汇量接近 1000，后 4～5 个月为第二阶段，词汇量接近 2000。……作为语言专业基础阶段及基础后阶段（二年级）结束时，词汇量均在 5000 左右。"即第一学期达到 1000 词，两学期接近 3000 词，四学期达到 5000 词左右。《教学大纲》（长期）的"对外汉语长期进修教学的等级结构"表显示：初等阶段一、二级掌握 1062 词（20 周），初等阶段结束时达到 2399 词（40 周）；中等阶段词汇量达到 5248 个（80 周）。

　　③《专业》规定：一年级词汇一级 993 词，二级 1711 词；二年级 2215 词；三、四年级 2635 词。

400 词，这和《国际汉语教学通用课程大纲》（简称《通用》）^①的词汇水平间距（300 词）相似。相对其他几套读物，《汉语风》能使读者较准确地选到合适分册，且在较短时间内得以阅读更高级分册。编者在设置等级时显然更多地考虑了读物的特点和广大海外学习者的水平。

（二）同一级别分册的多少

间距较大的读物如果各级别有多本分册供选读，可在一定程度上缩短阅读停顿的时间，保证阅读活动的继续。但目前汉语读物各级分册数极少，《实用》甲级只有两册，《中文》一到五级均只有两册（设计数量为每级三册），《分级》每级一册。升级阅读的难度大，单级分册又极少，要进行大量持续的自主阅读显然较困难。单级分册较多的读物如《汉语风》，每一级都有六至七册。读者即使暂时水平不够，也可以选读相同水平的其他分册，继续扩大阅读量。

结合上述两点看，大部分汉语分级读物的等级间距和分册数量的设置都还有必要调整。

五、其他语种分级读物考察

汉语作为二语的分级读物有上述问题与其起步较晚有关，因此我们初步考察了以英语为主的其他语种分级读物，以求借鉴。

（一）适用对象

英语分级读物没有专门的适用对象设定说明，但等级参考信息有其独到之处。全球知名的英语读物《书虫·牛津英汉双语读物》^②（简称《书虫》）进入中国后，将读物的各级词汇量与国内小学到大学各个年级对应起来，在每一分册上注明适用年级。比如，第一级 300 生词，适合初一、初二学生；第六级 2300 生词，适合高

---

①《通用》是国家汉办、孔子学院总部针对海外汉语教学需求而研制。大纲规定：一级 300 词，二级 600 词，三级 900 词，四级 1200 词，五级 1500 词。各级间距为 300 词。

②蒂姆·维卡里（Tim Vicary）等著的《书虫》系列是外语教学与研究出版社与牛津大学出版社合作的最畅销的产品。2006 年出版至今已发展成为一个由 7 个级别、102 个品种构成的读物家族，累计销量超过 5000 万册，读者从小学生到成人英语学习者，遍布各年龄层。

三、大学低年级学生。采取类似做法的还有《企鹅英语分级有声读物》[①]、《朗文中学英语分级阅读》[②]等。前者各级别对应中国小学三四年级到大学一年级，后者针对《义务教育英语课程标准（2011年版）》3～9级的要求编写，适合各阶段中学生阅读。这种体现本土化策略的级别对应信息便于中国读者快速准确地进行选择。汉语读物在面向海外读者时可以借鉴这一方式。

（二）内容选择

相比中文读物，英语读物数量众多，希尔（Hill，1997）曾考察了69套英语分级读物，包括1621个故事。读物内容丰富，具体体现为：（1）题材多样；（2）地域和时代背景多元化。以《书虫》为例：读物收录的《汤姆·索亚历险记》《莫尔格街凶杀案》《一个国王的爱情故事》《歌剧院的幽灵》等故事，包含了读者喜爱的历险、悬疑、奇幻、恐怖、浪漫等多种元素。除收录欧美故事外，还收有阿拉伯国家神话传说，如《阿拉丁和神灯》；除近现代故事外，还有古代历史故事，如《亚瑟王传奇》。古代、近代、现代的比例大约为7%、61%、32%。

《书虫》虽选取了大量近代故事和一些古代故事，还是颇受欢迎，自1997年在中国出版以来，除了扩充每一级的分册量之外，未对原有故事做过删改。这与读物多选知名度较高的世界名著有很大关系。因此，除了紧跟时代、有普世意义的内容外，从全球范围选取名作进行简化或改写也是拉近读物和读者之间距离的一个方法。

（三）语言难度

整体上，英语分级读物的语言难度控制得较好，保罗·内申等（Nation & Ming-tzu，1999）谈到8套英语读物的词汇设置，其中大部分都把总词汇量设置得较低（有7套在3100词以下，仅有1套达到5000词）。比如，《书虫》不仅对适用者的语言水平说明得很清楚，而且整套读物的词汇量控制在2500词以内。根据该研究统计，

---

①（英）拉布莱等著《企鹅英语分级有声读物》，外语教学与研究出版社，2003。

②（英）比尔蒂等著《朗文中学英语分级阅读》，上海外语教育出版社，2004。

《书虫》六个级别（共抽样统计了 42 册）正文部分的词种数共 2410 个。通过进一步统计我们发现，不算练习，每级平均新增 401 个生词，与其级别设置高度一致。而汉语读物平均每级新增词较多，难度最低的也达到 600 词，而整套读物要求的总词汇量更普遍高达 4500～5000 词。

（四）级别设置

英语读物在级别设置上优势明显：（1）间距小。我们统计了上文所提 8 套英语读物的级别间距，发现英语读物的间距普遍较小，一般在 300～700 词之间，最小的平均间距仅为 216 词。统计发现，《书虫》平均间距仅 400 词[①]，为上述各套读物中最低值。间距虽保持递增趋势，但始终不超过 500 词。德语的二语读物《德汉对照分级读物》[②]（简称《德汉》），间距也很小（600 词）。（2）单级分册数量大，如《书虫》，每级少则 5 册，多则 20 余册，远超汉语读物。

总体来看，英语、德语读物的进阶难度较低，容易实现读者的持续阅读。相比之下，汉语分级读物较难。

六、讨论

由上可知，内容选择、语言难度和等级设置是决定读物可读性的三个重要指标，下面就影响上述指标的因素进行探讨。

（一）编者情况

这里涉及的主要问题是编者是否熟悉海内外汉语学习者。现有汉语读物同时面向海内外读者，海外读者缺乏汉语环境，更需要降低读物难度。编者不了解国内外读者的差异，就很难考虑到这一点。例如，《分级》的编者在国内主要从事英语教学，海外汉语教学经历较少，不熟悉中文学习者的阅读兴趣及语言水平，更难顾及其内部差异。因此对适用对象、读物内容、语言难度和等级设置都难以准确把握。《汉语风》的主编都是有多年海内外教学经验的汉语专业学

---

①该读物在第一级之前还设有"入门级"，其起点并未说明词级数。如将入门级的词级水平计入，平均间距应小于 400 词。

②汉斯·法拉达（Hans Fallada）等著《德汉对照分级读物》，德国出版公司 Egmont Easy Readers、外语教学与研究出版社，2002。

者，且编写和设置等级时不易受国内教学大纲的影响，能兼顾不同读者的需求，所编读物既适用于海外读者，也适合国内读者。

（二）选编理念

针对汉语读物题材单一的问题，我们可以从选编理念上寻找原因。

大部分汉语读物编写理念基本一致：通过读物展示中国生活，让读者通过读故事了解中国的社会、经济和文化。例如，《分级》主要想让学生了解现在中国人们的生活，了解最近三十年发生的各种社会变化，《实用》和《中文》也有类似表达。在这种编写理念统摄下，读物内容自然容易出现重中国文化、轻多样性的问题。不同的是，《汉语风》更重视读者阅读兴趣和阅读能力的提升，希望学习者通过轻松、广泛的阅读提高语言的熟练程度，培养语感，增强对中文的兴趣和学习自信心。就目前出版的两级共 13 册来看，确实做到了题材广泛，随意选读。

英语的二语分级读物同样注重读者的信心，强调持续和广泛阅读。例如，《书虫》表明，"书虫"首先将给"你"自信，即使"你"目前只有几百的词汇量，也可以不太费劲地阅览世界名作了。要坚持不懈地读下去，要广泛而丰富地读下去。待到读完丛书系列中的最后一本，也许会突然发现："你"已经如蛹化蝶，振翅欲翔了!《书虫》的畅销证明，这样的编写理念是符合读者需求的。

（三）文本形式

对话的多少与读物语言难度也有密切联系。统计[①]发现，对话较多的读物语言难度也较低。例如，《汉语风》每百字对话句数达到 1.57 个，《实用》仅为 0.7 个，前者词汇难度也明显比后者低。我们认为，一定程度上是因为对话多用于日常交际，而非文化知识的介绍。《汉语风》以小说为主，对话是其推动情节发展、展现人物关系的主要方式；《实用》主要介绍中国的经济、教育等社会现状，故多采用叙述形式。因此，多选贴近日常生活的题材，多使用对话形

---

①对话句数以双引号作为计数标记，一对双引号计作一句。统计结果已排除双引号其他用法，如强调、特殊含义。

式，有利于控制文本的难度。

七、建议

本文认为，今后汉语分级读物的编写至少需要在以下几方面做工作：

（1）优化开发队伍。邀请有丰富海内外汉语教学经验的教师或学者参与读物的开发，有利于读物的对象设定、内容选择、难度控制和等级设置的整体把握。

（2）更新编写理念。要从"宣传、介绍中国概况"转为"提供愉快的阅读体验"。话题选择需多样化，兼顾中外，紧跟时代。

（3）降低文本难度。首先，题材的选择要贴近生活，控制知识性内容的比重；其次，多采用对话形式，控制词级和句长。

参考文献

［1］国家对外汉语教学领导小组办公室. 高等学校外国留学生汉语教学大纲（长期进修）. 北京：北京语言文化大学出版社. 2002.

［2］国家对外汉语教学领导小组办公室. 高等学校外国留学生汉语言专业教学大纲. 北京：北京语言文化大学出版社. 2002.

［3］国家对外汉语教学领导小组办公室汉语水平考试部. 汉语水平词汇与汉字等级大纲. 北京：北京语言学院出版社. 1992.

［4］国家汉办，教育部社科司. 汉语国际教育用音节汉字词汇等级划分. 北京：北京语言大学出版社. 2010.

［5］国家汉语国际推广领导小组办公室. 国际汉语教学通用课程大纲. 北京：外语教学与研究出版社. 2008.

［6］鲁健骥. 说"精读"和"泛读". 中国对外汉语教学学会第七次学术讨论会论文选. 北京：人民教育出版社. 2002.

［7］罗艺雪. 对外汉语高级教材文化因素处理探析. 内江师范学院学报. 2010（3）：125-128.

［8］王飙. 编教软件《中文助教》评述. 国际汉语教学动态与研究. 2006（2）.

［9］徐家桢. 从海外使用者的角度评论大陆编写的初级汉语课

本．第五届国际汉语教学讨论会论文选．北京：北京大学出版社．
1997．

　　［10］徐霄鹰、张世涛．留学生对阅读教材的反应与要求．对
外汉语阅读研究．北京：北京大学出版社．2005．

　　［11］翟汛．汉语教学资源体系所要求的新一代对外汉语教材．
长江学术．2010（1）：120-123．

　　［12］张蓓、马兰．关于大学英语教材的文化内容的调查研
究．外语界．2004（4）：60-66．

　　［13］张宁志．浅谈汉语教材难度的确定．中高级对外汉语教
学论文选．北京：北京语言学院出版社，1991．

　　［14］张宁志．汉语教材语料难度的定量分析．世界汉语教学．
2000（3）：83-88．

　　［15］中国社会科学院语言研究所词典编辑室．现代汉语词典
（第5版）．北京：商务印书馆．2005．

　　［16］中华人民共和国教育部．义务教育英语课程标准（2011
年版）．北京：北京师范大学出版社．2012．

　　［17］周小兵、罗宇、张丽．基于中外对比的汉语文化教材系
统考察．语言教学与研究．2010（5）：1-7．

　　［18］Hill, D. R. Survey review: graded readers. ELT Journal.
1997, 51(1).

　　［19］Nation, P. & K. W. Ming-tzu. Graded Readers and Vocabulary.
Reading in a Foreign Language. 1999, 12(2).

　　［20］Lee Mckay, S. L. Teaching English as an International
Language. Oxford: Oxford University Press. 2002.

　　［21］Snow, D. More than a native speaker. Alexandria, VA:
TESOL. 1996.

（原文载于《语言文字应用》2013年第2期）

8. "一带一路"与汉语传播：
历史思考、现实机遇与战略规划

王建勤

（北京语言大学对外汉语研究中心）

西汉张骞出使西域，打通了连接欧亚大陆的丝绸之路，不仅为欧亚大陆带来了贸易的繁荣，而且为沿线各民族的宗教和文化传播带来了无限的机遇。不同民族的语言、文化和宗教在相互传播和交流的过程中不断融合，并落地生根。

今天，在国家提出"一带一路"战略的背景下，回顾历史，探寻古丝绸之路汉语传播的历史轨迹，不仅可以为当今"一带一路"汉语国际传播提供历史借鉴，而且对新时期制定汉语传播战略规划具有重要的现实意义。

一、古丝绸之路汉语传播的方式与动因

古丝绸之路打通后，西域各国与中国的商贸文化交流日益频繁，宗教传播日益繁盛，由此带来的语言传播成为丝绸之路上一道靓丽的风景线。古丝绸之路的商人来自西域以及欧洲不同民族和国家，当时中国朝廷拥有常备的翻译队伍。后汉时期，"军队农业移民队屯垦在有肥沃土地的地区，随之，沿主要道路设立了驿站。信使和翻译穿梭般不停地旅行，异族商人和货郎每天都要到边界地区来"（丹尼斯·西诺尔，1997）。这就是说，古丝绸之路的汉语传播，主要是由往来于驿站之间的商人和庞大的翻译队伍推动的。因此，这一时

期的汉语传播可称作"驿站式"汉语传播。然而，这种传播方式并没有使汉语成为丝绸之路贸易广泛使用的语言，汉语也没有在古丝绸之路沿线国家落地生根，传播开来。

东汉至魏晋南北朝时期，汉语主要是通过佛教进行传播的。一些来自印度的僧侣把佛经翻译成汉语，而西域一些民族又把汉译本的佛经翻译成其他语言。据文献记载，"几乎所有尚存的粟特文佛教典籍均译自汉语，甚至到了这样的程度：连那些典籍中出现的来自印度的词，居然在外形上也能看出汉语的影响"（丹尼斯·西诺尔，1997）。此外，来自西域和印度的僧人为了传播佛教，开始系统地学习汉语。在敦煌、凉州等地形成了西域僧人汉语培训班。这些设在寺庙中的培训班除了教授汉语之外，重点传授中国文化和宗教（张西平，2009：23）。这一时期来华僧人是汉语传播的主要对象，而僧人学习汉语的目的在于传播宗教而非传播汉语，因此，这一过程可称作"宗教伴随式"汉语传播。汉语传播依附于宗教传播，宗教传播客观上促进了汉语本身的传播。

隋唐时期，随着丝绸之路上中西物质与文化交流日益繁盛，汉语传播达到高峰。当时有许多西域人和印度人来华定居。这些西域移民的后代接受汉语教育，同时具有母语交际的优势，因而成为西域来华僧侣学习汉语的理想教师。这些双语人才为当时的汉语传播做出了重要贡献。此外，隋唐时期国力强盛，文化昌明，吸引了大批留学生来华学习中国的语言文化。汉字传入朝鲜、日本和越南，在东亚地区形成了"汉字文化圈"（董海樱，2011：21）。因此，我们把这一时期的汉语传播称作"文化吸引式"汉语传播。正如西方学者所描述的那样，对于"中国的信徒们"而言，"中国就是先进文明的源泉"；"中国近邻对于中国文化的热情崇拜和追随，可谓是汉语的一次间接性的传播"（尼古拉斯·奥斯特勒，2011：148-149）。这一时期，汉语传播的动因除了文化软实力，还应包括隋唐王朝经济繁荣的硬实力。

宋元时期，大航海时代的到来促进了海上贸易的兴起，丝绸之路的重要性渐渐褪去。海上贸易成为拉动汉语传播的关键因素。早在公元5至8世纪，汉语经苏门答腊传向印度，继续向南传播。直到 15 世纪，通过海路移居东南亚的华人达 1200 余万，他们在当地说着各自的方言或普通话[①]。

这一时期，由于宋元王朝对中国商人在海外拓展贸易给予积极扶持，汉语通过海上丝绸之路漂洋过海在异域永久地扎下了根。因此，这一时期的汉语传播可称作"贸易拉动式"汉语传播。

但是，汉语在海外落地生根主要是由海上贸易伴随的华商移民形成的。华人移居海外，也将汉语带到了东南亚，并逐渐建立起了汉语社区。海上贸易为汉语传播提供了必要的前提条件，而海外移民形成的"语言共同体"才是汉语在东南亚延续至今的根本动因。

二、汉语传播之历史借鉴与现实机遇

古丝绸之路的汉语传播在不同的历史时期采取了不同的传播方式，而这些推动汉语传播兴衰更替的内在动因，对当今"一带一路"的汉语国际传播具有重要的历史借鉴作用和现实意义。

（一）古丝绸之路汉语传播的历史借鉴

纵观古丝绸之路不同历史时期汉语传播的方式，无论是"驿站式""宗教伴随式"，还是"文化吸引"抑或"贸易拉动式"，均揭示了一条基本规律，即语言往往不是通过语言本身来传播的。语言的传播往往以宗教、文化、贸易等因素为依托，并通过这些因素的拉动而广泛传播。不同的传播方式反映了不同的拉动因素。这些推动汉语传播的因素都是历史赋予的机遇，不同机遇带来不同的传播结果。

从古丝绸之路汉语传播的路径来看，汉语传播由西向东，大都局限于东亚，是一种区域性传播。这种区域性传播在一定程度上限制了汉语传播的规模。而随着航海时代的到来，海上丝绸之路为汉语传播带来了便利，汉语才真正漂洋过海。海上丝绸之路带来民族的迁徙，民族迁徙为异域"语言共同体"的建立奠定了基础，从而使汉语在海外落地生根。

---

①据西方学者描述，移居东南亚的华人大都说闽南话，有的说粤语和客家话，在移民马来西亚的 450 万华人中，约有 50 万人说普通话。数据引自尼古拉斯·奥斯特勒（2011：135）脚注。

古人云，以史为鉴，可以知兴替，明得失。古丝绸之路汉语传播这些历史经验如果归结为一句话，那就是：语言传播必须抓住时代机遇，搭上时代的顺风车。因此，当今汉语国际传播应以"一带一路"为依托，应该搭上"一带一路"沿线国家经贸与产业经济合作全球化拓展的顺风车，从而加快汉语向世界传播的步伐。

（二）汉语国际传播的现实机遇与传播路径

"一带一路"战略的提出，不仅为中国和世界经济的发展提供了新动力，也为汉语国际传播提供了不可多得的现实机遇。这一机遇就是，"一带一路"沿线国家产业经济合作全球化拓展使汉语国际传播有所依托，不仅赋予汉语国际传播以新动力，同时也赋予汉语国际传播以新内涵。具体而言，在"一带一路"产业经济合作全球化拓展的背景下，汉语国际传播不再是空喊"弘扬中华文化"的口号，而是具有实实在在的内容，那就是，汉语国际传播要服务于"一带一路"，服务于产业经济合作，服务于企业走出去、走进去、走上去，服务于企业国际化，服务企业生产力发展。汉语国际教育作为汉语国际传播的具体体现，通过"一带一路"沿线国家复合型以及高端汉语人才的培养，来提升企业语言能力和竞争力，促进产业和经贸合作，与此同时推动汉语在"一带一路"的传播。

"一带一路"产业与经贸合作的全球化拓展，不仅为汉语国际传播带来了新机遇，而且提供了传播的新路径，即"丝绸之路经济带"西进路径与"21世纪海上丝绸之路"南下路径。古丝绸之路虽然联通了欧亚大陆，但当时汉语传播的路径是由西向东，而且"驿站式"汉语传播不可能使汉语成为商道上广泛使用的贸易语言，也不可能在沿线国家落地生根。进入新世纪，习近平主席提出"一带一路"要实现"五通"，即"政策沟通、设施联通、贸易畅通、资金融通、民心相通"。这"五通"为"丝绸之路经济带"西进提出了"语言通"的需求。"一带一路"基础设施的建设为汉语传播突破区域局限、一路向西铺平了道路。

从地缘政治学的角度看，我国在历史上一直是以陆权为主的国家，陆权的发展保证了古丝绸之路曾经的繁荣。相对而言，海权的经营和发展一直是我国的短板。"21世纪海上丝绸之路"的提出是发展我国海权、维护国家海上安全的重大举措。与此同时，"21世纪海上丝绸之路"的开拓为汉语国际传播南下开辟了新路径。古丝绸之路衰微之后，宋元两朝做出明智的选择，鼓励海外贸易，客观上推动了汉语在海外的传播。明朝时，除郑和下西洋之外，海外贸易大多为政策所限，汉语传播失去了进一步南下的机遇。在新世纪，汉语国际传播应汲取历史的经验和教训，借海上贸易的"顺风船"助力海上丝绸之路贸易的发展，为国家海权的发展与海上能源通道的安全护航。

三、"一带一路"产业合作格局与汉语国际传播战略规划

"一带一路"战略的提出不仅给汉语国际传播带来了发展机遇和传播路径，同时也给汉语国际传播带来了挑战。就孔子学院而言，作为汉语在海外传播的主力军，如何与"一带一路"产业经济合作全球化拓展相结合，调整战略布局，服务国家"一带一路"战略，与此同时，依托"一带一路"进行汉语传播，让汉语走世界，走进"一带一路"沿线国家的语言生活？

（一）"一带一路"产业合作格局与孔子学院分布现状

自2015年3月我国发布《推动共建丝绸之路经济带和21世纪海上丝绸之路的愿景与行动》报告后，"一带一路"沿线国家积极响应。目前已有64个国家参与这一合作平台。2015年8月，中国国际贸易研究中心发布了《"一带一路"沿线国家产业合作报告》，根据中国海关总署提供的贸易大数据，详细展示了目前我国与"一带一路"沿线国家经贸合作的总体格局。报告指出，2014年，我国对"一带一路"沿线64个国家的出口总额为6370亿美元，出口国家主要集中在东南亚、东北亚的俄罗斯以及南亚的印度等地区和国家，其中出口总额超过百亿美元的国家有17个；我国贸易进口总额为4834亿美元，进口国家主要集中在中东、东北亚的俄罗斯和东南亚地区，其中进口总额超过百亿美元的国家15个。

从某种意义上说，这些数据展示的我国与"一带一路"沿线国家经贸和产业合作的总格局，在某种程度上反映了汉语传播的潜在需求。那么，孔子学院是否能够满足这些潜在需求呢？为此，我们

对孔子学院在世界各地的分布格局进行了统计分析。根据孔子学院总部发布的《孔子学院年度发展报告（2014）》，截至 2014 年底，孔子学院总部在全球 126 个国家共建孔子学院 475 所、孔子课堂 851 个。根据这些数据，我们列出了孔子学院数量排名前 20 位的国家[1]。

从下文表 1 可以看出，孔子学院数量排名前 20 位的国家中，仅有 7 个"一带一路"沿线国家。孔子学院数量排名靠前的都集中在经济发达或较发达国家。其中非"一带一路"国家拥有孔子学院 261 所，占孔子学院资源总量（475 所）的 55%，而 7 个"一带一路"国家拥有 55 所孔子学院，占孔子学院资源总量的 11.6%。此外，在这 20 个国家中，与我国进出口总额超过百亿美元的国家有 6 个，拥有孔子学院 50 所，占孔子学院资源总量的 10.5%。

通过孔子学院资源分布与"一带一路"沿线国家产业合作格局的比较和分析，我们发现，孔子学院的战略布局与"一带一路"沿线国家的产业合作格局不相匹配。就孔子学院数量的分布而言，50%以上的孔子学院资源集中在发达和较发达国家，而"一带一路"沿线国家大都属于发展中国家，拥有孔子学院的数量仅占孔子学院资源总量的 25%。这种格局同"一带一路"沿线国家产业合作与发展对汉语传播资源的潜在需求存在较大差距。

表 1　孔子学院数量排名前 20 位的国家

国家	孔子学院	"一带一路"国家	进出口超百亿美元国家
美国	107		
英国	25		
韩国	21		
俄罗斯	18	@	#
德国	17		
法国	16		
泰国	13	@	#
澳大利亚	13		

①本文的统计分析仅包括孔子学院的数据。

国家	孔子学院	"一带一路"国家	进出口超百亿美元国家
日本	13		
加拿大	12		
意大利	11		
巴西	10		
印尼	6	@	#
西班牙	6		
波兰	5	@	#
乌克兰	5	@	
墨西哥	5		
南非	5		
菲律宾	4	@	#
哈萨克斯坦	4	@	#

（注："@"表示"一带一路"国家，"#"代表进出口超百亿美元的"一带一路"国家。）

就"一带一路"沿线国家产业合作格局而言，孔子学院的战略布局对我国进出口贸易具有重要战略地位的"一带一路"国家关注不够。在我国贸易出口总额超百亿美元的 17 个"一带一路"国家中，孔子学院的分布极不平衡。拥有孔子学院数量排名前 20 位的国家中，出口贸易超百亿美元的国家仅有 6 个。而出口贸易超百亿美元的排名前 5 位的国家，如越南、印度、新加坡、马来西亚等却榜上无名。此外，我国重要能源进口国，如沙特阿拉伯、伊朗、阿联酋等，仅有一所孔子学院，有的能源进口国甚至没有孔子学院。

上述分析表明，我国孔子学院的分布缺少战略规划，离国家"一带一路"战略布局相距甚远。孔子学院是国家重要的语言战略资源，因此，孔子学院的分布与战略布局应该避免盲目性，应与国家"一带一路"战略相匹配。

（二）"一带一路"汉语国际传播的战略规划

2015 年 3 月，国家发展改革委、外交部、商务部联合发布的《推动共建丝绸之路经济带和 21 世纪海上丝绸之路的愿景与行动》报告，描绘了"一带一路"战略的路线图：一条路线是贯穿欧亚大陆的"丝绸之路经济带"，另一条是由南向西的"海上丝绸之路"。2015年 8 月，中国国际贸易研究中心发布《"一带一路"沿线国家产业合作报告》根据我国对外贸易大数据描述了我国与"一带一路"国家开展合作的七大区域，即由蒙古国、俄罗斯构成的东北亚区域，东南亚 11 国区域，独联体 6 国区域，南亚 8 国区域，中亚 5 国区域，西亚北非 16 国区域，中东欧 16 国区域。这两个报告提出的"一个格局"和"两条路径"构成了"一带一路"的总体格局和路线图，为汉语国际传播的战略规划提供了可资参考的重要依据。

"一个格局"是指由上述"一带一路"产业合作七大区域构成的总体格局。根据《"一带一路"沿线国家产业合作报告》提供的数据，我国对"一带一路"沿线国家的出口贸易主要集中在三个区域，即东北亚（俄罗斯）、东南亚和南亚（印度），形成了向南、北辐射的发展路径。而进口贸易主要集中在中东、北非、东北亚和东南亚几个区域，这些区域的能源和矿产进口量占"一带一路"沿线国家进口总额的 42.58%。另据统计，上述七个区域是我国对"一带一路"国家进出口贸易最活跃的区域，2014 年，我国对这些区域的进出口总额占 64 个"一带一路"国家进出口总额的 80%以上。由此看来，汉语国际传播在这些区域应该大有作为。基于上述分析，孔子学院应该根据"一带一路"贸易的重点区域进行战略布局，通过贸易与产业合作拉动语言传播。与此同时，孔子学院作为国家语言能力的具体体现，也应该助力"一带一路"沿线国家的经贸合作以及产业发展，通过"借力"与"助力"形成汉语国际传播的良性循环。

如果说"一带一路"的产业合作格局为孔子学院的战略布局提供了参考的依据，那么，"两条路径"——"丝绸之路经济带"和"海上丝绸之路"则为汉语国际传播战略规划指明了方向。首先，基于我国海上安全的考虑，有学者认为，"一带"和"一路"并非两线并行的战略。鉴于目前中国海权的短板，应该以"一带"为主，"一路"

为辅（乔良，2015）。基于这一战略考量，汉语国际传播应该一路向西，加强"丝绸之路经济带"的战略规划。连接欧亚大陆的腹地中亚和西亚是孔子学院建设比较薄弱的区域，而中西亚是维护国家政治安全以及能源安全的战略要地。因此，孔子学院的战略布局应该向这一地区倾斜，在沿线国家建立更多的孔子学院。此外，尽管"海上丝绸之路"的开拓有诸多不稳定因素，但作为国家经济、能源以及军事的战略要道，针对这一地区的语言战略规划依然十分重要。历史上，尽管明朝限制海上贸易，但汉语传播以顽强的生命力在东南亚国家扎下了根。今天，东南亚国家的华人社区作为汉语传播的桥头堡，对当今汉语国际传播依然具有重要意义。

四、汉语国际传播的思路与对策

"一带一路"作为国家的大战略，提出了各种愿景和行动计划，涉及政治、经济、文化、企业、媒体各个领域，但很少涉及语言传播在"一带一路"建设中的重要作用。李宇明（2015）提出了"一带一路，语言铺路"的倡议。我们认为，汉语传播应在"语言铺路"中发挥不可替代的作用。

（一）加强顶层设计，整合资源，调整战略布局，服务"一带一路"

孔子学院不仅仅是汉语国际传播的机构，而且是国家重要的语言战略资源。因此，资源的分配与布局应服从或服务于国家提出的"一带一路"大战略。首先，国家应从战略高度，根据"一带一路"战略，加强新时期汉语国际传播的顶层设计，即把汉语国际传播纳入"一带一路"愿景和行动计划。汉语国际传播是国家语言能力的体现，"一带一路"的开拓与建设离不开国家语言能力的支持。"五通"的核心是"民心相通"，而"语言通"是民心相通的必备条件。其次，孔子学院作为国家重要的语言战略资源，应根据"一带一路"经贸和产业合作格局进行调整，通过整合孔子学院资源，形成以"一带一路"战略为核心的分布格局，以满足"一带一路"沿线国家经贸和产业合作对语言资源的需求。

（二）借力"一带一路"，助力"一带一路"

历史经验表明，语言传播不是通过语言本身来传播的，语言传播必须抓住历史机遇，顺势而为。在"一带一路"的现实机遇面前，汉语国际传播应与"一带一路"沿线国家经贸与产业合作相结合，借力发展；与此同时，也应通过服务企业走出去，服务企业国际化，助力"一带一路"。"一带一路"沿线国家的经贸和产业合作离不开对语言人才的需求，特别是复合型高端双语人才。因此，孔子学院的汉语国际教育不仅要关注普及型人才的培养，更应该满足"一带一路"沿线国家对高端、复合型人才的需求，培养既懂外语又懂专业的复合型人才。此外，孔子学院不应仅仅局限于汉语人才的培养，也应为企业走出去培养复合型外语人才。"语言铺路"应该是双向铺路，培养双向人才。

（三）提高企业语言能力，加速"一带一路"建设

科技是生产力，语言也是生产力。在信息化时代，语言在促进科技、经济、信息、媒体等各个领域的发展中发挥了重要作用。"一带一路"同样需要语言的推动。因此，企业要走出去参与"一带一路"建设，应该把语言能力作为企业重要的生产要素，特别是跨国企业，应该把语言能力作为企业的核心生产力，从而提高企业的语言能力。企业语言能力不仅仅是企业员工个体的语言能力，还包括企业利用和整合所有语言资源的能力。对于"一带一路"沿线国家的企业，包括中国的企业，企业员工会使用两种以上的语言进行交际，企业若能充分利用这些语言资源，将会大大提高企业的工作效率，进而真正实现"五通"。因此，参与"一带一路"经贸和产业合作的企业，应该把企业员工外语培训和外籍员工汉语培训作为提高企业语言能力的重要议程，通过企业语言能力建设，加速"一带一路"的建设。

总之，汉语国际传播不仅仅是语言学家的事情，汉语国际传播能够为实现"一带一路"的愿景助力，"一带一路"也将会助力汉语在世界的传播。

参考文献

［1］丹尼斯·西诺尔. 丝绸之路沿线的语言与文化交流. 黄长著译. 第欧根尼. 1997（1）.

［2］董海樱. 16 世纪至 19 世纪初西人汉语研究. 北京：商务印书馆. 2011.

［3］国家发展改革委、外交部、商务部. 推动共建丝绸之路经济带和 21 世纪海上丝绸之路的愿景与行动. 北京：人民出版社. 2015.

［4］孔子学院总部/国家汉办. 孔子学院年度发展报告. http://www. hanban. edu.cn/report/. 2014.

［5］李宇明. "一带一路"需要语言铺路. http://the-ory.people. com.cn/n/2015/0922/c40531-27616931.html. 2015.

［6］尼古拉斯·奥斯特勒. 语言帝国：世界语言史. 上海：上海人民出版社. 2011.

［7］乔良. 美国人对"一带一路"的战略思考. http://mt.sohu.com/. 20151003/n422546278.shtml。

［8］张西平主编. 世界汉语教育史. 北京：商务印书馆. 2009.

［9］中国国际贸易研究中心、大连瀚文资讯有限公司. "一带一路"沿线国家产业合作报告. http://wenku.baidu.com/link? url=Zv-exJOLpI452015RNiNzPKvGG78OMUDWRl_IkfIfdr8d7A-G FSf8_82g9b6T5W6CIak-MlIEptvmmmmftoK2uNdeUkr1a7mHuzlW jr1ycx2_ari.

（原文载于《语言战略研究》2016 年第 2 期）

9. 汉语作为第二语言学习
需求研究述评①

李 燕

（北方工业大学）

一、需求分析的定义及国外研究动态

（一）需求分析的定义

"需求"一词具有广泛的含义，本文采用伯韦克 1989 年提出的定义，即"学生目前的学习要求及未来的工作要求"。需求分析（needs analysis，简称 NA）是通过内省、访谈、观察和问卷等手段对需求进行研究的技术和方法（陈冰冰，2009）。需求分析是第二语言课程设计的基础，也是教师组织教学、使用教材、决定教学方法和评估教学的基础。在语言教学领域，需求分析的重要性等同于医生对病人开处方前的诊断（Long，2011），它使得语言课程与不同国家、不同水平以及不同目标群体学生的需求得到有效匹配。

（二）国外研究动态

20 世纪 60 年代，改进教学方法、训练学生学习和针对教学群体调整教学这三大理念被广泛应用于课程开发领域。"需求分析"在这一理论背景下应运而生，加之 20 世纪 70 年代欧洲委员会的积极倡导，"需求分析"开始受到国外外语学界的广泛关注并逐渐成为外

---

①本文为北方工业大学 2015 年青年拔尖人才项目的阶段性成果。

语课程设计不可或缺的重要步骤。

近年来，国外的需求分析在研究领域、研究层面及研究视角方面取得了较为显著的成就，主要表现为以下两个方面。

（1）研究范围较为广阔。

从研究领域看，需求分析不仅涉及语言教学领域，同时还包括了职业领域、公共领域和政府部门等；从需求层面看，不仅包括个人的语言需求，同时还涉及企业和国家的需求克雷格·乔德龙等（Long，2011：19-66）对夏威夷大学韩语班的 83 名学生韩语学习目的进行了调查，提出制定和开发基于任务的语言教学单元方案，这是语言教学领域针对学习者个人语言需求的研究。范德米仁，（Long，2011）则提出了商业环境中企业外语需求的概念，对芬兰境内的 112 家公司的德语需求进行了调查，结合定性研究的结论，认为芬兰的德语职业语言政策不能满足商业需要，同时指出造成商业环境中的交际障碍既包括语言因素同时也包括文化因素；此外格林（Grin，2010）运用经济学方法对加拿大和瑞士用人单位生产效益与劳动者的外语水平之间的关系进行了分析，这些均属于企业层面的研究。约翰·莱特（Long，2011：105-122）对国家和军队外语能力的战略需求进行了研究，建立了面向美国军方的外语水平评估体系，这是国家层面的需求研究。

（2）研究的视角关注了外语需求与供给的衔接问题。

从研究视角看，国外的需求分析往往引入经济学的"需求"与"供给"概念来探讨外语需求与供给的相互关系。布莱希特与里沃斯（Long，2011：79-102）从国家安全的高度针对部门供给、部门需求、社会供给、社会需求四个方面报告了目前语言的供求情况，结合国家的语言政策，研究认为美国的语言供给尚不能满足需求，需要加大保障力度；此外，其以同样的研究框架，对美国马里兰州政府各部门的语言需求和使用现状进行了调查研究。爱尔兰语言研究小组则对本国企业的语言需求和语言教育供给进行了调查。莱托内与卡加莱内（Long，2011：19-66）从企业的语言需求和学校教育衔接的角度调查了芬兰语的需求。这些研究都是以经济学的视角来探讨外语需求与供给的有效衔接问题。

无论是企业和国家层面的语言需求研究，还是基于外语需求与供给视角的研究，其研究所指都已转向了国家层面的语言政策，极大地超越了"需求分析"理论建立之初用于指导课程设计的初衷。

二、国内第二语言需求分析研究动态

（一）国内第二语言需求研究概述

从 20 世纪 90 年代开始，需求分析的理论传入中国，中国的外语学界由此展开了关于第二语言教学（主要是英语教学）需求的研究。国内第一篇相关研究的文章是 1998 年发表在《外语教学与研究》上的关于外语专业毕业生社会需求的调查报告，主要是通过问卷调查的方式探讨英语教学内容、课程设置与改革开放的社会需求是否相适应的问题，此后国内学界陆续涌现第二语言需求分析的相关研究成果。笔者从知网的数据库对相关研究进行了初步的统计分析，数据结果显示，自 1998 年以来第二语言学习需求研究（包括英语作为第二语言和汉语作为第二语言）共计 325 篇，年度论文数量见图 1。

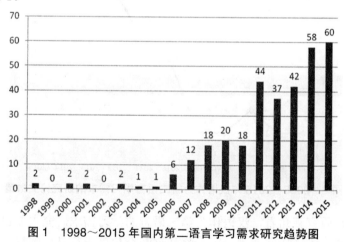

图 1　1998～2015 年国内第二语言学习需求研究趋势图

整体来看，1998～2005 年间，第二语言的需求研究刚刚起步，每年的文章数量都不超过两篇，其研究的内容也多是围绕英语作为第二语言的学习需求而展开；从 2006 年开始第二语言需求研究进入了平稳发展期，特别是从 2007 年开始，发表的文章数量已突破 10 篇，并在随后 3 年达到了近 20 篇左右；从 2011 年开始，第二语言的需求研究开始进入活跃期，2011 年发表的论文数量达到了 44 篇，从 2012 到 2015 年，论文发表的数量逐年攀升。

（二）汉语作为第二语言需求研究动态

与英语相比，汉语作为第二语言的需求研究出现较晚。2005 年，李宇明首次提出了外国人学习汉语的需求问题值得关注和研究；2007 年，倪传斌通过问卷调查的方法对外国留学生的入学、课堂学习和测评等方面的学习需求进行了实证性研究，这是首篇汉语学习需求的实证文章。此后，陆续有学者对留学生的汉语学习需求进行相关实证研究，相对集中的研究是在 2011 年以后也即第二语言需求研究的活跃期。

自 2005 年以来，汉语作为第二语言需求研究的相关论文数量共计 38 篇，见图 2。

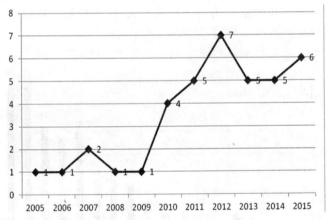

图 2　2005～2015 年汉语作为第二语言学习需求的研究论文数量

从研究视角看，汉语作为第二语言的学习需求研究主要包括理论研究和实证研究两类，下面将从这两个角度进行具体阐释。

1. 理论研究

国内现有的汉语学习需求的理论研究主要涉及汉语国际传播的价值和商务汉语的学习需求分析。

在汉语国际传播的价值研究方面，李宇明（2005）首次提出，外籍人士的汉语学习的需求，是对外汉语教学事业发展的基础，需要认真研究。文章将汉语学习需求分为六个方面，并在此基础上归纳了三个层次的学习目标，即初始汉语、常态汉语和高深汉语。文章还指出，不仅应积极满足外籍人士现有的汉语学习需求，更要努力创造国际上新的汉语学习需求，提升汉语的价值。次年，李宇明（2006）又从国家战略的高度论述了汉语国际传播所肩负的获取国际话语权的重大使命，并指出中国的语言文字工作者应该考虑通过语言规划和学术研究来促成中国在世界领域的话语权。随后陆续有学者对汉语学习需求的理论价值进行相关阐述。王俊（2011）指出学汉语所带来的就业机会、商业机会是大多数外国人学习汉语最直接的动机。日本等发达国家的学生多出于威信动机，即在社会上取得更高的地位及更好的待遇，而选择学习汉语。因此，汉语国际传播应借助国家经济的快速发展，拉动世界各国的汉语学习需求。张静（2013）探讨了汉语作为第二语言需求研究对于语言经济和语言规划所具有的重要意义，文章指出，语言需求作为第二语言学习的原生动力是进行汉语国际传播需要关注的首要问题；了解学习者的汉语需求能够扩大汉语需求，促进语言消费与就业，带动汉语文化产业，是发展语言经济的重要一步。马春燕（2015）分析了汉语学习需求分析对于国别化教材开发的重要意义。研究指出，目前的国别化教材缺乏，尤其是优质、多语种、针对不同层次汉语学习需求的教材还十分缺乏，因此开发出具有针对性、体现立体化、个性化的教材将会极大程度地助推汉语的国际传播，从而实现汉语国际传播的长远价值。董学峰等（2015）通过研究各国语言推广的政策，提出应充分了解国际汉语的需求，推广"价值汉语"，才能使我国的汉语国际传播事业保持健康发展。

在商务汉语的学习需求方面，张黎（2006）、陈芳和郭鹏（2008）认为，商务汉语作为一种专门用途的语言，其教学的基础和前提是需求分析。在借鉴了国外专门用途英语（ESP）研究成果的基础上，张黎对商务汉语进行了目标情景需求分析和学习需求分析，概括性地总结出商务汉语需求的总体分布特征；陈芳和郭鹏（2008）则具体阐述了商务汉语教学需求分析的内涵、框架等理论问题。廖陈林（2007）、孙静（2010）、勾丽红（2011）对商务汉语的课程设置、教材主题、教学内容进行了具体的需求分析；毛悦（2010）则是对基于"需求分析"的"特殊目的汉语速成教学模式"进行了探讨。

2. 实证研究

汉语学习需求的实证研究从研究内容上大致可分为以下三个方面，即汉语学习需求研究的整体性研究，不同地区、不同国籍的外国留学生的学习需求研究以及商务汉语的实证性研究。

（1）汉语学习需求的整体性研究

倪传斌（2007）以学习需求分析所涉及的物质条件（学习场所、材料、时间）、心理条件（教育心理学需求、学习兴趣、动机）、知识技能条件（现有知识、学习策略和方法）和支持条件（教师、学校）为主要调查内容，对北京、上海和广州三地的外国留学生汉语学习需求进行了调查分析，研究发现学习汉语的最佳途径是指导性习得，学制以半年或一年半为宜；在课堂上，外国留学生希望了解课堂教学目标和教学过程，需要按自己的认知方式整理所学的知识，愿意参加汉语学习策略的培训，希望在真实的生活中运用所学知识来检验自己的汉语水平。研究认为，目前对外汉语教师能够基本了解外国留学生的学习需求，但对学生在语言教学活动、课堂分组、教辅工具、教师的订正方式和汉语水平的考核形式等方面表现出的偏好，还有待进一步的了解。王俊（2011）以学制为变量，对短期来华留学和长期来华留学生的汉语学习需求进行了比较研究，认为学习者的专业对学习者学制长短的选择影响最为明显和直接，选择长期在华学习汉语的学习者其专业往往与语言学和汉语直接相关；长学制学习者一般汉语水平高于短学制的学习者；从目标需求的角度来看，长学制学习者学习汉语想要达到的目标更高；从学习需求的角度来看，长学制学习者的学习目的和学习动机也更为长远和实际。学习者在中国学习的时间越长，就越能够利用身边的学习资源，多角度、多渠道地来复习和巩固自己在课堂上学到的内容；长学制学习者对于所学的汉语课程和所用的汉语教材的总体满意度高于短学制学习者。

（2）不同地区、不同国家的汉语学习需求研究

梁焱（2010）、王丝雨（2012）和郭钦（2014）对中亚留学生的汉语学习需求进行了整体性研究；雷茜（2014）从文化教学领域引入需求分析，对不同学习阶段的中亚留学生的文化需求差异进行分析并提出建议；杨里娟（2011）、石桥芳子（2012）、杨芷一（2013）、杨丽真（2014）、丁国琳（2012）和侬斐（2014）分别对泰国、日本、捷克、马来西亚、日韩和东南亚留学生的汉语学习需求进行了相关的实证性研究。这些研究以国家和地区为变量，揭示了不同地区、不同国家汉语学习者的不同学习需求，为具体的汉语课程设置和教法的选择提供了有益的参考。

此外，张玲娟（2012）以海外移民的后代为调研对象，对浙籍华裔青少年汉语的学习需求进行了研究，研究结果表明，海外移民的后代的汉语学习需求更多地受到社会性需求的影响，其所在国和祖籍地的文化，会造成学习者学习风格和对学习内容喜好的差异；他们的汉语学习困难主要集中在汉字书写问题上，听说能力明显优于读写能力；他们对综合实践课程的需求远远高于对知识性课程的需求；在教材内容的选择上，他们也更倾向于趣味性强的汉语学习内容。这项研究揭示了华裔后代与外国留学生在汉语学习需求方面存在诸多差异，对海外华文教育具有积极的指导意义。

洪梅子（2014）以南美洲厄瓜多尔的波多维耶霍孔子学院汉语学习者为调查对象，对其汉语学习能力、个体愿望、学习过程和学习环境的需求进行了调查研究，研究所得结论在改善孔子学院的课程设置、提高汉语学习者的学习效率以及促进孔子学院办学的长久发展方面具有一定的参考价值。

关于不同国家的汉语需求比较研究，其成果寥寥无几。就知网数据检索显示，唯一可见的一篇文章为"泰越本土学生汉语学习的内在需求对比研究"，研究发现，泰国学生的汉语学习需求面较越南学生更广、需求度更高，汉语学习的必要性更高，汉语使用机会更多，汉语学习兴趣点更多、人群量更大。进一步的扩展性对比研究表明：本土学生较留学生的汉语学习目的明确性稍差，华裔本土学生没有来自家庭方面的显著学习需求。受主观和客观等方面条件的

影响，本土学生汉语学习的内在需求呈现出区域化和差异性特征，不同国别、不同背景类型的学生需求各异，需求广度和需求程度皆受制于自身的社会背景。

（3）商务汉语的学习需求实证研究

在专门用途汉语教学方面，张黎（2012）调查了商务人员对汉语的学习需求，结果表明，汉语在国际商务活动中的交际功能很不平衡，口语技能需求最高为57%，其次为听力（22%），再次是写作（15%），排在最后的是阅读（4%），因此商务汉语教学应突出听说技能培养。此外，文章还指出，不宜将商务汉语界定在商务工作的范围内，而是应该定位在商务人员在工作和日常生活中所需的常用汉语技能；使用汉语工作的商务人员由于工作地点、行业领域、职业、职位和工作范围等方面的不同，使用汉语的情况以及学习需求也都不尽相同，有的差别还很大，因此必须针对具体的需求开发设计课程和开发教学资源，商务汉语教学内容应注重差异化。

刘乐宁（2009）通过对学生的调查也得出类似的结论，认为最典型、最常见的商务汉语的语境并不是外向的商务往来，而是公司内部的管理、协调、商务讨论和情感交流；最典型、最常见的商务汉语的语境中所需的汉语形式为口头表达，而不是书面的公函往来；典型的商务汉语语境中虽然涉及一些特殊的商务文化因素，但更多的仍是普通的文化交流。

张婷燕（2012）对中亚外商的汉语学习需求进行了调查研究，认为中亚外商汉语学习需求不仅是客观存在的，而且是非常强劲的，学习汉语能带来的经济利益是中亚外商学习的最大动力。他们学习汉语主要以日常交际用语和商务汉语为主，随着学习层次的提高，可以学习中国经济、文化等内容。中亚外商注重提高汉语的听说能力，有汉语基础者则同时希望提高读写能力。他们要求更加灵活的汉语培训方式，学习期限以一年或一年以上为宜，在教学规模上，多数倾向于选择参加2～5人的教学班规模，在分班安排上最希望能与不同国家的相同水平的学习者一起学习。目前存在的问题是，中亚外商的汉语学习需求还没有完全被满足，虽然部分中亚商人利用新疆民族特点，借助维吾尔语、哈萨克语或者通过俄语翻译能够完成业务，但他们更希望自己会说汉语，以期降低业务成本、风险及摩擦，这种需求日趋强烈，但仅仅依靠高校输送汉语人才还无法满足经贸发展的需求。作者强调，通过此次的调查，汉语显著的经济价值被发现，汉语已成为一种重要的语言资源，因此作者形象地将汉语培训、汉语文化市场比喻为一座亟待开发金矿。此外，权执（2013）、徐佩（2011）、董有辉（2013）、甘蒂玛（2013）分别对韩国、日韩、泰国、蒙古的商务汉语学习需求进行了调查研究，调查的结果与中亚外商情况相类似，特别提出的是亟待开发针对特殊群体的商务汉语的教材。

三、思考与评论

近年来，随着中国经济的发展和国际地位的提高，世界各国对于汉语的学习需求与日俱增，特别是"一带一路"的战略实施以来，汉语的学习需求更是被推向了新的高度。开展汉语作为二语需求的研究，不仅可以深入了解学习者的汉语需求状况，还能从汉语的市场需求出发制定科学有效的语言政策，促进语言经济的发展（张静，2013），因此，无论是对于汉语国际教育领域还是对于当代中国的语言规划，这都具有十分重要的意义。然而，纵观前人的研究文献，国内汉语作为第二语言的需求研究数量相对匮乏，平均每年的文献数量仅为 4 篇左右，研究成果也尚未形成一定的体系和影响力，整体发展尚属探索阶段。研究基础的相对薄弱和汉语在世界范围内的需求现状极不相称，这也在一定程度上彰显了汉语学习需求研究的广阔发展空间。通过上述文献回顾，笔者认为，汉语学习需求的研究应在以下三个方面进一步加强和完善。

（一）理论研究的框架有待建立

陈冰冰（2009）曾对国外需求分析理论进行了概括总结，归纳了四大需求模型，即目标情景分析（Target Situation Analysis，TSA）模型、目前情景分析（Present Situation Analysis，PSA）模型、哈钦森和沃特（1987）的分析模型以及达德利-伊文斯和圣约翰（1998）的分析模型。从现有的研究成果来看，汉语学习需求研究的理论框架基本上是基于哈钦森和沃特的分析模型，把学习者的语言学习需求分为"目标需求"和"学习过程需求",研究对象一般为学习者个人。

从需求外延来看,需求不应局限于留学生个人的学习需求,还应包括更大范围的社会需求,即社会和海外企业用人单位对有关人员汉语能力的需求,目前汉语的社会需求研究鲜有涉及,汉语学习在全球的价值——经济价值和文化价值还未得到广泛的关注和充分的挖掘。

从需求层次性来看,不同国家和地区对汉语的需求不尽相同,有将汉语作为母语使用的,有将汉语作为官方语言或通用语言之一的,有的国家使用汉语人口较少。根据汉语学习需求的不同层次,吴英辉(2013)曾把汉语国际传播圈分为核心圈、边缘圈、外围圈和薄弱圈。孔子学院按照其办学功能也被划分为四种类型,即汉语教学型、汉学研究型、东西方文化交流型和职业技能培训型。不仅汉语国际传播的区域需要划分层次,海外孔子学院的办学功能需要划分类型,整个汉语国际教育领域需要有针对性地开展教学工作,针对不同的学习群体,制订不同的教学大纲和实施方案,而需求分析是语言课程设计和实施不可或缺的启动步骤,因此积极构建汉语作为第二语言学习的需求分析模型(包括个人学习需求和社会需求),对于有针对性地开展海内外汉语教学工作具有重要的参考价值。此外,依据需求分析模型开展世界范围内的汉语学习需求研究(特别是社会需求),对于进一步挖掘汉语的学习价值,拓展汉语国际传播的空间,提升汉语在全球的话语权具有重要战略意义。

(二)"他国视角"有待确立

学者们曾对不同国家和地区的学习者进行了学习需求的调查研究,如梁焱(2010)、王丝雨(2012)和郭钦(2014)对中亚留学生的汉语学习需求的调查研究;杨里娟(2011)、石桥芳子(2012)、杨芷一(2013)、杨丽真(2014)、丁国琳(2012)和侬斐(2014)对泰国、日本、捷克、马来西亚、日韩和东南亚留学生所做的实证性研究。这些研究揭示了不同国家和地区汉语学习者的不同学习需求,但是在研究视角上还是采用了"中国的视角",即立足中国去了解其他不同国家的汉语学习需求(李宇明,2014)。

语言的学习需求与所在国的社会文化背景密切相关，由于我们只是采用了"中国的视角"却未能从"他国视角"来审视，对于当地国的语言文化生活知之甚少，对于所在国的语言政策（特别是外语教育政策）不甚了解，因此也就不能真正把握当地国汉语学习需求所在。海外汉语教学只有融入当地元素，逐渐开发出具有当地特色的教学模式，才能真正帮助学习者实现学习汉语的价值，提高他们的语言学习收益。这也"牵涉到汉语最终能否走出去、到底能走多远的问题，牵涉到汉语国际教育可否持续发展的根本问题"（李宇明，2014）。因此，汉语学习需求研究迫切需要转向：从"中国视角"转向"他国视角"。

（三）数据来源和采集数据的方法有待多样化

就笔者视野所及，涉及汉语学习需求的实证性文章其信息源基本上只涉及了学习者的个人需求这个层面。据朗（Long，2011）研究发现，需求分析的信息源主要有 5 种：出版及未出版的文献（包括各行业具体工作岗位职责要求、标准等）、学习者、教师和应用语言学家、专家（domain experts）以及综合型来源（triangulated source）。他认为，需求分析应采用综合型的信息源，即进行多方检验，通过多渠道采集数据。正如国外学者所言，多元化的信息源是保证需求分析科学性和有效性的前提条件，而汉语学习需求研究的信息源较为单一，在行业工作岗位职责标准、语言学家、行业专家和综合型来源等方面的信息极度缺失，这在一定程度上影响了需求分析的科学有效性。因此，积极拓展信息源，从多个渠道采集数据信息是汉语学习需求研究未来努力的方向。

从数据采集的方法来看，汉语学习需求的实证性研究一般使用问卷调查法，配合简单的访谈。这种数据采集方法也较为单一，同样容易使数据以偏概全，从而影响分析的科学性和有效性。文献显示，需求分析的数据采集方法应该是多样的，这些方法可以概括为归纳型和演绎型两大类。前者利用专家直觉、参与型观察及非参与型观察、开放式访谈等方式从中提炼出需求的类别；后者主要通过结构化访谈、问卷和标准参照化测试等根据事先设定好的需求类别获取数据（Long，2011）。但是，对于归纳型的方法，学者们往往持有批判的态度，认为专家和一般人的直觉都不可靠。在大数据时代，被学者批判的归纳型方法可以得到有效改进。传统的基于假设—验证假设的思路，现在完全可以用数据驱动的大数据相关关系的分析法取代基于假想的易出错的方法。相关关系的核心是量化两个数据值之间的数理关系。相关关系强是指当一个数据值增加时，另一个数据值很有可能也会随之增加（维克托·迈尔-舍恩，2013：71）。大数据的相关关系分析是挖掘各种关系的重要依据，它能够更准确、更快捷地挖掘出与汉语学习需求相关的各种因素，并且有效排除了主观偏见的影响。利用好大数据，能够帮助我们寻找到语言学习需求的直接动因，对于实现汉语教育的产业化，推动汉语真正走向世界具有重要的现实意义。汉语学习需求研究十分期待大数据方法的支持。

参考文献

[1] 陈冰冰、王欢. 国内外语需求分析研究述评. 外语与外语教学. 2009（7）：18-21.

[2] 陈冰冰. 大学英语需求分析模型的理论构建. 外语学刊. 2010（2）：120-123.

[3] 陈冰冰. 国外需求分析研究述评. 外语与外语教学. 2009（2）：125-130.

[4] 陈芳、郭鹏. 商务汉语教学需求分析的内涵和框架. 沈阳师范大学学报（社会科学版）. 2008（4）：163-166.

[5] 丁国琳. 汉语言（对外）专业曰韩本科生学习需求调查研究. 复旦大学硕士学位论文. 2012.

[6] 董学峰、彭爽. 中外语言国际推广教育的政策比较. 外国问题研究. 2015（4）：84-88.

[7] 董有辉. 泰国皇太后大学商务汉语学习者学习需求. 中央民族大学硕士学位论文. 2013.

[8] 甘蒂玛. 蒙古高校学生及社会人士商务汉语学习需求调研及教学启示. 复旦大学硕士学位论文. 2013.

[9] 勾丽红. 商务汉语本科课程设置需求分析研究——以新疆

师范大学为例. 语文学刊. 2011（14）：121-122.

　　［10］郭钦. 新疆来华中亚留学生汉语学习需求调查报告. 新疆大学硕士学位论文. 2014.

　　［11］贺志宏. 发展语言产业，创造语言红利——语言产业研究与实践综述. 语言文字应用. 2012（3）：9-15.

　　［12］洪梅子. 波多维耶霍孔子学院学习者汉语学习需求分析. 广东外语外贸大学硕士学位论文. 2014.

　　［13］姜红. 论汉语国际推广的经济价值. 华东经济管理. 2009（6）：151-153.

　　［14］雷茜. 来华中亚留学生对中国文化需求分析的研究——以新疆师范大学的中亚留学生为例. 新疆师范大学硕士学位论文. 2014.

　　［15］雷小兰. 语言的经济价值分析. 西安交通大学学报（社会科学版）. 2009（6）：107-110.

　　［16］李宇明、施春宏. 汉语国际教育"当地化"的若干思考. 待刊.

　　［17］李宇明. 中国的话语权问题. 河北大学学报. 2006（6）：1-4.

　　［18］李宇明.语言学习需求与对外汉语教学.《汉语教学学刊》（第1辑）. 北京：北京大学出版社. 2005.

　　［19］梁焱. 新疆高校中亚留学生汉语学习需求调查研究——以新疆大学为例. 新疆师范大学学报（哲学人文社会科学版）. 2010（1）：138-142.

　　［20］廖陈林. 在华商务人士汉语使用情况的个案调查——目标情景需求分析理论和方法在汉语中的应用. 北京语言大学硕士学位论文. 2007.

　　［21］刘乐宁. 商务汉语的教学与实践. 语言学注论与商务汉语教学研究. 上海：学林出版社. 2009：201.

　　［22］马春燕. 国别化教材开发探讨. 中国出版. 2015（12）：52-55.

　　［23］毛悦. 海外企业人员短期汉语教学模式研究. 世界汉语教学. 2010（1）：103-111.

［24］倪传斌、刘治. 外语需求的特性分析. 外语与外语教学. 2006（2）：21-24.

［25］倪传斌. 外国留学生汉语的学习需求分析. 语言教学与研究. 2007（1）：68-76.

［26］侬斐. 东南亚汉语专业短训班留学生汉语学习需求调查研究. 云南师范大学硕士学位论文. 2014.

［27］权执. 来华韩国留学生商务汉语学习需求调查与分析. 复旦大学硕士学位论文. 2013.

［28］石桥芳子. 日本大学生汉语个人学习需求与表现研究——以日本大东文化大学中文系为例. 现代语文（语言研究版）. 2012（1）：109-112.

［29］宋建. 专访：加强培养海外本土教师是孔院发展的保障——访孔子学院总部总干事、国家汉办主任许琳. 新华网. http://news.xinhuanet.com/edu/2013-06/10. 2013-06-10.

［30］孙静. 以需求分析为导向的商务汉语教材主题研究. 大连理工大学硕士学位论文. 2010.

［31］王俊. 来华留学生的汉语学习需求研究. 浙江大学硕士学位论文. 2011.

［32］王丝雨. "以学生为中心"的中亚留学生汉语学习需求调查与分析——以新疆师范大学为例. 新疆师范大学硕士学位论文. 2012.

［33］［英］维克托·迈尔－舍恩. 大数据时代生活、工作与思维的大变革. 盛杨燕、周涛译. 杭州：浙江人民出版社. 2013.

［34］吴思娜. 不同认知风格留学生的汉语课堂学习需求分析. 语言教学与研究. 2009（4）：77-84.

［35］吴应辉. 汉语国际传播研究理论与方法. 北京：中央民族大学出版社. 2013：84-85.

［36］吴中正. 基于留学生学习风格的汉语课堂学习需求分析. 复旦大学硕士学位论文. 2013.

［37］徐佩. 在华日韩人士商务汉语学习需求分析. 南京师范大学硕士学位论文. 2011.

［38］杨里娟. 泰国学生汉语学习需求与建议. 语文教学与研

究. 2011（2）：110-112.

［39］杨丽真. 马来西亚大学生汉语语音学习需求及教材满意度调查与分析. 浙江大学硕士学位论文. 2014.

［40］杨芷一. 捷克汉语学习者课堂学习需求分析——以捷克帕拉茨基大学为例. 北京外国语大学硕士学位论文. 2013.

［41］余卫华. 需求分析在外语教学中的作用. 外语与外语教学. 2002（8）：20-23.

［42］张静. 汉语作为第二语言需求研究的语言经济及规划意义. 江汉学术. 2013（5）：62-66.

［43］张黎. 商务汉语教学需求分析. 语言教学与研究. 2006（3）：55-60.

［44］张玲娟. 浙籍华裔青少年的汉语学习需求研究. 浙江大学硕士专业学位论文. 2012.

［45］张婷燕. 中亚外商汉语学习需求调查报告. 新疆师范大学硕士学位论文. 2012.

［46］Grin, F. The Economics of the Multilingual Workplace. New York: Routledge. 2010.

［47］Long, M. H. 编. 第二语言需求分析. 北京：外语教学与研究出版社. 2011.

下篇：孔子学院可持续发展建设研究

10. 孔子学院语言教育一议[*]

李宇明

（北京语言大学）

汉语在历史上曾是东亚的"国际语言"，在东亚一些国家的历史发展和文化成长中，发挥过甚至仍在发挥着重大作用。汉语曾以书语的形式传至西洋，形成独特的汉学，历史上的西洋汉学与当今的"新汉学""中国学"结合，在西方乃至世界学坛都有一定的地位，产生了新的活力。汉语也曾随着华人船只游向南洋等地，并在华人华侨聚集地立足发展，成为今天的海外华语。

语言在非母语人群中传播，似乎从来就与国力密切相关。汉唐、明朝时期，国力强盛，文化先进，中土礼制、文物对周边地区具有巨大吸引力，他们纷纷来朝来学，汉语也随之远播。清末以降，国势日衰，周边国家和地区"淡化汉文"竟成一时之趋。越南废除一度使用的汉字，创制、推行拉丁字母式的越南文；日本虽然仍在假名中夹用汉字，但是减少了汉字量；朝鲜和韩国用谚文代替了汉字，韩语现今仅是夹用一些汉字。

20 世纪 70 年代末，中国改革开放，一批批新华人走到世界各地，为世界各地唐人街的汉语注入了新活力，并逐渐使唐人街由汉语方言流变为普通话，同时也有了举办汉语学校或汉语夜校的需要，

* 本文得到国家社会科学基金重大项目"新时期语言文字规范化问题研究"（12&ZD173）、国家社科基金教育学重点课题"中小学语文教育改革研究"（AHA120009）的支持。

以期在华人子弟中保存汉语和汉文化之根。与之同时，中国经济以世人始料不及的方式持续发展，汉语对世界重新具有了吸引力。世界对东方巨人刮目而视之时，也在逐渐关注汉语、学习汉语，就连曾经"淡化汉文"的邻国也在重新审视汉语，加强汉语作为外语的学习，日文还增加了使用汉字的数量。关注汉语、学习汉语的世界大潮方兴未艾，就目前趋势看，汉语可能比历史上走得更远，能为世界做出更为重要的贡献。孔子学院（包括孔子课堂）便是这滚滚大潮中的一支洪流。

孔子学院现象，孔子学院事业的发展，可以从多个方面、多种角度进行观察研究，本文只对它的语言教育问题稍作一议。

一、目的语环境与非目的语环境

（一）语言学习、语言教育、语言教学

在讨论问题之前，需要对"语言学习、语言教育、语言教学"三个概念稍加解说。

语言学习与语言教育是大致相近的概念，语言学习侧重于从学习者的角度看，语言教育侧重于从教育者的角度看。角度不同，侧重点不同，但研究对象和研究目的大体相似。研究对象都是与语言学习相关的各种因素，研究目的都是要最大可能提高语言学习质量。它们探索的都是语言学习规律，换言之，语言学习规律是语言学习者、语言教育者应共同遵循的规律，语言教育是以语言学习规律为理论基础的。正因如此，本文在使用语言学习和语言教育这两个概念时，并不做刻意区分。

语言教学与语言教育却是不同的概念。语言教学主要是教师、学生、教室、教材、教法、教学评估等若干教学因素的互配互动，当前的语言教学现状，是以课堂教学为主，外加一些课外活动。而语言教育的外延相当宽泛，一切对语言学习能够发生积极影响的人与事，都会纳入语言教育的视野。如此说来，语言教学只是语言教育的一部分，虽然它是重要的甚或是主要的部分。如果教育者把注意力只集中在语言教学上，忽视其他教育因素，那将是狭隘而有害的，故而本文非常注意区分语言教学和语言教育两个概念。语言教

学主要指课堂教学，语言教育包括哪些内容，还需要我们不断探索追究。当今之时，当今之世，教育正在发生革命性的变化，我们必须深入思考：哪里是语言课堂？什么是语言教材？谁是语言学习的帮助者？

（二）第二语言教育的两种类型

不管是自然科学还是社会科学，分类都是学术研究的基础工作。分类是有特定目的、用一定标准操作的。语言教育可以进行多种分类，能够得出各种类型。本文分类的根据是"学习是否在目的语环境中进行"，据此可将第二语言教育分为两类：一是目的语环境下的第二语言教育；二是非目的语环境下的第二语言教育。

学习是否在目的语环境中进行，对语言教育的影响巨大而深刻。儿童第一语言发展模式公认是人类语言学习中最有效的，当然也是语言科学的难解之谜。儿童心智尚未充分发展，无专门的语言教师和语言教材，语言学习条件远不如成人第二语言学习"科学"，但却能够在不长的时间里熟练掌握一门口语，这实在令人不可思议。第一语言发展的内部机理，不同学派有不同解释，相关著述颇丰，然而都难以给出令人满意的答案。

儿童是在语言的汪洋大海中习得语言的，父母、幼儿教师等的语言帮助固然有效，但并不起决定性作用。近几十年来，相继发现了多个"狼孩"的案例，这些从小由狼抚养、在狼群中长大的孩子，学会了狼的许多习性，但没能掌握人类的语言。即便后来回到了人类社会，并接受专业人员的语言教育，其语言发育仍不理想，甚至很不理想。有学者曾经幽默地感叹，儿童就是上帝造来专门学习语言的小机器；但是狼孩的事例表明，当这个"小机器"离开了汪洋大海般的语言环境，也难以习得语言。

第二语言学习，学习者的心智都比儿童发达，并有获得一种语言的经验，甚至还掌握了不少语言知识，语言教育的条件都是"科学"配置的，使用专家编写的教材，教师养之有素，还有辞书、网络等学习工具可以利用。尽管如此，其学习进度和语言水平罕见达到第一语言水平的。其因众多，两种语言学习的环境不同是其要因。

第二语言学习囿于课堂之弊端，业界已有不少讨论。第二语言学习需要课堂，但更需要课堂之外的语言生活，为此不少学者把第二语言学习也称为第二语言"习得"。中国的外语教育是世界上规模最大的外语教育，可谓"社会重视、教师专业、学生努力"，但却责难不断，教育投入与产出不成正比，批评所学外语是"哑巴外语""聋子外语"。外语教育的窘况也可做多因分析，但"中国没有外语生活"、中国人是在非目的语环境下学习外语的，这肯定是其中最为重要的一个原因。新加坡、印度和巴基斯坦等近邻的外语教育可为此佐证。

（三）语言环境对语言获得的影响

语言环境对语言发展的影响为何如此之巨？

第一，语言学习，学习的不是语言学知识，而是语言运用能力。语言不是孤立的存在，它存于语言生活中，用于语言生活中。语言不是词语的堆砌和句子的串合，词语、句子、句群的组合需要在语境中实现，需要依据语境来理解其意思，明确其指称，消解歧义，把握各种言外之意，体会语言之妙之美等。语言研究虽有两千多年的历史，但对于语言的认识，特别是对语言与语境的匹配关系的认识，还相当有限。教科书因各种限制，不仅不能把语言学的已有认识囊收无遗，反而是挂一漏万。因此，语言学习必须依赖语言实践，必须在语言生活中获得语言运用能力。

第二，话语如人，说话都表现出一定的风格。语言风格本无优劣，就看是否与语境匹配。比如"设问句"，并非一般教科书所述"无疑而问、自问自答"那么简单，更重要的是它具有社会语言学上称之为"权势关系"的特点，基本上用于"上对下"；晚辈对长辈、下级对上级使用设问句就不合适（李宇明，1993）。

语言还是行为，需要遵循语言伦理。比如"谎言"，是语言伦理学的批评对象，但若出自童稚之口，若是医生出于病理需要对绝症病人隐瞒病情，若是军事双方斗智斗勇，谎言则不仅不违背语言伦理，还会看作是道德的、聪慧的。

语言风格、语言伦理等，虽然可以通过学习得其大要，但要时时用妥、事事用妥，非得大量的语言实践不可。

第三，语言与文化密如漆胶。语言运用离不开其所依存之文化。

举三个方面的例子：

（1）词语构造与组合深蕴着文化，比如可说"上京、下乡、下厨房、南下、北上"，但不说"下京、上乡、上厨房、南上、北下"；"上、下"的使用蕴含着民族文化的"上下观"。

（2）语言中有许多在特定环境中使用的"话套子"，比如见面打招呼、分手告别、节日问候、赔礼道歉等，都有成套的话语模式。这种话套子是文化长期积淀的结果，是民族风俗的一部分。

（3）语言负载着各种文化信息，不管是口谈还是笔谈，都是为了交流文化信息，传递生活情趣。理解这些信息与情趣，需要了解文化。

所以，学习语言、用好语言必须在环境中体验文化，把握语言与文化的微妙关系。

第四，语言学习需要足够量的输入和输出。不管何家何派的语言习得学说，都无法否认语言输入、语言输出对语言学习的重要性。输入和输出必须有足够的量，其意并不仅仅是在强调量，而是有了足够的量，才能遇到各种各样的语言交际状况，从而体验、学习到语言交往的各种技艺。

当然，笔者认同的语言学习理论并不是"环境决定论"，但的确应看到语言环境在语言学习中的"不可或缺"性。对于第二语言教育，语言环境就更加重要，重要到怎么强调都不为过的地步。

二、语言学习环境补偿

汉语作为第二语言教育，在历史上早就存在，但外国人学习汉语古来就是到中国来，他们是在目的语环境中学习。当然，历史上也有海外教授汉学的，甚至有汉语学校，但为数不多，影响不大。我们关于汉语作为第二语言教育的经验、模式、教材和理论等，基本上都是建立在目的语环境基础上的，适应的是"对外汉语教学"。但是，自从 20 世纪末 21 世纪初，国外汉语教学快速发展起来；特别是孔子学院的设立和发展，汉语作为第二语言教育由"对外汉语教学"阶段发展到了"汉语国际教育"的新阶段，非目的语状态下的汉语教育也就提上了事业发展的日程。

孔子学院有诸多文化教务，但语言教育是其基本的教学业务。孔子学院的语言教育,基本上属于非目的语环境下的第二语言教育。因此，教学中首要考虑的，就是千方百计给学习者以目的语环境补偿。语言环境补偿可从三方面考虑：

（一）虚拟语言文化环境

校园、教室、宿舍和饭厅等学生生活之处，尽量设置一些中华文化元素。中华文化元素的设置，既要多用可触可感之实物，还要尽量开发利用视频、网络、智能手机等现代信息技术途径。虚拟环境的设置要有互动性，强调体验性。若有可能，还要利用周边的中华文化中心、华人社区、华人家庭等，来增加学生对中华文化的切身感受。在课堂教学中，可以通过环境虚拟和角色扮演等方式进行语言教学和语言交流。

（二）教育内容"两贴近"

教育内容也可看作语境的一部分，要首先注意贴近中国当代生活，让学习者更多了解当代中国，多谈论中国的文化、制度、生活、风光等；鼓励学生通过"中国之声"以及中国的电视、电影、网络、微课来学习语言。这种"贴近"，学生所见之人、所触之物、所听之事都更接近于当代中国；从长远看，学习者一旦来华，就能够情景再现，迅速融入中国生活，参与中国事务。目前的情况是，情景布置和教育内容都较为重视"古代中国"和"民俗中国"，这种情况应逐步改进，增加对"当代中国"的关注。

教育内容的第二个"贴近"，就是贴近学习者的现实生活，帮助学习者用汉语来谈论当地的人物、事件及其历史文化。韩国有所孔子学院，指导学生用汉语排演《春香传》，还到中国高校演出，效果很好。澳大利亚的汉语教师，则研究如何让学生用汉语表述澳洲生活。这种贴近，使学生可以学而能用，学而即用，把课堂汉语带入现实，并可能通过有效引导在一些地区形成"汉语生活"，为学习者"新创"目的语环境。英语在世界的传播，其实就是不断在世界各地发展英语生活，比如美国、加拿大、澳大利亚、新西兰、印度、巴基斯坦、新加坡等，都是英语不断"本地化"的结果，也是英语不断世界化的前车之鉴。将教育内容的这第二个"贴近"发展下去，就要求汉语教科书的"本地化",进而是汉语生活的"本地化",这是非常值得探讨和实践的。

（三）重视文化的同与异

世界文化丰富多彩,丰富多彩的文化之间既有同也有异。第二语言教学往往强调异而忽视同,因为文化差异容易产生交际障碍。汉语作为第二语言教育的历史,大多也在强调文化之异。过分强调差异,可能会使外国人觉得中国什么都跟他们不同,长此以往,可能会扩大中外的文化鸿沟。

共同生活在同一星球上的人类有很多共同或共通之处。在中国立志走向世界的当今,在讲文化差异的同时,也要重视讲"同"、讲"通",比如爱好和平、相互帮助、男女平等、公平正义等。古代儒家的进取精神,老庄的天人一体观念,墨家的"兼爱"思想,都与某些西方思想有共通之处。特别是《礼记·礼运篇》,主张"天下为公""选贤与能,讲信修睦""人不独亲其亲,不独子其子。使老有所终,壮有所用,幼有所长,矜寡孤独废疾者,皆有所养",这种"大同"理想,更体现了人类许多共同的追求,是人类思想史上的重要文化资源。

第二语言教育中处理好文化的异同关系,能够在更高层面达到"目的语补偿"。同时,这也是"讲好中国故事"的重要课题,是通过孔子学院平台让中华文化走出去的重要措施。

在讨论语言学习环境补偿时,人们关注较多的是第一种补偿,其实第二种、第三种补偿更为深刻,更为长远。这两种补偿所改进的不仅是教学方法,而是涉及汉语国际传播的战略,涉及中国走向世界的战略。

三、激发学习汉语的兴趣

兴趣是最为巨大、最为持久的学习动力。而在非目的语环境下学习汉语,兴趣极易衰减;激发学习兴趣并使之持久不衰,十分重要但也十分不易。

（一）把汉语教得有趣

汉语许多字和词语的背后都有一个有趣的故事。比如,"人、言"

为"信"，二人相"从"，三人成"众"，"小、土"作"尘"，水（氵）出眼（目）为"泪"等，都是教字理、教文化之有效方法。但是，也常见不按字理乱解汉字的，如"自大多点"就是"臭"的说法，便属此类。"臭"乃"嗅"之本字，上为"鼻"之省，狗的嗅觉最为灵敏，故会意成字；"臭"与骄傲自大不沾边。

有些成语典故也能讲得有趣，传播出文化正能量，如"同舟共济""完璧归赵""流水不腐，户枢不蠹"等。不过，讲成语典故也要注意文化差异，比如"守株待兔""刻舟求剑""掩耳盗铃"之类，可能在外国文化环境中显得愚笨；"凿壁偷光"本是鼓励人勤奋好学，但外国学生往往觉得奇怪，他们会认为，为了自己读书而凿穿邻家墙壁，太不道德了。

语言课容易讲得枯燥，汉字常常成为学习者的"拦路虎"。怎样把汉语讲得有趣，需平时勤奋积累，比如讲送气与不送气在汉语中有别义作用，就可举"肚子饱了"和"兔子跑了"的例子；讲"多少"的歧义，可用"夏天能穿多少穿多少，冬天能穿多少穿多少"的例子。当前的网络、短信、微信中，有所谓的"汉语托福"题，不少例子都可选用。

（二）讲究阳性教育

阳性教育就是使学习者有成就感。西方社会重视个体发展，对待考试成绩的态度也与我们有别。在我们看来，门门 90 分以上才能满意，而在西方人眼里，只要孩子有进步、有特长就值得称赞。他们的教育，培养出来的多是感觉良好的"成功者"；而我们的教育，常使学生感到"挫败"。在教育理念、教育态度、教育方式等方面，都要用阳性教育的眼光重新审视。

保持学习兴趣，使学生有成就感，与教育难度密切相关。理论上讲，教授知识的难度应在"N+1"的水平上。N 是学生现有的知识水平，N+1 是学生学习上的最新发展区，知识上的最新生长点，因而也是学习的兴趣点。

寻找 N+1，是教师的本事，其实也是人类的天性。父母与孩子的交谈称为"儿向言语"，儿向言语基本上都在孩子语言发展水平的 N+1 处。当孩子还不会说话时，父母总爱使用重叠词，如"爸爸、妈妈、糖糖、帽帽、鞋鞋"之类。这些重叠词，有些是成人语言中本来就有的，有些则是自造的。成人的称谓系统有许多重叠词，如"爸爸、妈妈、哥哥、姐姐、弟弟、妹妹、爷爷、奶奶"等，这其实就是儿童期"遗留"给成人的语言财富。成人向牙牙学语的孩子发问，最常用的格式是"名词+呢？"，比如"爸爸呢？妈妈呢？帽帽呢？糖糖呢？"。随着孩子语言的发展，儿向言语的水平（N）随之发展，始终与孩子的语言水平保持着"N+1"的距离。即使没有做过父母的成人，顷刻即可用"N+1"的水平与孩子交谈。儿童能够用五六年的短暂时间习得母语，与成人语言的步步引导有着重要关系。

但是，一进入教学状态，教师就似乎丢失了"天性"，教学的依据主要是语言学和文化学。这些知识结构当然有利于教学，但也可能产生误导，使教师忘记寻找，或是干扰寻找学生"N+1"的最新知识发展区。及时寻找学生的最新知识发展区，会使学生学有所得，保持着学习兴趣，这是一种更高水平的阳性教育。

（三）边学边用

学习语言的目的是使用语言，是"以言行事"。儿童学习语言的最大特点之一就是"边学边用"。而外语学习最常见的情况是"学成才用"，甚至学成了也不一定能派上多大用场。学好一门语言需要三年五载，甚至是十年八载，若无特定的学习动机、巨大的学习动力，实难坚持如此之长的时期而不中途辍学。中国是英语学习大国，但却是英语使用小国，学校之外几乎没有外语生活，除了升学晋职、出国留学和阅读一些专业文献之外，罕有用到外语的地方。学而无处用，浪费何其大！而中国香港、新加坡、印度等地的英语学习就不同，那里有英语使用环境，可以在学中用，学一点就能用一点。

汉语作为第二语言教育，能够做到"边学边用"至关重要。比如，学了 500 字，就能阅读一些中国时政要闻；学了 1000 字，就能阅读不少中国历史文化故事；学了 2500 字，就能参与一些与中国相关的事务等。这需要进行专门研究，需要有专门机构对中文原文献进行改写，需要有关方面通力协作。学多少就能用多少，是保持学习兴趣的最佳途径，也是语言教育效用的提前发挥。

（四）提升汉语的学习价值

语言的学习价值与学习动机、学习兴趣关系密切。外国学生的汉语学习动机千差万别：有理性的，有感性的；有文化的，有经济的；有学术的，有求奇的……这些动机，直接或间接地反映着汉语的学习价值。教室应注意了解学习汉语的动机，善于肯定其学习动机，并要不失时机地将学生的汉语学习动机向理性方向转化。

学习一种外语，时间成本、精力成本和经济成本都很大，人们为何要花如此之大的成本来学习汉语？清朝末年，乃至 1949 年前后，全世界已少有外国人学习汉语，可以说那时的汉语已没有太大的学习价值的体现。今天那么多人愿意学习汉语，是汉语具有了较高的学习价值。汉语的学习价值是怎么增减的？汉语当今有哪些学习价值？这需要我们进行调查分析，更需要以此为基础，全面扩大汉语学习价值，设法创造新的汉语学习价值。

任何语言都有价值，即便是今人已经不用的拉丁语，也有研究价值。语言有价值，就有人去学习，于是便产生了学习价值。只具有研究价值的语言，其学习价值是有限的，只有学者去学习它；而社会应用广泛的语言，才具有较大的学习价值。弱国之语言，尽管可能有悠久的文化历史，但学习价值并不大。国家强盛，其语言便具有了潜在学习价值，但要把潜在学习价值开发出来，成为显性的学习价值，则需要有全局性的谋划，需要有与之配套的有效举措。就汉语而言，扩大其学习价值的谋划与举措，还可以例举出许多，例如：争取汉语成为更多的国际组织、国际会议的工作语言；签署各种国际协议应要求有效的汉语文本；中国的出口商品要有汉字标示和汉语说明书；多用汉语招待外国记者；外国学生攻读中国学位，应逐渐要求用汉语撰写学位论文和进行答辩；要帮助学习汉语的外国学生寻找较好的就业和发展机会；等等。

不同年龄、不同国度的人，汉语学习动机可能有明显差异。一般来说，成人比较务实，更关心生活和就业；儿童则天真、单纯，中国文化的神秘、中国教师的漂亮，都会成为儿童学习汉语的动机。华裔群体，以及日本、韩国等受汉文化影响较大的国家，对汉语学习有着特殊的兴趣和热情。此外，在扩大汉语学习价值的过程中，舆论也很重要。随着中国的快速发展，不少年长者群体都感到，不学汉语，其后代可能会缺乏竞争力，所以汉语逐渐成为很多国家的主要外语之一。

四、结语

孔子学院的汉语教育，是在非目的语环境下进行的第二语言教育，教育难度较大，积累经验较少，理论准备不足。语言学习同其他科学门类的学习有很大不同，它对于目的语环境具有极强的依赖性。所以，提高孔子学院（孔子课堂）学习者的语言学习效率和水平，进行目的语的语境补偿、激发与保持学习者的学习兴趣，就显得异常重要。

语境补偿、兴趣激发，有微观层面的诸多技巧，但更要重视宏观层面的谋划，比如探讨阳性教育问题，实现汉语教育的"边学边用"问题，处理好中国文化与域外文化的异同问题，教育内容"两贴近"、进而促进汉语教育"本地化"问题，充分提升汉语的学习价值问题等。

当然，学习环境的补偿，还有更重要的一条，那就是鼓励外国学生来华进修或体验，了解真实的中国和真实的汉语生活。

参考文献

［1］毕继万. 跨文化交际与第二语言教学. 北京：北京语言大学出版社. 2009.

［2］崔希亮主编. 汉语教学：海内外的互动与互补. 北京：商务印书馆. 2007.

［3］戴曼纯、刘润清等. 国外语言规划的理论与实践研究. 北京：外语教学与研究出版社. 2012.

［4］菲利普森. 语言领域的帝国主义. 上海：上海外语教育出版社. 2000.

［5］郭熙. 华语研究录. 北京：商务印书馆. 2012.

［6］科琳·贝克. 双语与双语教育概论. 翁燕晰等译. 北京：中央民族大学出版社. 2008

[7] 李光耀. 我的一生的挑战——新加坡双语之路. 新加坡：海峡时报出版社. 2011.

[8] 李英姿. 美国语言政策研究. 天津：南开大学出版社. 2013.

[9] 李宇明. 毛泽东著作设问句研究. 中国语文. 1993（6）.

[10] 李宇明. 儿童语言的发展. 武汉：华中师范大学出版社. 1995.

[11] 刘珣. 对外汉语教育学引论. 北京：北京语言文化大学出版社. 2000.

[12] 鲁健骥. 对外汉语教学思考集. 北京：北京语言文化大学出版社. 1999.

[13] 鲁子问等. 外语政策研究. 北京：北京大学出版社. 2012.

[14] 罗伯特·卡普兰、小查理德·巴尔道夫. 太平洋地区的语言规划和语言教育规划. 梁道华译. 北京：外语教学与研究出版社. 2014.

[15] 迈克尔·拜拉姆. 从外语教育到跨文化公民教育. 韩慧等译. 北京：外文出版社. 2013.

[16] 尼占拉斯·奥斯特勒. 语言帝国——世界语言史. 章璐、梵非、蒋哲杰、王草倩译. 上海：上海人民出版社. 2011.

[17] 苏·莱特. 语言政策与语言规划. 陈新仁译. 北京：商务印书馆. 2012.

（原文载于《语言教学与研究》2014 年第 4 期）

11. 孔子学院汉语教学现状与教学前景

赵金铭

（北京语言大学）

孔子学院近十年来获得了长足的发展，已遍布世界各地，数量可观，规模宏大，成绩斐然，令世人瞩目。本文将探讨新形势下如何坚守开办孔子学院的宗旨，不断彰显汉语教学的特色，以保持孔子学院持续发展的势头。

据《孔子学院总部 2012 年年度报告》称："截至年底，已在 108 个国家建立 400 所孔子学院和 535 个孔子课堂，中外专兼职教师达 2 万多人。注册学员达 65.5 万人。"此外，"网络孔子学院实现 46 个语种上线，注册人数达 59.6 万，来自 124 个国家和地区。网络孔子学院全年访问量 9400 万次"。

世界各地学汉语的人数逐年增加，各地孔子学院的汉语教学活动日趋多样化，层次丰富，品类繁多，影响很大，已呈现出孔子学院的汉语教学特色。

一、孔子学院的汉语教学现状

孔子学院创建宗旨很明确，是一个"以教授汉语，传播中华文化，促进世界各国与中国的友好交流为基本内容的非营利性教育机构"。孔子学院首要的工作是组织各种形式的汉语教学，伴随着汉语学习，推进中国文化的介绍。在汉语教学上，目前孔子学院呈现出如下特点。

（一）孔子学院将汉语学习者推向低龄化

越来越多的少年儿童在孔子学院学习汉语，这促使很多国家在中学设置汉语课程，还有不少国家在小学甚至幼儿园就开设了汉语课程；美国还在 2500 所高中开设了 AP[①]中文课程，其学习成绩可作为大学外语学分。北京大学交换生安妮（Annie. D）是在高中零起点开始学习汉语，直到 AP 班，入大学后成为北京大学交换生。前美国"第一夫人"米歇尔·奥巴马访问北京大学进行演讲时，Annie. D 对她说："我学汉语，我来自美国。"米歇尔回答说："你将要改变这个世界。"由此可见汉语学习的影响。在世界各地还有很多周末学校、业余学校和暑期学校，吸收大量低龄汉语学习者。因此，了解儿童少年的成长心理，安排适合他们的课程、为他们编写特定的教材，留住学生，保持学习的连续性，并不断提升汉语教学水平，均值得专门研究。

（二）孔子学院汉语教学纳入外国国民教育体系

孔了学院的汉语教学，被相当一批国家纳入国民教育体系。从小学的汉语正规课程到中学的选修课程学分体系，一些学校所设立的汉语必修课程，以及大学的本科汉语教育，成为所在国政府支持的有保障的汉语教学活动，成为其国民教育体系的一部分。比如，2012 年，喀麦隆雅温得第二大学孔子学院培养的 14 位汉语专业本科生，均圆满毕业，这些学生被喀麦隆政府分配到雅温得、杜阿拉和马鲁瓦等 10 个地区的中小学从事汉语教学工作，并成为喀麦隆政府公务员，这标志着汉语正式纳入了喀麦隆国民教育体系；意大利罗马智慧大学孔子学院在罗马住读学校设立孔子课堂，在全意大利率先开设中意双语班，使汉语教学进入意大利高中教育体系。（张晓慧、龚倩，2013）

（三）孔子学院已成为当地汉语教学的孵化器

一些国家的汉语教学已形成以孔子学院为孵化器的汉语教学辐射网，星罗棋布的汉语教学点、汉语教学课堂和覆盖小学、中学、

---

①AP 即为 Advanced Placement Chinese Language and Culture Course and Examination 编写，译为汉语与文化课程及考试项目。

大学和社会办学机构的各类汉语班次或课程，已经形成一个具有一定覆盖面的汉语教学网。巴基斯坦韦伯斯特大学孔子学院立足于为圣路易斯地区的汉语教学服务，多次举办本土汉语教师培训，每次培训教师 30～50 人，基本满足了该地区汉语教学的需要。经培训的教师中，有部分人具有教育学和二语习得等专业学位，具有一定的理论素养，成为汉语教学骨干（葛立胜，2013）。澳大利亚昆士兰科技大学孔子学院的辐射作用或孵化作用就更为明显。该院在昆士兰州内 4 个城市开设了 5 所下设孔子课堂，培训了一大批本土汉语教师，使得汉语教学在昆士兰州内形成了大范围的辐射性网络（张晓慧、龚倩，2013）。

（四）孔子学院的汉语教学已形成一定的规模

面向社会的非学历的、开放式的汉语教学已形成规模，满足了不同社会群体的多样化的汉语学习需求。以此为导向，开设不同层次的汉语授课班，为特殊汉语学习目的而专门开设的汉语教学，丰富多彩，多种多样，其中尤其注重汉语基础阶段的学习和汉语口语的训练。例如，荷兰海牙孔子学院根据荷兰家庭领养中国儿童较为普遍的情况，为已领养到中国儿童的荷兰父母及被领养的儿童开设了汉语和中国文化课程，促进领养家长与被领养儿童之间的沟通与交流（荷兰海牙孔子学院，2007）。又如，澳大利亚西澳大学孔子学院联合当地商会，面向当地石油、天然气企业和矿业公司开办汉语培训班，并为公司高管举办经贸讲座，加深了其对中国的了解（徐丽华，2008）。

（五）孔子学院将汉语作为应用型语言

孔子学院的汉语教学，大大地推动了汉语成为应用型的语言。当今世界众多汉语学习者的学习目的虽说多种多样，归根到底，是把汉语作为沟通与交际的工具，为的是了解当今的中国，或是出于职业的考量，以便未来适应自己工作的需要。由此看来，汉语已从过去学院式的研究语言，逐渐变为一种具有应用价值的语言，这是一个了不起的飞跃。其重要标志就是汉语在商务领域中的应用。商务汉语孔子学院的应运而生，正是适应了这种需求。英国伦敦商务孔子学院于 2006 年 10 月 25 日揭牌，是全球第一所商务孔子学院。

此后陆续建立的有：丹麦哥本哈根商务孔子学院、希腊雅典商务孔子学院、美国纽约州立大学商务孔子学院、斯洛文尼亚卢布尔雅那大学商务孔子学院。这些商务孔子学院的汉语教学都是将汉语用于商务活动之中，首先是汉语教学，在汉语教学的语言内容上体现商务特点。以伦敦商务孔子学院为例，设置了三类商务汉语培训课程：

A. 为公司总裁提供量身定做的汉语培训；

B. 为高级经理提供在公司内部的汉语培训；

C. 为伦敦政治经济学院的师生提供的初级、中级、高级商务汉语课程（刘佳平、叶蓉，2012）。

汉语虽为联合国规定的六种工作语言之一，但在联合国内一部并未能真正地应用。汉语在世界贸易中崭露头角，被用作商务谈判的语言，这扩大了汉语的应用价值。此外，还有一些特色型孔子学院，如以中医、戏曲、武术等为主的孔子学院，也在发展之中。汉语走向应用，是汉语走向世界的重要标志之一。

（六）孔子学院汉语教学与华文教学融为一体

经过多年的磨合，孔子学院的汉语教学与华人、华侨的华文教学融为一体，互为补充。华人、华侨及其子弟汉语学习者占有相当大的比重。在全世界几千万的汉语学习者中，华人、华侨汉语学习者竟占 70%（贾益民，2007）。遍布世界各地的华文学校，与孔子学院相辅相成，共同推动汉语更快地走向世界。华人、华侨汉语学习者是一个特殊的学习者群体，他们具有自己特殊的语言文化背景，有着深远的中华文化渊源，处于一个复杂的社会文化环境之中，中国传统的教学理念深深地影响着他们，华文教学是国际汉语第二语言教育的重要组成部分，应予以足够的重视。孔子学院与华文学校的学习者多有交叉，互为往来，在汉语教学上形成互补，发挥着各自的特长，共同推动汉语和中国文化的传播。

综上所述，汉语教育的蓬勃发展，汉语教学的大力推进，是随中国的和平发展应运而生的。如此大规模的语言与文化教学在世界范围内推进是史无前例的，这一推进影响深远，赞誉如潮。同时，我们也清醒地看到，汉语教育的发展在引起世人的慨叹与欣羡的同时，也在引起了一些人的不安情绪。

《参考消息》曾援引新加坡报刊文章《中国软实力传播应"民间化"》，文章说："外电曾报道，中国政府资助的中文教育项目在美国南加州一些地区遭抵制。清华大学新闻与传播学院副院长史安斌认为，孔子学院遭到部分人抵制和指责，原因就在于孔子学院背后浓厚的'官方色彩'和鲜明的'政府行为'，不符合一些国家的受众习惯。在史安斌看来，孔子学院的'去官方化'和'民间化'，是中国在对外传播文化软实力的过程中下一步努力的方向。"（2011）

中国的孔子学院是借鉴世界各国向世界推广民族语言的经验、依据中国的具体实际、适应改革开放的需求所设立的教授汉语和中国文化的公益机构。起名孔子学院，正是秉承孔子"和为贵""和而不同"的理念，推动中外文化的交流与融合，加快汉语走向世界，让世界了解中国，共同构建一个和谐的世界。汉语教学工作者有责任、有义务用我们的实际行动解除他人的顾虑，诚心实意地搞好汉语教学，让更多的人学习汉语、学会汉语，这是我们的根本宗旨。

二、孔子学院的汉语教学前景

在孔子学院汉语教学中，我们应用优质的汉语教学来赢得学生，用中国传统文化和当代文化相结合的魅力吸引学生，用灵活多样的汉语教学安排来吸引学生，并留住学生。汉语教学要满足各种不同需要的学习者，让有志于学习汉语、了解中国文化的人，都能在孔子学院获得汉语成就感。为此，应结合当地实际，合理安排教学，让更多愿意学习汉语的人进入孔子学院，让已学过汉语的不同水平的人在孔子学院得到提升。在教材内容方面要采取多元文化态度，在介绍自家文化的同时，尊重所在国文化，用受众可以接受的话语体系，讲述中国故事。在语言教学的同时，注重汉语书写系统的特殊性，采用正确的汉字教学方法，消除对汉字的误解，破解汉字学习的瓶颈，依据实际情况组织汉字教学，用汉字教学促进汉语教学。

（一）提升孔子学院的汉语教学水平

孔子学院的汉语教学，是一种非学历的教学活动，具有短期、速成、强化的特点，但却显现出不同的层次。因此，如何使这种汉语教学既具有短期、速成的实用性，又可留住学生，使其持续学习，有进一步提升汉语水平的机会。也就是说，如何将短期学习与长期、系统学习相结合，将普及性的初级汉语教学与中、高级汉语教学相结合，使孔子学院的汉语教学具有科学的连贯性，这是一个值得探讨的问题。

在结合当地实际、灵活安排教学方面，波兰克拉科夫孔子学院的办学模式可供参考。该院汉语培训分为三个层次：一级班，招收零起点汉语学习者；二级班，招收在孔子学院学习过一学期，掌握了最基本日常用语的学生；三级班，招收在孔子学院学过两个学期，或在大学里学过半年以上，词汇量相对丰富，对基本语法结构有所了解的学生。

这种安排满足了学生继续学习汉语的愿望。据后续调查结果显示：第一学期一级班、二级班的学员中有 70%续报名参加了第二学期的学习，成为第二学期二级班、三级班的成员。而这部分老学员占第二学期二级班、三级班学院总数的 83%（包涵，2009）。

加拿大魁北克孔子学院面向社会提供了系统的汉语课程，这使学生的学习保持了一种连续性，其中针对说英语的学习者开设了 15个班，包括：

初级班 8 个：1A 1B/2A 2B/3A 3B/4A 4B；

中级班 4 个：1A 1B/2A 2B；

高级班 3 个：1/2/3。

以上 15 个班次是针对不同汉语水平的学习者而开设的，每个班的总课时为 30 学时，共 10 次课，每次 3 学时。如果一个学生从零起点开始学习汉语，坚持学习，那么，当其学完中级班 2B 时，就能达到相当于学完 360 学时的汉语水平，这已大致相当于在中国国内学完基础阶段的汉语，已达到一定的汉语水平，可以进入更高一级的学习（曹荣、吴丽军，2012）。

德国杜塞尔多夫孔子学院又是一种情况，该院的大部分学员只能利用晚上的时间学习汉语，该院的学期设置与一般大学不同，分为春季、秋季、冬季和夏季四个学期。春、秋、冬季每学期教学时间为两个半月，每周授课一次，每次 2 学时，共授课 10～12 学时，一学期总课时量为 20～24 课时。这种安排是因有效教学时间较少，要选择合适的教材容量，调整教学内容，在难易度上循序渐进，使学习者在有限的学习时间内，真正学到东西，避免"消化不良"。教学过程保持温故知新，不断提升学员的汉语学习水平（李明，2012）。

上述汉语教学安排皆为普及性和大众化的汉语教学。除此之外，还有希望获得更高水平汉语教育的学习者，要满足其学习需要，孔子学院的汉语教学就应进一步向纵深发展，孔子学院正朝这个方向努力。

众所周知，汉语作为第二语言/外语教学在教学法方面，深受听说法的影响，加之汉语本身的特点，历来注重听说，读写就成为汉语学习者语言技能中的短板。不少汉语学习者止于初级汉语学习，往往口语尚好，读写就弱。但孔子学院接触到不少学习者，他们不满足于现有水平，希望提升汉语语言能力，特别是读与写的能力。

些人或想进入跨国公司工作，或想在政府部门任职，故希望获得更高水平的汉语教育，特别是提升阅读写作能力，以便使其具有翻译能力和获取信息的本领，因此加强高级汉语教学就成为当务之急。

可喜的是，孔子学院总部颁布了"新汉学计划"，旨在培养高级汉学人才。对汉语教学来说，就是不仅教授普通汉语，也要教授应用汉语，更要教授作为学术和科学语言的汉语。也就是说，为了培养高级汉语人才，应该将汉语作为研究型语言和学术型语言来教授。所谓达到高级汉语教学水平，就是教会学习者以受过高等教育的身份，在正式的场合，在高层次社会环境中，在学术和业务交往中，能用得体汉语与人进行口语或书面语的沟通和交际。据报道，美国哥伦比亚大学和斯坦福大学将要建立以研究为重点的孔子学院，研讨如何提升高级汉语教学，这值得赞赏（王建勤，2013）。

（二）教材内容的文化多元与教学法的针对性

世界各地孔子学院使用的汉语教材虽多种多样，但大多采用的是国内编写的供来华留学生使用的教材，不过稍加改变，以适应当地的教学而已。只有很少一部分是根据当地实际情况编写的教材。总的来说，还不能满足各年龄段、各社会阶层的各种类型学习者不同的需求，尤其是还不能照顾到本土的教育传统和学习习惯，特别是在文化内容上显现的跨文化隔阂，在一定程度上影响了学习者的学习积极性。

在欧洲从事汉语教学的德国汉语教师顾安达说出了德国学生对教材内容的诉求："学生经常抱怨课文内容显得有些幼稚或肤浅，说明教材内容不太适合欧洲已完成高中学业的学生。比如，不必告诉学生中国人是用筷子吃饭的，北京是中国的首都，中国是人口最多的国家等。西方人在中国日常生活中经常听到的，而且应该学会的一些句子，教材中很少见到，如'中国菜吃得惯吗?''你是来中国留学的吗?'等等。又如怎样回答中国人提出的一些问题，怎样通过一些话题开始聊天，并能有礼貌地结束这种聊天等等，在教材里很少提到。"（顾安达，2009）

本着孔子学院的办学宗旨，汉语教材应该既讲中国，也讲世界。汉语教材不仅传授中国知识或世界知识，更将中国人如何看世界，以及世界人们眼中的中国告诉学习者。汉语教材的内容应该真实、有趣、合情合理，是学习者在现实生活中最有用的。如果能结合学习者自身的生活经验会更好。教材要少讲古代中国的故事，多讲当代中国人的精神风貌，多介绍当代中国人是怎样生活的，他们在想些什么，做些什么，而这些既是我们要介绍给外国人的，也是学习者很想知道的。"孟母三迁""阿Q正传"可以讲，但高铁、三峡大坝、中国的医保、独生子女教育、青年人就业等，更是学习者想要了解的。

教材中有些中国习俗，如果进入课文，就要照顾到当地的风俗。比如讲中国节庆宴会，频频干杯，这在禁酒的伊斯兰国家就很不相宜。汉语教材《说汉语》第22课"我属猴"，其中涉及十二生肖，而谈论属猪在伊斯兰国家是忌讳的。在讲季节时，一般会说中国有四季春夏秋冬，还要照顾到有的国家只有两季：旱季和雨季。所以，教材选材时，应视野宽阔，并有所顾忌。

有的教材的课文是"让我们去游泳"。蓝天大海，人们手挽着手，奔向大海，本无问题，但是插图是女孩儿穿着比基尼，这在一些国家是犯忌的。据《环球时报》报道："伊朗媒体为阿什顿'提高'衣领。"说的是，欧盟外交事务与安全政策高级代表阿什顿在土耳其参加伊朗核问题会谈的照片，被伊朗媒体在衣领部分做了"提高"处理。媒体认为阿什顿的衣服过于暴露，不符合伊朗人的品位，故将其衣领提高了些（2011）。

一些涉及个人隐私的话题更要谨慎处之。例如，教材中有购物一课，讲到衣服的大、中、小号，老师在课堂上练习时，曾问同学："你穿多大号的衬衫?"一位英国女同学拒绝回答。可见，教材的跨文化交际问题应引起我们的重视。

至于孔子学院的汉语教学方法，要努力探索海外汉语教学规律，充分考虑到汉语和汉字的特点，探索符合当地教学实际与学习特点的教法，要研究与国际第二语言教学潮流相同步的、适应各种学习群体和各种学习需求的丰富多彩的海外汉语教学模式。教学模式、教学方法不求整齐划一，不追求最佳教法，但一定要符合所在国的国情，灵活多样，发展适合当地学习者群体的汉语教学模式。同时，借鉴世界第二语言教学已有的成功经验，采用各种有效地教学方法为己所用，形成具有孔子学院特色的汉语作为第二语言教学法。

从汉语教学角度来看，孔子学院应大大提高学习者学习汉语的兴趣，要能吸引学习者，并留住学习者。因此，必须改变以往在国内对外汉语教学中所存在的教学手段落后、模式单一、情景缺乏的状况，采用以学习者为中心的互动式教学，汉语教师要善于用当地学习者乐于接受、容易接受的方式来教授汉语，以鲜活、生动的教学形式，学习者感兴趣的学习内容，大幅度提升孔子学院和孔子课堂的教学质量。我们的终极目的是：用较短的时间、较为轻松的方式使更多的海外学习者学习汉语、学会汉语。

（三）注重汉字教学，破解"汉字难学"瓶颈

在孔子学院的汉语教学中，必须认识到，汉字教学是汉语作为第二语言教学不同于其他语言作为第二语言教学最大的区别之一。汉字和汉语的关系与其他西方语言和文字的关系截然不同。汉语和汉字对西方人来说十分陌生，跟他们接触过的其他外语截然不同。德国汉语教师顾安达（2009）认为："欧洲的外语教学普遍认为，外语的文字系统可不必纳入既定的教学内容，或者讲授某种语言的文字几天之内即可完成。这种看法是基于欧洲所有语言使用的都是字母或表音文字，像汉语这样的表意兼表音的文字没有被考虑到。"对

于西方人来说，汉语才是真正的外语，而其中最复杂、最困难的就是汉字。要突破汉字教学的瓶颈，首先应对汉字有正确的认识。建立科学的汉字观，即汉字是一个科学完整的系统。

一个人初学汉语的时候，习得关键是汉语输入，这个时候先不要输入汉字，可以集中精力获得相当好的语言能力，在掌握了初步的汉语交际能力后，再引进汉字教学。这就是我们所说的"先语后文"的教学模式。学会汉语口语并不难，教会学习者认汉字、写汉字却不容易。我们认为，应把汉字教学和认知理论有机结合起来，寻求科学有效的方法，突破汉字教学与学习的瓶颈。

一是要根据学习者的需求教授汉字。根据不同的学习目的，长短不一的有效学习时间，以及所处的学习环境，灵活安排学习内容，灵活处理汉字教学。汉字教学要先认后写，先描红，再写字，并且多认少写，变"汉字难学"为容易学。学习者在最初阶段主要是依靠汉语口语的技能来帮助汉字的识别。虽说不应一开始就学汉字，但汉字的导入也不应太晚，至少应在语音阶段之后，或在第一学期间导入汉字，较为合适。

二是要整体教授汉字，不要将汉字打散。依据"学习者对于笔画不同、繁简不同的汉字辨识速度是没有区别的"这一理论，应该整体识字（刘乐宁，2013）。所谓的汉字部件教学，应该在掌握了一定量的汉字之后，才可辨识不同的部件和部首。

三是坚持教授简体字，如有特殊需要可认识繁体字。台湾地区一些人将繁体字叫作正体字，这是错误的。有正体，似乎还有非正体，混淆了视听。在美国从事多年汉语教学的周质平（2009、2013）说："台湾人造出一个很奇怪的概念，所谓繁体字是正体字。很多从事对外汉语教学的教师都有意无意地让美国学生感到繁体字是比较高深的一个书写方式，而简体字是某种程度的次等汉字。这个观念得改过来，这个观念是洋人的看法。"

四是要正确对待汉字文化。在汉字教学过程中，要依照汉字造字原理科学地讲解汉字，如：信，人言为信；武，止戈为武；美，羊大为美；莫（暮），日落草中；寒，甲骨文上面是房屋，最下面是冰，中间是草，草中间是人，意思是天冷了，结冰了，人躲进房屋里，在草中取暖。教师不能随心所欲地任意解释汉字，否则将破坏汉字结构，违背造字初衷。下面一些解释都是错误的，如：一百个人住在一间屋子里为"宿"；一滴眼泪从两眼中流出是"哭"；"笑"是一张高兴的脸；"人"像人两腿站立；"大"是人把两臂伸展开。

五是依据汉字的特点，在初级汉语阶段重新设计教材，可设计为"听说汉语读本"和"读写汉语课本"。"听说汉语读本"从汉语拼音出发，注重理解与表达，多实况录音与影像、话题训练、角色扮演；"读写汉语课本"从汉字的认、描、写出发，注重短语训练，讲究诵读，有大量的泛读。

六是爱护汉字学习的积极性，杜绝将汉字庸俗化的倾向。有些外国人喜欢将汉字作为纹身，或写在名片上，如足球明星贝克汉姆在身上纹上"生死有命，富贵在天"，这也还算说得过去。一些球星身上的汉字，莫名其妙。例如，网队打前锋的肖扬·马丁左臂上纹的是"患得患失"，步行者队小奥尔尼左臂纹的是"棺材佬"。有人在伊朗的超市里，为冒充中国产品，在商品上标着不知所云的汉字"府水夕火会"（周质平，2013）。更有甚者，在西班牙将人名用不雅汉字译出，如在一份会议通知中老师的名字叫"Yolanda"，这是一个极普通的西班牙女性名字，一般中文译法应为"悠兰达"，但在中文通知上却翻译为"要烂的"。"Joaquin"是个常见的男名，应译为"霍金"，有人却将其译为"坏精"。这种糟蹋汉字的现象，在孔子学院中应予以批评（王方，2011）。

我们也应该看到不少汉语学习者，喜欢汉字，对汉字有极大的兴趣，这甚至成为其学习汉语的动力。比如，在欧美"对汉字的好奇心和希望自己能够'看懂'汉字的欲望，是相当一部分学生选修汉语的动机，也是他们学好这门课最宝贵的可利用资源"（江岚，2008）。捷克帕拉茨基大学孔子学院吴大伟（2008）博士（捷克人）告诉我们，在捷克，对汉字书法感兴趣的人比对汉语本身感兴趣的人还要多。他们希望口语教材用汉语拼音，而汉字教材用捷克文编写，以便学好汉字，用汉字阅读和写作。我们认为，孔子学院应因势利导，爱护这种汉字学习积极性，扩大汉字教学影响，总体提升汉语教学水平。

参考文献

［1］包涵. 波兰克拉科夫孔子学院的办学模式与发展前瞻. 国际汉语教育. 2009（2）.

［2］曹嵘、吴丽君. 加拿大汉语教学及汉语推广考察分析——以加拿大魁北克为例. 国际汉语教育. 2012（2）.

［3］传伊朗媒体为阿什顿"提高"衣领. 环球时报. 2011-01-27.

［4］葛立胜. 让更多外国人来教汉语. 北京语言大学报（校内发行）. 2013-12-15.

［5］顾安达. 德国大学、中学汉语教材使用现状与需求. 国际汉语教育. 2009（3）.

［6］汉字出国，遭遇糊涂的爱. 世界新闻报. 2009-01-04.

［7］荷兰海牙孔子学院. 第二届孔子学院大会交流材料（欧洲卷）. 北京：2007.

［8］贾益民. 海外华文教育的若干问题. 语言文字应用. 2007（3）：23-26.

［9］江岚. 美国高校汉语入门教学问题. 中国华文教育网. http: www.hwjyw.com. 2008-10-08.

［10］李明. 试论汉语教材的针对性调整——以孔子学院教学为例. 国际汉语教育. 2012（2）.

［11］刘佳平、叶蓉. 商务孔子学院初探. 国际汉语教育. 2012（2）.

［12］刘乐宁. 美国汉语教学新模式和新趋势. 世界汉语教学学会通讯. 2013（4）.

［13］美众议院通过议案纪念孔子诞辰. 环球时报. 2009-10-30.

［14］王方. 西班牙人中文译名笑话多：公司高管叫"好色". 环球时报. 2011-03-31.

［15］王建勤. 美国第二语言习得理论研究现状与趋势. 世界汉语教学学会通讯. 2013（4）.

［16］吴大伟. 捷克帕拉茨基大学的汉语教学情况及其历史. 中欧四国孔子学院汉语教学研讨会论文. 波兰克拉科夫. 2008.

［17］徐丽华. 孔子学院的发展现状、问题及趋势. 浙江师范大学学报（社会科学版）. 2008（5）：25-31.

［18］张晓慧、龚婧. 孔子学院特色发展的解读与例证. 国际汉语教育. 2013（1）.

［19］中国软实力传播应"民间化". 参考消息. 2011-02-07.

［20］周质平. 美国汉语教学新模式和新趋势. 世界汉语教学学会通讯. 2013（4）.

（原文载于《华南师范大学学报》（社会科学版）2014 年第 5 期）

12. 孔子学院评估指标体系研究[*]

吴应辉

（中央民族大学）

在 2010 年 12 月召开的第五届孔子学院大会上，孔子学院的标准与评估成为大会讨论的热点问题之一。然而，孔子学院评估问题的研究还十分薄弱，仅见孔子学院总部推出的《孔子学院自我评估办法》（以下简称"自评办法"）和一篇相关论文。自评办法很像一个调查表，通过"自评办法"里的内容，可以了解国外孔子学院办学的大概情况，但没有设定分值体系，很难达到"评估"效果。有学者对孔子学院评估目标与实施主体、评估内容与实施程序、评估模式与实现途径等问题进行了探讨，但至今尚未见到一份可以付诸实施的孔子学院评估指标体系（宛新政，2008）。本文探讨孔子学院评估指标体系的相关问题，试图建立一套可以直接应用于孔子学院评估实践的指标体系。

一、建立孔子学院评估指标体系的理论基础、指导思想和基本原则

项目评估的主要内容是绩效评估，而绩效评估的主要方法有 360 度考核法、关键绩效指标（Key Performance Indicators，KPI）考核法等。360 度考核法，亦称全方位考核法，是指从与被考核对

*本研究获 2009 "新世纪优秀人才支持计划"（教技函［2010］14 号）和中央高校基本科研业务费专项资金（项目编号：0910KYXJ0110）资助。

象存在工作关系的各方主体获取被考核者信息，并据此对被考核对象进行全方位、多维度的绩效考核的过程。360 度考核法不太适合孔子学院的评估考核，因为孔子学院分布于世界各地，要进行全方位考核，获取数据难度较大。关键绩效指标考核法是指把最能反映影响考核对象发展的关键驱动因素用于考评指标体系后对考核对象进行考核的方法。所谓关键绩效指标是指衡量孔子学院战略实施效果的关键指标。通过关键绩效指标的考核，可以考察孔子学院的业务重点，传递孔子学院的价值导向，促进各孔子学院绩效的提升，使孔子学院实现长期可持续发展。与 360 度考核法相比，用关键绩效考核法对孔子学院办学状况进行评估较为合适，因为孔子学院在世界各地呈现出非常明显的多样化特征，我们只能抓住一些关键驱动因素用于评估指标体系并对其进行评估。此外，对孔子学院个体的评估目的不仅仅是对过去工作的检查，更重要的是引导孔子学院走可持续发展之路，因而，在孔子学院评估指标体系的建立中，应充分注意选取那些具有可持续发展战略导向性的关键绩效评估要素（方振邦，2007：66-67；孙宗虎、李艳，2007）。

孔子学院评估指标体系的建立必须有明确的指导思想和评估目的。该评估的指导思想是，通过评估进一步加强孔子学院总部对国外孔子学院的宏观管理和指导，促使合作各方重视和支持孔子学院建设工作，促进国外孔子学院自觉根据孔子学院章程，结合当地情况，努力改善办学条件，提高教学质量，扩大办学规模，促进汉语和中国文化教学，实现孔子学院的长期可持续发展，增进中国与世界各国的教育文化交流与合作。孔子学院评估的目的，是引导孔子学院不断改善办学状况，而非简单的办学状况评判。通过评估，要努力实现"以评促建，不断改善"。因此，评估指标体系的建立必须坚持以下原则。

（1）依章评估原则

孔子学院评估应遵循《孔子学院章程》规定的主要原则，指标体系应以《孔子学院章程》为依据，要充分体现《孔子学院章程》的各项要求。

（2）导向性原则

评估指标体系应具有鲜明的导向性，充分体现孔子学院总部的办学理念和政策导向，应该引导孔子学院集中力量以开展汉语教学和汉语传播相关工作为主，同时积极推介中国文化。

（3）科学性与系统性原则

评估指标体系应力求科学、系统，各项指标之间权重合理并能充分体现孔子学院的办学规律。同时，应全面反映孔子学院的基本办学条件、教学管理、教学质量、办学规模和经营状况。

（4）非营利性与可持续发展兼顾原则

孔子学院是非营利组织，但非营利机构并不等于非经营机构。在经济学和法学文献中，非营利机构概念的核心是不分配约束原则，即非营利机构不能给它的任何控制人分配利润。但是，非营利机构也需要经营并通过经营来收回成本并争取盈余，只不过其盈余不能作为盈利分配到个人罢了（吴应辉，2009）。因此，孔子学院虽为非营利机构，但一定要经营好。此外，汉语国际传播是一项长远的事业，不能急功近利，必须把长期可持续发展能力作为评估的重要方面。因此，评估指标体系应充分反映孔子学院的可持续办学能力。

（5）定量为主原则

评估应定性与定量相结合，但为了客观反映各孔子学院的办学状况，要尽可能用事实说话，用数据说明问题，所以，评估指标体系的制定要充分体现定量为主的原则。

（6）激励性原则

评估指标体系既要客观反映孔子学院办学的全面情况，同时还要注意对孔子学院可持续发展具有重要影响的因素给予较大倾斜，以鼓励各孔子学院积极拓宽筹资渠道，扩大办学规模，提高教学质量，提升辐射影响力。

（7）共性与个性兼顾原则

评估指标体系应涵盖全球孔子学院的共性特点，但由于国情文化的巨大差异性，世界各地孔子学院往往呈现出鲜明的个性特征，因此，评估指标体系要同时兼顾共性和个性问题，对符合孔子学院办学宗旨而又具有独特个性的孔子学院办学项目设立开放指标，给予加分。

（8）简明可操作原则

评估指标体系要充分考虑孔子学院提交材料是否方便，同时便于定量计分，不宜太细太繁，要充分体现简明和可操作原则。

（9）重点突出原则

孔子学院工作纷繁复杂，评估不可能面面俱到，必须抓住主线，突出重点，把握关键。

（10）相对比较原则

评估指标体系不设及格线，不定各等次的具体标准，评估结论根据相对比较情况而定。通过横向比较，达到相互学习、相互激励、共同进步的目的。

二、孔子学院评估指标体系的主要内容

孔子学院评估的指标体系应涵盖孔子学院办学的主要方面，主要遵循关键绩效指标确立的 SMART 原则，即，明确具体（Specific）、可衡量（Measurable）、导向性（Action-oriented）、切实可行（Realistic）和时间资源限制（Time and resource constrained）。明确具体是指绩效目标要针对具体的工作目标，要明细化、具体化；可衡量是指指标可量化，相关数据信息可获取；导向性是指绩效目标应该具有行为导向性；切实可行是指指标所反映的绩效目标是切实可行、通过努力可以实现的；时间资源限制是指绩效目标应该是受时间和资源限制的，绩效指标中要设定时限，要考虑资源消耗，在一定的时间段内考察绩效。基于以上基本原则，确立以下指标体系。整个指标体系共包括 10 个一级指标、52 个二级指标（见下表）。

孔子学院评估指标体系表

一级指标	二级指标		指标描述	分值及评分标准	得分
一、办学指导思想	1.1	学院定位	办学层次、生源、范围、特色、规模等	学院定位恰当2分	
	1.2	办学思路	质量意识、品牌策略、营销策略、规划计划、年度总结	办学思路清楚，符合实际2分	
	1.3	汉语推广思路	教材、教师、教学法、教育技术、影响区域	汉语推广思路针对性强2分	
	1.4	中国文化传播思路	此指标为开放性指标，不做限制	有符合实际的思路2分	

一级指标	二级指标		指标描述	分值及评分标准	得分
二、和谐程度	2.1	增进校际交流情况	师生交流、教学科研合作、管理人员友好往来	每个实质性交流项目1分	
	2.2	孔子学院中外双方和谐程度	职责划分、决策机制、友好和谐程度	关系友好和谐1分	
	2.3	学院领导与师生和谐度	领导与教师，领导、教师与学生关系	关系友好和谐1分	
三、管理机制	3.1	理事会活动情况	理事会是否定期开会讨论学院发展重要问题	召开一次会1分	
	3.2	制度建设	学院管理制度是否健全	很健全5分，没有建设0分	
	3.3	财务管理	收支管理、审批制度	很规范5分	
四、办学条件	4.1	办学场所	教室、办公室、图书室	优2分，良1分，差0.5分以下	
	4.2	设施情况	多媒体设施、办公现代化程度	优1分，良0.5分	
	4.3	教师队伍	数量、综合素质	优2分，良1分，差0.5分以下	
	4.4	管理队伍	数量、综合素质、能熟练使用所在国语言或通用外语	优2分，良1分，差0.5分以下	
五、影响力	5.1	媒体报道情况	报纸、电视、广播、网络	每正面报道1次得1分，负面报道情况属实1次扣1分	
	5.2	对社区及其他地区影响	在社区的知名度、影响范围	有明显影响得1分	
	5.3	校内地位及影响	列入所在学校组织机构、网站	列入组织机构得1分，入学校校园网得1分	
	5.4	网站建设	中文、所在国家语言网站	一个语种网页得1分	

续表

一级指标	二级指标		指标描述	分值及评分标准	得分
六、汉语教学情况	6.1	学生人数（折合成"标准学年人"，简称"学年人"）	标准学年人＝（学习人数×学习天数）÷160天，相当于1人学习8个月，即20天/月×8个月＝160天。每4小时教学折算为1天。	每1学年人1分，上不封顶	
	6.2	培训本土汉语教师人数（标准学年人）	标准学年人＝（学习人数×学习天数）÷160天，相当于1人学习8个月，每4小时教学折算为1天。	每1学年人3分，上不封顶	
	6.3	汉语考试	考试种类、参加考试总人次	每100人次得1分	
	6.4	教育技术应用情况	使用多媒体课件、音像资料、网络资源、广播电视等	普遍使用2分，部分使用1分，不使用0分	
	6.5	教学法创新情况	教学方法、教学模式	每项创新1分	
	6.6	本土化教学资源开发情况	教材、教辅资料	每册5分	
	6.7	向其他汉语教学机构提供教学资源情况	资料共享、师资支持等	每支持1个教学机构3分	
	6.8	教学质量学生评价结果	学生对教学质量问卷的无记名反馈	优秀9～10分，良好7～8分，一般6分，不满意扣1～5分	
	6.9	教学质量专家评价结果	专家以听课、访谈、问卷等多种形式主动调查了解教学质量	优秀9～10分，良好7～8分，一般6分，不满意扣1～5分	
	6.10	单位时间内教学效率专家评价	专家对单位时间内学生汉语学习成绩及其反映出的教学效率做出评价	优秀9～10分，良好7～8分，一般6分，不满意扣1～5分	
七、主办文化推介活动情况	7.1	校内中国文化推介活动情况	30人以上	每次1分，上不封顶	
	7.2	面向社区中国文化推介活动	30人以上	每次2分，上不封顶	
	7.3	面向县/市中国文化推介活动	30人以上	每次3分，上不封顶	
	7.4	面向全州/省的中国文化推介活动情况	50人以上	每次4分，上不封顶	
	7.5	面向全国的中国文化推介活动	50人以上	每次5分，上不封顶	
	7.6	跨国文化学术活动	50人以上	每次6分，上不封顶	

续表

一级指标	二级指标		指标描述	分值及评分标准	得分
八、运营状况	8.1	办学收入情况	学费、报名费	每10万元加2分,上不封顶	
	8.2	总部项目经费	各种专项经费	每10万元加1分	
	8.3	总部投入人员经费	院长、专任教师、其他管理人员薪酬、补贴、国际差旅费等人员经费	此项不加分	
	8.4	外方学校投入经费情况	以货币形式进入学院收入账的经费	每10万元加1分	
	8.5	争取捐赠、赞助情况	活动赞助、机构或个人捐款	每1万元加1分,上不封顶	
	8.6	学院总收入	各项收入总和	每50万元加2分,上不封顶,不足50万元的不计分	
	8.7	学院盈亏状况		每盈余1万元加2分,上不封顶	
九、获奖情况	9.1	优秀孔子学院	孔子学院总部评出	加5分	
	9.2	优秀孔子学院院长		加5分	
	9.3	孔子学院优秀教师		加5分	
	9.4	其他重要奖励		每项加1分	
	9.5	其他重要业绩		酌情每项加1分,上不封顶	
十、负面影响	10.1	学院被总部通报批评		扣5分	
	10.2	院长或教师被总部通报批评		扣5分	
	10.3	财务管理不规范		视情节轻重,扣1～20分	
	10.4	由于工作失误卷入法律纠纷		每个案子扣10分	
	10.5	资金资产损失		每万元扣2分	
	10.6	损害孔子学院声誉		视情节轻重,扣1～20分	

　　上述 10 个一级指标基本覆盖了孔子学院发展的各个主要方面，52 个二级指标则覆盖了孔子学院日常管理和办学的基本活动，成为考评指标体系中的基本支撑点。在对 52 个二级指标进行量化打分的基础上求和，即可得出被评估的孔子学院的总得分。考评指标体系不规定及格、良好、优秀分数线，评估结论通过相对比较得出，共

分四档：优秀、良好、合格、不合格。各个等次名额不硬性规定，可授权考评专家组根据实际情况确定。一般说来，对同类孔子学院成批进行评估时，前 20%为优秀，往下 50%为良好，办学情况违背孔子学院宗旨或出现重大问题或未能履行孔子学院办学职责者为不合格，其余均为合格。

指标体系中的计量单位"标准学年人"需要做如下补充说明："标准学年人"是本评估指标体系设计的一个新的计量单位，主要用来衡量一所孔子学院一年或若干年内完成的汉语培训工作量。一个标准学年确定为 8 个月，如果 1 个人在孔子学院接受了 8 个月的汉语培训，则这所孔子学院便会增加 1 个学年人的培训工作量。有了这个计量单位，就可以把不同孔子学院完成的长短不等的培训工作和人数折算成相同的计量单位，从而使不同孔子学院完成的不同汉语培训工作量具有可比性。然而，在实际工作中，学生接受汉语教学的时间往往又是以课时为计算单位的，所以，可规定每 4 学时的教学折算为一天的教学时间，但一天超过 4 学时的，不论超过多少都只能算一天。根据以上两种情况拟定两个计算公式：

标准学年人＝（学习人数×学习天数）÷160 天；

标准学年人＝（学习人数×学习总课时数÷4 学时）÷160 天。

以每周学习 5 天，每月学习 20 天，每学期为 4 个月计算，两个学期的学习时间为 8 个月，折合为实际学习天数为 160 天。此天数已扣除了可能出现的每月约两天的节假日。例如：40 名学生在某孔子学院学习汉语 40 天，该孔子学院所得的标准学年人为 10，相当于 10 个人学习了一学年。计算方法如下：

（40 人×40 天）÷160 天＝10 学年人。

又如：某孔子学院办了一个每天上 20 学时课的业余班，共安排了 10 周的教学，共有 100 人学习，则该孔子学院通过此项目完成的教学工作量为：

（学习人数100 人×20 课时×10 周÷4 学时）÷160 天＝31.25 学年人。

由于培训普通学生和培训汉语教师的难度存在明显差异，因此规定，培训 1 个学年人的普通学生得 1 分，而培训 1 个学年人的汉语教师得 3 分（乘系数 3）。

三、孔子学院评估指标体系的特点

本文中所建立的孔子学院评估指标体系具有以下主要特点。

1. 开放性与封闭性并存

在孔子学院评估指标体系的 10 个一级指标中，一至四为封闭性指标，设定了最高分值，使其分值在孔子学院总分值中的权重受到合理限制。但五至十为开放性指标，分值不封顶，可根据办学业绩和指标体系中规定的计分标准来进行计分。

2. 激励多劳，上不封顶

在本指标体系中，在影响力、汉语及中国文化教学、文化推介和运营状况等反映孔子学院办学状况的重要方面，都按办学情况累计加分的办法计分，充分体现了激励多劳、上不封顶的原则。

3. 汉语教学为主的鲜明导向

本指标体系中把汉语教学放到了十分突出的位置，并在分值上充分体现。通过"标准学年人"的创新计量单位，把所完成的原来以不同计量单位计算的汉语教学工作量折算成可以进行比较的统一的计量单位，通过两个公式使以课时计量的和以天数计量的教学工作量都得以顺利转换。在鼓励各孔子学院举办各类汉语培训班的同时，这项指标还会起到鼓励举办长期汉语学习班的作用。为了充分体现对教学方法、质量、效果、社会声誉及学生评价等内涵指标的重视，在第六个一级指标下，专门列出了教育技术应用情况、教学法创新情况、教学质量学生评价结果、教学质量专家评价结果和单位时间内教学效率专家评价等指标，并将每一项的分值设为 1～10 分，大大提高了上述汉语教学内涵指标在整个评估指标体系中的权重，从而引导各孔子学院逐渐把主要精力转移到提高教学质量，塑造良好品牌方面。

4. 可持续发展导向

本指标体系把运营状况作为一项一级指标纳入评估体系，其目的在于引导各孔子学院重视生存能力的培育，努力实现可持续发展。

5. 评估周期的灵活性

本评估指标体系适用于不同周期的孔子学院评估，如年度评估、院长任期评估、三年评估、五年评估等。不论周期长短，本指标体系均能适用。

6."导向性评估"体系

孔子学院并非普通的语言教学项目，而是特殊的语言推广项目，因此，把对其他普通语言项目的评估中理论和模式照搬到孔子学院的评估肯定是不合适的。本文中所建立的指标体系自始至终贯穿着鲜明的导向性，这种贯穿始终的导向性可以提升为一种理论，即导向性评估理论。所谓"导向性评估"，是指评估的目的是导向性的，评估是为了引导评估对象朝着更好的方向发展；评估的指标体系是导向性的，通过指标体系的封闭与开放、分值的高低、加分与扣分等指标引导评估对象朝正确的方向发展；评估的结果也是导向性的，评估不设绝对标准，通过相互比较确定评估对象达到的水平及其与其他孔子学院的差距，让所有孔子学院都明确努力方向，从而达到相互促进、不断进步的导向效果。此评估指标体系通过对不同孔子学院个体的评估建立横向参照体系，以量化的形式呈现各孔子学院的办学情况，引导各孔子学院努力改善办学条件，不断提高办学水平，以实现可持续发展，最终达到树立正确导向的目的，充分体现了"导向性评估理论"的核心要素。

参考文献

[1] 宛新政. 论海外孔子学院的评估机制. 北京：第九届国际汉语教学讨论会. 2008.

[2] 方振邦. 战略性绩效管理. 北京：中国人民大学出版社. 2007.

[3] 孙宗虎、李艳. 绩效目标与考核实务手册. 北京：人民邮电出版社. 2007.

[4] 吴应辉. 关于孔子学院总体可持续发展的一个战略设想. 云南师范大学学报（对外汉语教学与研究版）. 2009（1）：23-26.

（原文载于《教育研究》2011年第8期）

13. 孔子学院质量评估体系研究

樊　钉

（国家汉办发展规划处）

随着我国经济快速发展和国际影响力的持续提升，各国希望了解中国的需求日益旺盛，世界范围的"汉语热"持续升温。2004 年开始，在借鉴英、法、德、西等国语言推广机构经验的基础上，我国探索在海外设立以教授汉语和传播中华文化为宗旨的孔子学院。截至 2011 年底，已在 105 个国家建立了 358 所孔子学院和 500 多个中小学孔子课堂。在规模实现跨越式发展之后，如何进一步提高质量，成为社会各界普遍关注的问题。本文试图通过对孔子学院基本任务的分析，提出设立质量评估标准的基本原则和思路。

一、孔子学院的质量

孔子学院 90%以上采用中外大学合作的办学模式。由于身在大学校园，谈到质量问题，很多人容易简单地与大学评估标准等量齐观。然而，孔子学院地跨上百国家，面对数十万不同年龄、不同需求、不同基础的学习者，很难找到一把精确的尺子来度量其办学成效。那么，什么才是孔子学院真正的质量呢？这首先要从孔子学院的基本任务出发进行分析。笔者认为，孔子学院有如下两大基本任务。

（一）开展汉语教学和文化交流活动

孔子学院和英、法、德、西等国语言推广机构一样，都承担着推广本民族语言文化的职责。唯一区别是，这种传播是一种"文化逆差"状态下的传播。历史上，英语、法语和西班牙语靠母语国坚船利炮和殖民统治换来了文化霸权。相比之下，汉语走向世界面临着独特的挑战：一方面，中国经济总量跃居世界前列，越来越多的人希望学习汉语，了解中国；另一方面，中华文化自近代以来遭受各种各样的摧残破坏。拿什么"走出去"？怎样"走出去"？在这些问题没有回答，我们还没有做好充分准备的情况下，孔子学院选择了一条"借船出海"的发展道路：充分利用外国高校和文化教育机构现有的平台，以项目合作等方式，派遣汉语教师和志愿者进入各国主流学校开展汉语教学。几年来，全国高校共派出 1.7 万名汉语教师和志愿者赴各国孔子学院任教，共为 80 多个国家培训本土汉语教师 10 万人次。2005 年至今共向全球 136 个国家 4 万多所大学和主流中小学赠送和销售教材图书 1200 多万册。各国孔子学院还利用中外节庆、社区重大活动等机会，每年举办上万场次中医、武术、书法、茶艺、戏剧、舞蹈等活动，吸引数百万人参加。

（二）提升中华文化的国际影响力

任何一个国际语言推广机构的设立初衷，都是为了推广本民族语言，提升其文化的国际影响力：法语联盟的目标是致力于扩大法国在海外的影响力；德国歌德学院的口号是"德语、德国文化、德国"；西班牙塞万提斯学院的宗旨是在世界范围推广西班牙语，传播西班牙文化（见表 1）。孔子学院创办以来，在提升影响力方面的作用主要体现在三个方面：一是推广语言。除注册学员不断增长，文化活动影响力不断扩大外，还带动影响了各国汉语热不断升温，英、法、德、澳、阿根廷、智利、印度、马来西亚、喀麦隆等 30 多个国家颁布政令，将汉语教学纳入国民教育体系。二是促进了公共外交。近年来，我国领导人上百次出席孔子学院签字和揭牌活动。100 多位外国政要多次出席孔子学院活动。与政府外交不同，孔子学院的公共外交既面向草根，又把握知识精英，更能够起到润物无声的作用。三是促进经贸往来。"两个语言不通的国家进行双边贸易和投资，需要使用一种共通的语言来进行谈判"；"孔子学院为海外的学生提供了有力的教育支持，同时也为两国的商业人士打开了市场，因此减少了贸易和对外直接投资的成本"（连大祥，2012）。更重要的是，语言文化的交流传播直接、间接地为我国经济发展营造了积极有利的国际环境。

表1　主要国际语言推广机构简要对照表（截至各机构 2010 年年报数据）

机构	创立时间	规模	设立方式
法语联盟	1883 年	在 138 个国家或地区建立了 1177 个分支机构。	实行"总代表"制，由总部向各国分支机构派出总代表，目前在全球有 40 多名国家/地区总代表。
歌德学院	最早设立于 1932 年，1951 年重新设立	国内设 15 个分院，国外 92 个国家和地区设有 136 个分院和 11 个办事处。	总部通过在海外设立大区对各国分院进行垂直管理。
英国文化委员会	1934 年	在 109 个国家和地区设立了 196 个机构。	在全球设 7 个大区，大区事务由区域经理负责。
塞万提斯学院	1991 年	在 43 个国家和地区设立了 82 个分支机构。	由董事会、理事会和院长三级组成。董事会名誉主席是西班牙国王，主席由首相担任。董事会对各分支机构进行垂直管理。
孔子学院	2004 年	在 105 个国家设立了 358 所孔子学院和 500 多个孔子课堂。	中外合作，孔子学院设立理事会，由中外双方共同担任；中外双方按照 1∶1 比例共同投入经费，双方共建、共管、共有。

　　上述两大任务，前者从根本来讲也是为后者服务，即开展语言教学和文化传播的根本目的是为了提升中华文化的国际影响力。因此，从根本上讲，孔子学院的任务就是扩大"影响力"，评价质量的标准也是"影响力"。

二、现行相关评估体系

　　（一）大学评估标准

　　1.《泰晤士报》世界大学排名

　　从 2004 年到 2009 年，《泰晤士报高等教育专刊》与 QS 公司合作，每年发布"泰晤士—QS 世界大学排名"。该系统参考 5000 多名学者和 1400 多个国际公司的意见，包括国际教师占比、国际学生占比、生师比及教师发表论文引文率等参数（见表 2）。2009 年 10 月 30 日，《专刊》泰晤士报高等教育《专刊》与 QS 公司分道扬镳，转与媒体巨头汤森路透（Thomson Reuters）合作，2011 年 3 月公布了"泰晤士世界大学排名"。该排名减少了对备受争议的学术声誉评价的比重，加大了对科研、教学和知识转让评价的比重（见表 3）。

表 2　2010 泰晤士–QS 世界大学排名

学界评议	40%
雇主评议	10%
生师比	20%
教师论文引用率	20%
国际教师	5%
国际学生	5%

表 3　2011 泰晤士世界大学排名

教学	30%
研究	30%
教师论文引用率	32.5%
国际教师/学生	2.5%
创新产业收入	5%

2. 上海交通大学"世界大学学术排名"

由上海交通大学高等教育研究院 2003 年开发。该标准设立的初衷是分析我国大学在世界大学体系中的位置，找出差距，加快建设一流大学（见表 4）。

表 4　上海交通大学"世界大学学术排名"

获诺贝尔奖和菲尔兹奖的校友所占权重	10%
获诺贝尔奖和菲尔兹奖的教师所占权重	20%
各学科被引用次数最高的科学家数所占权重	20%
在《自然》或《科学》杂志上发表的论文所占权重	20%
被科学引文索（SCIE）和社会科学引文索引（SSCI）收录的论文数所占权重	20%
师均学术表现所占权重	10%

（二）国际语言推广机构评估标准

以英国文化委员会（以下简称 BC）为例，评估分三个层次：总体绩效、各地区绩效和语言教学和文化交流等多领域绩效。此外，BC 对于全球性的重大型项目也会进行单独评估。BC 评估的主要项目包括：影响规模、项目质量及长期影响力。

1. 影响规模

BC 把语言文化传播对象分为"直接参与人员"（direct engagement）和"受影响人员"（reach）。"直接参与人员"包括学生及各类教育文化社区活动参加者；"受影响人员"包括网络和各类广播电视节目及出版物的观众、听众及读者。BC 项目官员每季度都要填写记分卡，汇报各类活动参与人数，逐级向上汇总。"直接参与人数"来自所有活动参与人员的统计汇总；"受影响人数"为技术统计结果，听众、观众及读者人数都有专门的市场调查统计方法。此外，为体现不同传播对象的重要性，BC 将"直接参与人员"进一步细分为 3 级进行分别统计：第一级为领导者（Leaders），第二级为影响者（Influencers，中层），第三级为有志者（Aspirants，有潜力的青年学生）

2. 项目质量

BC 的项目质量评估主要对每次活动、课程和项目的客户满意度及美誉度进行调查问卷，定期汇总形成总体满意度。客户满意度调查细项包括：项目是否达到期望，参与人员是否认可 BC 在该领域的权威地位，是否会推荐他人参加 BC 项目等。除问卷调查外，BC 还通过大区经理和项目经理提交的个案故事总结报告等作为补充材料来说明某个大区或者项目的客户满意度。

3. 影响力

BC 对影响力的评估主要通过两种方式：一是委托第三方（当地知名市场调查公司）对 BC 的重要工作对象（领导者或者中层）进行深度访谈；二是英国外交部组织对各驻外使领馆负责人进行的问卷调查。两种调查每年进行一次，主要内容包括：是否通过 BC 加强了与英国的友好关系，个人是否通过 BC 活动获得改善，其所在机构是否获得改善等。

（三）经营性语言培训机构评估标准

以"新东方"为代表的一批民办语言培训机构，多以中短期语言培训为主，以应试为目的，评价标准大体包括：

（1）师资。一般要求对外语测试系统有全面深刻的了解，拥有海外学习、工作或生活背景，多次参加雅思或托福考试，了解命题形式和特点等。

（2）服务。为学员提供专业、全面和个性化的应试培训。如，新东方为学生量身定制学习计划，及时跟踪学习效果，定期回访等，力求赢得学员的良好口碑。

（3）教学硬件环境。

（4）相关考试通过率。

上述三类标准对孔子学院质量评估均有一定借鉴意义，但难以完全照搬。首先，孔子学院虽然在大学校园办学，既开展汉语教学，也进行中国学研究，但这种教学或研究不以培养语言精英或汉学家为目标，因此，难以按照评估教学科研机构的标准来衡量。其次，孔子学院虽以公益性教学机构为特色，但从长远、可持续发展看，一方面要走本土化道路，另一方面要走市场化道路。因此，经营性语言培训教学机构的标准只能部分适用，总体来看，仍应坚持公益服务为主导的评价标准。此外，BC 的评估标准侧重"影响力"，最接近孔子学院实际，但目前孔子学院尚处于初级发展阶段，也难以完全照搬其客户满意度执行标准。

三、孔子学院质量评估标准设计的原则和思路

从前述基本任务出发，笔者认为，孔子学院的质量评估标准至少应体现以下三方面原则。

（一）坚持服务国家战略导向

目前，尚有近 70 个已建交未布局的国家未建立孔子学院。从促进各国对中国的了解，增进中国与各国人民友谊，为我国和平发展营造积极有利的国际环境等角度出发，进一步加快布局应成为质量评估第一位的指标。此外，重点国家、新兴工业国家、周边国家及发展中国家，各国首都和重点城市，世界百强及有影响力的大学或

教育文化机构等，都应成为孔子学院发展的重点。在上述国家、城市和大学新建孔子学院本身就是有影响、高质量的体现（吴萌，2009）。

（二）坚持体现区域化、国别化，以激励引导为目标

由于不同国家历史文化存在巨大差异，孔子学院不可能按照单一标准衡量，要兼顾共性与个性，体现明确的导向性和激励性原则（吴应辉，2011）。从今后发展方向来看，应引导孔子学院在坚持汉语教学本位的基础上，努力朝多元化方向发展：既推广汉语，又传播中华文化；既开展当代中国研究，培养高端人才，又面向草根，发展中医、武术、烹饪、艺术等特色类型。相应地，评估指标设计也要区分定性和定量指标。有利于实现孔子学院多元化、特色化、可持续发展的指标应适当倾斜，以鼓励孔子学院不断扩大办学规模，提升综合影响力。

（三）坚持科学性和可操作性结合，以实现可持续发展为目标

评估标准应分级设立：一级指标应能够涵盖孔子学院作为综合文化交流平台的主要职能；二级指标既要符合语言教学的基本规律，又要体现文化传播的特点，侧重考察孔子学院硬件条件、管理体制机制、师资教材状况、办学效果、文化活动成效、经营状况等；三级指标是对二级指标的细化，包括：生均场地面积、生师比、HSK（汉语水平考试）通过率、文化活动场次、参与人员规模、当地媒体报道率、自营收入占总投入比重等。

需要强调的是，孔子学院评估标准应该是一个三维乃至多维的体系：既要体现洲别、国别和地区性，又要兼顾各孔子学院开办时间不一，发展阶段不一，自身定位各异等特点。评估体系应设立封闭性指标和开放性指标两类。开放性指标主要进行定性评估，由专业机构（包括专家组）执行；封闭性指标主要进行量化评价，由孔子学院自评估。评估项目宜粗不宜细，更不宜面面俱到，应要突出重点，简明可操作。

从上述原则出发，笔者拟提出以下80%权重的定量考评指标，以供参考（见表5）。

表5　孔子学院质量评估权重表

一级指标	二级指标	三级指标	权重
汉语教学 25%	"三教"	教师：生师比、汉语作为外语教学能力、任职年限……	5%
		教材：生均教材比、教材本土化状况、教考结合率……	5%
		教法：情境教/案例教学率、学员满意度	5%
	教学规模	班次	5%
		注册学员数、学员结构	5%
文化活动 15%	举办情况	举办场次	5%
		参与人数	5%
	社会影响	当地媒体报道情况	5%
支撑条件 15%	硬件支持	生均场地面积、设施总值	5%
		配套资金投入情况	5%
	运行管理	理事会召开情况、主要议题	2.5%
		中外院长配合、决策分工	2.5%
执行力 15%	独立组织项目	组织/承办地区联席会议、汉语桥项目、奖学金项目、HSK考试、其他重大任务承担	10%
		中长期/年度规划项目	2%
	参加活动	参加总部活动	2%
		参加片区活动	1%
可持续发展能力 10%	教学拓展	下设中小学孔子课堂	3%
		设立汉语教学点	3%
	市场拓展	自营收入占投入比重	2%
		新项目发展	2%

参考文献

[1]连大祥. 孔子学院对中国出口贸易及对外直接投资的影响. 中国人民大学学报. 2012（1）：88-98.

［2］吴萌. 科学发展观视角下的孔子学院建设. 沈阳师范大学学报. 2009（4）：161-163.

［3］吴应辉. 孔子学院评估指标体系研究. 教育研究. 2011（8）：30-34.

14. 海内外对孔子学院研究的现状分析*

安　然　魏先鹏　许萌萌　刘　程

（华南理工大学国际学院）

随着中国影响力的加强，世界各国汉语学习不断升温。为适应世界各国（地区）人民对汉语学习的需要，增进世界各国（地区）人民对中国语言文化的了解，从 2004 年开始，我国借鉴英、法、德、西等国推广本民族语言的经验，探索在海外设立以教授汉语和传播中国文化为宗旨的非营利性教育机构——"孔子学院"。2004 年，全球第一所孔子学院诞生于韩国首尔，截至 2013 年底，全球 108 个国家和地区已建立了 440 所孔子学院和 640 多所中小学孔子课堂[①]。 无疑，孔子学院已经成为世界各国人民学习汉语和了解中国的桥梁。十年如此迅速的发展，规模如此宏大，孔子学院必定进入了研究者的视野并成为研究热点。本文回顾并梳理了孔子学院海内外十年研究，为孔子学院的未来发展提供参考。

一、海外的孔子学院研究现状

孔子学院建在海外，海外学界对孔子学院的影响有最直接的感知。搜索 EBSCO 数据库，截至 2014 年 4 月，我们得到孔子学院海外研究学术文献 25 篇，内容涉及孔子学院与公共外交、孔子学院与

---

*本文系国家社科基金目"孔子学院跨文化播影响力研究"（12BXW035）、教育部人文社科基金目"孔子学院中方教师的跨文化适应和传播能力研究"（11YJA860001）的段性成果。

①数据来源于 http://www.hanban.edu.cn/confuciousinstitutes/node_10961.htm.

软实力、孔子学院与学术自由、孔子学院建立的区位因素、孔子学院与经济贸易关系等。

（一）统计结果

从表 1 统计结果看，海外学者最早发表的关于孔子学院的文章发表于 2006 年，为丁和桑德斯（Ding & Saunders，2006）对汉语的全球推广与文化软实力提升的分析。除 2007 年外，其余年份文献数量在 3 篇或以上，2014 年可能多于 3 篇。孔子学院研究的文章多分散发表，只有《国际经济金融评论》（*International Review of Economics and Finance*）和《亚非研究》（*Journal of Asian and African Studies*）两本杂志发表了 2 篇。25 篇文章中共 7 篇文章来自 SSCI 索引期刊，占总数 28%。

表 1

年份	2006 年	2007 年	2008 年	2009 年	2010 年	2011 年	2012 年	2013 年	2014 年
数量	1	0	3	5	3	3	3	3	3

总体来看，海外孔子学院的研究可以大致分为两个方面：对孔子学院所产生海外影响力的研究和对孔子学院自身发展建设的研究。有的研究成果包含了这两方面的内容，称为综合研究。孔子学院研究成果中关于自身研究、影响研究和综合研究的成果分布如表 2 所示。

表 2

	自身研究	影响研究	综合研究
论文数量	5	10	10
所占比例	20%	40%	40%

从统计结果看，影响研究在海外孔子学院研究中占据相当大的比重，可见海外学者将注意力放在孔子学院对其所在国家、社会和文化的影响上，而对孔子学院自身情况缺乏考察。

（二）海外的孔子学院研究热点话题

1. 孔子学院海外影响力研究

孔子学院作为新生事物，其产生的影响成为海外学者关注的重点。对孔子学院的影响研究涉及软实力、国际贸易和学术自由等，即孔子学院对政治、经济与文化的影响。

吉尔认为，孔子学院在推广汉语方面卓有成效的工作树立了积极正面的中国形象（Gil，2008），并且与其他国家的语言文化推广机构一道平衡美国主流文化的影响（Hartig，2011）。此外，有的学者将孔子学院建设与中国发展背景相联系，认为在中国威胁论甚嚣尘上的背景下，孔子学院的建立作为一种软实力"很是时候"（Paradise，2009）。西方学者关注孔子学院的政治影响，不仅能够看到孔子学院在提高中国软实力方面的作用，而且看到孔子学院与其他文化推广机构一道在推动世界文化多元化方面的作用，这是超越政治影响的。

近来，西方学者开始关注孔子学院的经济影响。有研究显示拥有孔子学院项目的发展中国家，中国与其的出口贸易和外商直接投资额都有显著增长（Lien，2012），也促进了美国经济增长，这是由于孔子学院的工作帮助解决了国际贸易中的语言文化障碍（2013）。另外，有学者从管理学角度研究了孔子学院的分布式领导和知识共享模式（Li，2009）。随着经济管理学科研究视野、思路、方法的介入，孔子学院研究日趋多元化，视角更丰富，这有助于孔子学院实践的进展与研究的深入。

孔子学院除了在促进文化多元化方面的作用外，还受到了许多西方学者对其可能影响学术自由的质疑。雷登提到2010年芝加哥大学签名信事件，芝加哥大学的相关人员认为孔子学院是由中国政府资助，其学术性与政治性模糊不清。曼尼托巴大学相关人员也提到汉语教材、教师是由孔子学院统一挑选和控制，孔子学院在汉语教师招聘上存在歧视等（Redden，2013）。施密特也提到政府在合作大学邀请涉及中国台湾敏感问题的演讲嘉宾一事中对其施加压力。总起来看，这些看法多缘于孔子学院拨款来自汉办的缘故。

在西方的理念中，"政府是一种必要的恶"，由此出发，孔子学院也受到了牵连。同时，这些结论也渗透了意识形态过滤的痕迹：西方学者正是用西方的标准衡量孔子学院的发展。从孔子学院自身来讲，其被西方理解的传播模式还需要继续探索。可喜的是，对孔子学院的理解并非一边倒，美国斯坦福大学的莎丽尔认为美国国内的资金捐赠让美国大学能够走向一流大学，孔子学院接受的捐赠也不例外（Redden，2009）。

2. 自身建设研究

自身建设研究主要包括对孔子学院自身情况的介绍、学院建立的原因及其发展问题三方面。

（1）由于很多人不了解孔子学院，因此，海外学者大多在文章中描述孔子学院的基本情况，如司徒介绍了英国、法国、西班牙等国孔子学院的数量、建立时间等情况，进而引申出孔子学院的功能或目的（Starr，2009），而则归纳出孔子学院有三个功能：教授汉语、文化交流、为商业贸易提供便利（Paradise，2009）。

（2）国外学者较为关注孔子学院建设的原因，主要包括"为何建""在哪建"两方面。对前一个问题，学者的观点基本可归纳为政治、经济、文化目的三个方面。许多学者将中国在全球建立孔子学院的原因与公共外交、软实力相联系，认为中国政府利用孔子学院推广其和平发展政策（Starr，2009）、服务于中国外交目的（wheeler，2013），甚至意在推广其政体模式（Yang，2010），学术性和政治性模糊不清（Redden，2013）。经济因素方面，惠勒认为孔子学院与中国在该地区的经济利益密不可分，特别要教育非洲加强与中国的贸易关系（Wheeler，2013），孔子学院的分布反映中国的利益分布（Starr，2009）。贝尔认为"天下为公""大同"等儒家文化的核心价值观能够向世界传达和平理念，实现文化繁荣（Bell，2009）。对后一个问题，莲和胡思运用负二项式回归模式分析发现，影响孔子学院建设的最重要区位因素包括国内生产总值（GDP）、人口、地理距离、英语，其中贸易因素、外商直接投资（FDI）因素与孔子学院建立呈正向关系，当越来越多孔子学院建立在非英语发展中国家时，孔子学院在全球的影响力会越来越大（Linen，2014）。

（3）国外学者研究的孔子学院发展问题主要涉及教学和资金两个方面。有学者通过访问内罗华大学孔子学院的学生发现，孔子学院教学内容与学生学习需求不匹配（Wheeler，2013）。此外，师资力量不足、教材短缺也是一直困扰孔子学院的问题（Starr，2009）。

资金也困扰着孔子学院的发展，目前孔子学院运作资金主要是由汉办提供，但无法确定汉办的资助年限，因而，孔子学院的收入也成为西方学者关心的问题。斯塔特认为大多数孔子学院的活动所带来的收入远远低于所投入的成本，长此以往，孔子学院将面临资金压力（Starr，2009）。

从目前西方学者的研究情况看，对孔子学院，西方学界还处于认识阶段，许多的评判带有意识形态色彩，动辄将孔子学院与中国威胁论相联系，与孔子学院传播的"和而不同"的理念相去甚远。不过，也有的学者肯定孔子学院的存在意义并关注其未来发展。

（三）海外的孔子学院研究的特点

1. 研究以关注孔子学院影响为主

海外孔子学院研究多集中于孔子学院的影响研究上，少量研究关注孔子学院自身，多数处于资料性描述阶段，资料多半来自官方网站，对孔子学院的分析和批判则多以自身的文化标准为基础，而非站在跨文化传播的高度，以客观的学术研究态度来分析评判。

2. 意识形态批判色彩浓郁

海外学者有关孔子学院影响力的研究多集中于意识形态层面，认为孔子学院不仅仅是推广汉语的语言机构，其背后还有政治目的，如中国外交的野心，甚至于认为孔子学院通过课堂搜集华裔信息等，在孔子学院研究中主观加入政治隐喻，较少客观、系统关注孔子学院本身。

3. 研究过程不够严谨、理论高度不够

海外学者较为关注孔子学院与公共外交、软实力、学术自由等方面的关系，许多论述在缺乏根据和论证的前提下指责孔子学院的政治性、宣传作用等，未能客观、系统、科学地对孔子学院进行研究。多数研究人员堆砌资料，流于梳理信息，缺乏更为严谨的探究过程。

二、国内的孔子学院研究现状

国内学界对孔子学院研究的关注也在迅速增长。截至 2014 年，已有三本关于孔子学院的著作出版，并有一本专业杂志《孔子学院发展研究》开始发行。在论文方面，我们以"孔子学院、教师志愿者"为关键词及主题，以 2004~2013 年为时间跨度，在中国学术期刊网络出版总库、中国博士学位论文全文数据库、中国优秀硕士学位论文全文数据库进行检索，并进行手动二次检索，剔除孔子学院相关新闻消息，排除与孔子学院研究无关的成果，得到研究文献 385 篇，其中硕士论文 83 篇，博士论文 1 篇。

（一）统计结果

2012 年由厦门大学海外教育学院创办的《孔子学院发展研究》是一本专门以孔子学院为研究对象的期刊，旨在反映学界在孔子学院研究方面取得的最新成果。目前，该刊已发刊三期，刊载孔子学院相关文章 36 篇。

目前，共有 3 本关于孔子学院研究的专著。刘程、安然的《孔子学院传播研究》为该研究领域第一本专著。作者回顾、梳理了孔子学院海内外研究现状、特点及问题，运用定性和定量的研究方法，对孔子学院媒体报道、网站传播与网站新闻等进行研究分析；并以美国纽约时代广场播放的"孔子作揖行礼动画"为研究个案，阐述其传统文化价值的传播与国家形象宣传的价值（刘程、安然，2013）。该著从量化的宏观报道分析到定性的微观标题词语分析，研究视角层层深入、逐步推进，细致剖析了媒体对孔子学院的报道模式，为孔子学院传播策略提供了科学的参考，但研究的系统性尚有待加强。

吴瑛的《孔子学院与中国文化的国际传播》则通过定量方法调查美国、俄罗斯、泰国等 5 国 16 所孔子学院在物质文化、精神文化、行为文化方面的传播效果。作者结合统计数据，对中国文化的对外传播做了整体评估，并提出了孔子学院在汉语和中国文化传播战略中的不足。作者的研究得出了许多有趣的结论，如泰国在传播效果的各项指标上优于日本，中国文化在日本的传播效果指标甚至低于一些西方国家，在非儒家文化圈国家，孔子学院在物质文化传播上效果更明显，等等。进而，作者认为，孔子学院面临内冷外热、发展规模大但传播效果有待提高的局面，孔子学院需要与当地社区互动，积极参与所在国的社区和社会发展，要注重借鉴其他国家语言文化传播机构的经验等（2012）。该著作能够从宏观上把握中国文化海外传播的部分特点，但科学性需要在进一步研究中加强。

戴蓉的《孔子学院与中国语言文化外交》一书从文化外交的视角出发，介绍了孔子学院的背景、宗旨、管理、职能，并分析了孔子学院的受众和影响途径、价值、优势和劣势以及现状和问题，阐释了孔子学院的语言文化外交运作，提出了孔子学院应加强与企业、政府、社会组织的合作，增加资金来源渠道，加强师资培训、革新教材教学方法、争取纳入当地教育体系，增加传播渠道，设立专门研究机构，建立质量评估体系等建议（2013）。该研究基于对孔子学院实际运行情况的经验总结，较为全面地描绘了孔子学院的语言文化外交功能，但研究方法和理论有待加强。

以上三本著作的诞生标志着孔子学院研究已步入系统化和理论化的阶段，传播学视野下的孔子学院研究已成为孔子学院研究的主导模式。

再看研究论文。第一所孔子学院成立于 2004 年，最早的孔子学院研究始于 2005 年王学松的《加强中外合作汉语教学项目模式的研究》。他对孔子学院作为中外合作汉语教学项目进行了介绍，提出了将中外合作汉语教学项目与孔子学院结合研究，总结出丰富多样的项目模式（王学松，2005）。此文章呼吁并开启了孔子学院研究的先河，但尚未达到就孔子学院自身汉语文化推广的特点进行研究的层次。随着孔子学院的发展，孔子学院研究文献逐渐增多，到 2012 年达到 109 篇。虽然 2013 年孔子学院研究成果数量有所降低，但整体而言，如图 1 趋势线所示，国内孔子学院研究成果数量呈逐年递增趋势，孔子学院研究已成为学界热点。

根据研究内容，我们将孔子学院研究归纳为 5 类：教学研究（包括汉语教学、师资培训、教材等）、孔子学院可持续发展研究（包括自身建设、发展模式、发展现状及问题等）、孔子学院传播研究（孔子学院对于汉语和汉文化的传播行为和现象的研究）、比较研究（即孔子学院与其他语言推广机构的比较研究）和影响研究（包括对孔子学院与公共外交、软实力关系及作用、影响的探讨）。如表 3 所示，孔子学院教学研究成果数量最多，达 104 篇。其次为孔子学院发展研究、传播研究、影响研究，而以孔子学院与其他语言推广机构的比较研究成果数量最少。从内容上看，学界对于孔子学院研究主要还是集中于孔子学院自身教学、发展方面的研究，而对于孔子学院的影响研究则相对较少。这与国外关注孔子学院影响而忽视孔子学院自身研究的情形形成鲜明对比。

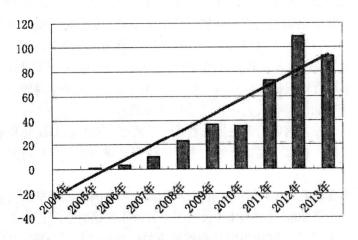

图 1　国内的孔子学院研究成果数量年度变化示意图

表 3

	比较研究	传播研究	发展研究	教学研究	影响研究
论文数量	16	70	71	104	40
所占比例	4.16%	18.18%	20.26%	27.01%	11.17%

　　从文献发表杂志情况来看，除了《孔子学院发展研究》这一专题杂志外，我们还将发表孔子学院相关研究文章在 3 篇以上的杂志进行了统计，结果如表 4 所示。

　　从统计结果看，除《孔子学院发展研究》外，发表孔子学院相关文章最多的杂志为《云南师范大学学报》，该杂志为对外汉语教学类杂志，这可能是由目前从事孔子学院研究的学者来自对外汉语学界的较多。统计结果反映，孔子学院作为文化传播媒介，已逐渐成为传播学界的研究热点。

表4

	杂志	数量	是否 CSSCI
1	孔子学院发展研究	36	否
2	云南师范大学学报	30	否
3	沈阳师范大学学报	6	否
4	浙江师范大学学报	6	否
5	长江学术	5	否
6	比较教育研究	4	是
7	搏击·武术科学	4	否
8	运动	3	否
9	当代传播	3	是
10	对外传播	3	否
11	现代传播	3	是
12	教育教学论坛	3	否
13	新闻世界	3	否
14	科教文汇	3	否
15	世界教育信息	3	否
16	长沙铁道学院学报	3	否
17	学术论坛	3	是
18	中国成人教育	3	否
19	中国高教研究	3	是
合计	发表相关研究 3 篇及以上的杂志共计 19 本，CSSCI 收录 5 本，包括传播学杂志 2 本、教育学杂志 2 本、综合类杂志 1 本。		

（二）国内孔子学院研究热点话题与方法依据

孔子学院是提供汉语教学、汉语教师培训等服务的语言机构，因而教学研究一直是孔子学院相关研究的重点，成果数量也最多。总体上看，教学相关研究涉及教师、教学和教材三个方面。

教师是教学工作的实际执行者，决定着孔子学院工作目标的完成情况，孔子学院教师从中国到异国他乡，首先需要解决跨文化适应的问题，而该问题也自然成为孔子学院研究的重点，安然和她的团队对此进行了较为系统的研究。例如，林德成、安然调查了泰国教师汉语志愿者跨文化适应状况，发现随着时间的增长，汉语志愿者社会文化适应程度会慢慢提高，而心理适应程度却呈现递减趋势（2011）。再如，安然、魏先鹏的研究则发现心理预期、人际交流、社会认可等因素会影响赴泰汉语教师志愿者的适应（2012）。随着孔子学院研究的深入，学者开始尝试构建孔子学院教师能力理论模型，如安然建构了孔子学院中方人员跨文化适应能力模型，她认为，孔子学院中方人员的跨文化适应能力包括个体的生活适应能力、组织内沟通协调能力、对外语言教学能力，其中对外语言教学能力是核心（2013），试图建立孔子学院传播能力理论，为孔子学院理论研究提供可参考或批判的模型。

　　教材作为教师授课的基础与依据，也成为孔子学院研究的关注点，许多外派教师从教学实践出发，归纳了孔子学院教材方面的问题，如资料匮乏、适用性不强（李明，2009），教材出版本土化程度不够（李佳、胡晓慧，2013）等。杨巍鉴于孔子学院成人汉语教材针对性不强的问题，从编写理念、趣味性、实用性等多个方面进行了论述，并提供了建议（2007）。刘晶晶、关英明认为汉语教材须考虑不同国家、地区以及学习者个人的需求差异（2012）。汉语教材研究多是一线人员从事教学实践的心得体会，文献涉及面较广，但涉及的问题确实存在，需要针对这些问题进行探讨，为以后的深入研究提供微加工的一手资料。

　　教学研究则多来源于孔子学院一线教师的教学实践，内容相对较多，直接相关文章达 34 篇，总体上分为孔子学院汉语教学状况研究、某一孔子学院或地区的汉语教学个案研究、特定汉语水平学生的汉语教学研究、特定内容的汉语教学（如拼音、文字等）、武术等特定形式的教学研究等。陈艳清总结了孔子学院教学研究现状：基础课程不能满足国外学习者的职业需要、教材与教师教学衔接不畅、教材量多质次等，认为在未来孔子学院教学研究中，可关注教学法、课程设置、教材设计、教师发展、学习策略等内容展开（2009）。刘程、向平基于亲身教学经历，介绍了美国堪萨斯大学孔子学院远程运作的模式、项目规划与课程设置、教学特色等，并在教材、教学大纲和师资衔接方面提出了建议（2011）。杜瑞则分析了孔子学院武术课程的教学方法，并从语言传授、武术套路示范、分组练习、参加比赛等方面介绍了他在斯里兰卡凯拉尼亚大学孔子学院的武术课授课经验（2013）。教学是孔子学院的首要任务，教学研究自然成为孔子学院研究的重点，但目前的教学研究多是教学经验的总结，还远未经由一定的研究方法，进而上升到教学理论的层次，而这恰恰是孔子学院教学研究科学化的必经之路。

孔子学院可持续发展研究包括两个方面。第一，发展问题研究。孔子学院正处于高速发展期，面临多种发展问题，如教学质量问题（师资力量不足、培训机制缺乏、教材落后等）（吴瑛、提文静，2009）、资金问题（梁炎、焦健，2011）、管理问题（郭宇路，2009）、生源问题（曾敏，2012）等。孔子学院发展中凸显出来的问题需要在发展中解决，而学界正承担起为解决发展问题提供智力支持的重任。第二，办学模式研究。在中外合作办学的框架下，许多高校的办学模式被广大学者所注意。周志刚、乔章凤总结了四种海外孔子学院的办学模式优劣势（2007），而陈俊羽则总结了泰国孔子学院"以孔子学院为中心，小学、中学、大学三环式扩展"的发展模式（2011）。不管是可持续发展问题还是办学模式，此类研究遵循宏大的思辨范式，许多实际未被解决的问题被整合进了研究论文，缺乏对这些问题的思考。发展战略是孔子学院在发展过程中必须明确的问题，而更多更重要的实际问题需要切实的研究和解决，相比之下，后者更为急迫和有用。

孔子学院是从事汉语文化推广的跨文化传播机构，跨文化传播学视野下的研究成为诸多学者的选择，刘程、安然的《孔子学院传播研究》成为国内首部传播学视角下的孔子学院研究专著，他们还合作发表了《传播中华文明：孔子学院与"台湾书院"的殊途同归》《海外孔子学院网站新闻传播案例分析——以美国孔子学院网站为例》《在英孔子学院跨文化传播影响力初探》等论文，系统剖析了孔子学院的文化传播现象，为孔子学院在发展速度、教育体系渗透及民间合作等方面影响力的提升提供了参考借鉴。此外，吴瑛则使用定量与定性结合的方法对5国16所孔子学院对外文化传播的效果进行了调查研究（吴瑛，2012）。还有的研究围绕某种具体形式的传播展开，如武术文化传播（虞亚海、张茂林，2011）。

目前，传播学视野下的孔子学院研究成果数量较多，但真正有价值的成果较为欠缺，尤其是对传播内容、传播路径、信息反馈等方面的研究相对较少。在研究方法方面，也是经验总结多，科学方法少。孔子学院作为传播中华文化的媒介，其承担的传播任务、传播模式以及传播效果理应成为研究的核心内容，传播现象研究是孔子学院研究的理论需要，也是孔子学院可持续发展的现实需要。孔子学院在全球推广汉语，传播中国文化，代表着中国和中国文化的国际感召力，因此，孔子学院成为我国公共外交实践的重要平台（吴勇毅，2012），是我国国家软实力的重要表达。孔子学院不仅对外传播中国文化，同时促进了国内传统文化的复兴和传承。孔子学院的政治影响正在被学者进行科学评估。吴晓萍通过问卷调查了麻省大学波士顿分校和布莱恩特大学孔子学院的"星谈"暑期班，78%的被访问者表示通过教学活动"星谈"，他们对中国的评价更加积极，86%的人认为孔子学院有助于提升中国形象和推广中国文化（2011）。与国外学者对孔子学院的政治立场不同，我国学者倾向于论证孔子学院对提升我国国际形象的助益作用，而很少从他国学者角度研究孔子学院可能对他国造成的影响。对于孔子学院辩证影响的研究可以让孔子学院研究更加系统全面，借助孔子学院的力量帮助他人或他文化理解孔子学院，消除误解，增强传播力量。

孔子学院作为"新生儿"，与世界其他语言推广机构（歌德学院、法语联盟、塞万提斯学院、英国文化委员会）共同肩负着维护世界文化多样性、增强跨文化交流的使命。而通过比较孔子学院与其他文化推广机构之间的差异，进而对孔子学院的发展提出建议，便成了学界的兴趣所在。莫嘉琳通过比较孔子学院与四大语言机构的异同，认为孔子学院发展的最佳模式是民办官助，实行教育服务体系产业化（2009）。相比于歌德学院，董璐认为在追求数量增长的同时，孔子学院更应注重文化传播效果（2011）。此外，车凯龙、铁茜比较了歌德学院与孔子学院文献信息资源聚焦模式和扩散模式，分析了两者图书购买、典藏体制、配置途径、媒介服务方面的不同，不失为比较研究的新视角（2013）。

（三）国内孔子学院研究存在的问题

孔子学院发展历时十年，研究历时九年，已形成教学、发展、传播、政治影响、比较五个研究视角，同时存在研究成果扎堆、研究方式和内容雷同的问题，尤其教学研究和发展研究领域，许多成果基本都是对某个孔子学院的描述性介绍，只是换了"孔子学院"的名称而已，创新价值大打折扣。我们认为，孔子学院研究的发展要发掘新的研究视角、开拓新的研究领域，成果较多的既存领域更要注重思路和方法上的创新。以孔子学院传播研究为例，目前多数研究专注于媒体对孔子学院的报道研究，而孔子学院的立体传播能力体系的勾勒尚未得到学界的研究，但这正是从整体上提升孔子学院传播效果的途径。

科学研究意味着具有论证的逻辑性和方法的规范严谨性，但孔子学院研究目前经验总结多、科学论证少。孔子学院研究中应该有大量的来源于实践、服务于实践的实证研究，经验总结式研究只是粗糙的对一手材料的加工，而实证研究则要求基于孔子学院实践的严谨调查研究，从定量研究把握孔子学院发展的全局性问题，从定性研究挖掘孔子学院发展中存在的深层次障碍，只有将两者结合才能够对孔子学院的发展有一个全面而深入的把握，而这正是孔子学院发展所急需的内容。

孔子学院研究正在兴起，各路研究人员纷纷抢占这一未知领域，大干快上的成果正充斥着学术期刊的版面，但对热点研究的多数文章雷同，自说自话，鲜有站在"巨人肩上"的，对某一理论问题的持续性研究缺乏。不少研究"反应速度"很快，但多数研究没有对接理论概念，上升至学理层面（廖圣清、申琦、柳成等，2013），所以，国内孔子学院研究需要有学者专注于几个理论研究的热点进行持续研究，以建立适合孔子学院研究和实践发展的理论体系。这种理论体系不应是西方理论的复制，也不应对西方理论不加思考地拒绝。

孔子学院需要新鲜血液的加入，除从事汉语教学教师这一稳定的研究队伍外，还需要从事管理学科，尤其是跨文化管理学科的人才加盟，帮助孔子学院解决管理、跨文化管理上的困惑；需要传播学界的学者加入，帮助孔子学院厘清和勾勒立体的传播模式，提升传播效果；需要国际关系学者加盟，从政治学和国际关系学的角度研究孔子学院的现状，为孔子学院的未来发展建言献策；需要教育学界的学者加盟，从多元文化教育和比较教育的视角，研究适宜于孔子学院的教育模式；此外，还需要一批从事跨文化研究的学者，研究他国对孔子学院的理解，帮助孔子学院理解他国民众对自身的理解，为跨文化理解的实现打好基础。研究队伍的壮大是保证孔子学院研究走向深入、走向系统的保证。

三、总结与展望

首先，孔子学院的国内研究立足于自身发展，海外研究则更为关注政治影响。目前海外学者重点关注孔子学院的政治影响，如国际影响力、软实力，进而批判孔子学院接受政府管控、影响当地文化等，重点关注孔子学院对自身生活的影响。国内学者则关注如何扩大孔子学院的影响力，从教学、发展、传播、比较、政治影响方面都体现出这样的特点。研究思路的不同来源于立场差异，中外学者往往站在各自利益、文化或标准的基础上，对孔子学院进行"我族中心主义"式解读，忽略了寻找其解读差异背后的文化因子和破解密码的关键步骤，而这正是进行有效跨文化传播的关键，也是孔子学院发展所需。

其次，孔子学院研究的科学性待提高。中外学者对孔子学院研究共同存在的问题是，相当多的成果在研究方法和研究过程上都不够科学。科学的方法和严谨的过程是研究成果价值的保证，学术研究忌讳肤浅的研究和缺乏证据的武断结论，而这两种情况均存在于国内外学者的研究中。因此，孔子学院研究走向理论系统化所需要解决的首要问题便是研究的科学性问题：要保证科学的研究方法和严谨的研究过程。

最后，对于孔子学院的研究需从双轨并行过渡到交汇融合。孔子学院研究需要中外研究者思想的换位与交融，实现真正意义的跨文化传播，而非双轨道行驶，各自自说自话。研究者自身的跨文化敏感和跨文化互动与换位至关重要。这是孔子学院研究发展的需要，是跨文化传播的内涵在研究者身上的体现，也是孔子学院海外影响力渗透进海外研究者意识形态的真正体现。

参考文献

［1］安然、魏先鹏. 赴泰汉语教师志愿者心理濡化研究. 云南师范大学学报. 2012（6）：47-57.

［2］安然. 孔子学院中方人员跨文化适应能力理论模式构建. China Media Report Overseas. 2013（9）.

［3］曾敏. 秘鲁孔子学院发展现状、问题及展望. 成都航空职业技术学院学报. 2012（1）：54-55.

［4］车凯龙、铁茜. 歌德学院与孔子学院文献信息资源服务模式比较研究. 新世纪图书馆. 2013（10）：56-59.

［5］陈俊羽. 泰国孔了学院办学模式研究. 云南师范大学学报. 2011（4）：49-52.

［6］陈艳清. 孔子学院及其教学的研究现状述评与反思. 云南财经大学学报（社会科学版）. 2009（3）：121-123.

［7］戴蓉. 孔子学院与中国语言文化外交. 上海. 上海社会科学院出版社. 2013.

［8］董璐. 孔子学院与歌德学院：不同理念下的跨文化传播. 国际关系学院学报. 2011（4）：101-107.

［9］杜瑞. 浅谈孔子学院武术课的教学方法——以斯里兰卡为例. 体育世界. 2013（1）：85-86.

［10］郭宇路. 孔子学院的发展问题与管理创新. 学术论坛. 2009（6）：180-183.

［11］李佳、胡晓慧. 孔子学院发展和对外汉语教材本土化进程中的问题及对策. 中国出版. 2013（11）：31-35.

［12］李明. 德国杜塞尔多夫孔子学院的汉语教学. 云南师范大学学报. 2009（5）：34-38.

［13］梁焱、焦健. 中亚孔子学院发展现状问题与策略研究. 新疆大学学报. 2011（2）：97-100.

［14］廖圣清、申琦、柳成等. 中国大陆新闻传播学研究十五

年：1998—2012. 新闻大学. 2013（6）：70-82.

［15］林德成、安然. 赴泰汉语志愿者跨文化适应研究. Intercultural Communication Studies. 2011，XX（1）：208-223.

［16］刘程、安然. 孔子学院传播研究. 北京：中国社会科学出版社. 2012.

［17］刘程、向平. 美国堪斯大学孔子学院的汉语教学. 云南师范大学学报. 2011（2）：78-84.

［18］刘晶晶、关英明. 海外孔子学院的教材选择与编写. 沈阳师范大学学报. 2012（1）：142-143.

［19］莫嘉琳. 孔子学院与世界主要语言文化推广机构的比较研究. 云南师范大学学报. 2009（5）：21-27.

［20］王学松. 加强中外合作汉语教学项目模式的研究. 中国高教研究. 2005（6）：69-70.

［21］吴晓萍. 中国形象的提升：来自孔子学院教学的启示. 外交评论. 2011（1）：89-102.

［22］吴瑛、提文静. 孔子学院的发展现状与问题分析. 云南师范大学学报. 2009（5）：28-33.

［23］吴瑛. 孔子学院与中国文化的国传播. 杭州：浙江大学出版社. 2012.

［24］吴瑛. 中国文化对外传播效果研究——对 5 国 16 所孔子学院的调查. 浙江社会科学. 2012（4）：144-151.

［25］吴勇毅. 孔子学院与国际汉语教育的公共外交价值. 新疆师范大学学报. 2012（4）：100-105.

［26］杨巍. 孔子学院基础汉语班教学实践与思考. 长江学术. 2007（4）：141-146.

［27］虞定海、张茂林. 基于孔子学院的武术推广模式研究. 上海体育学院学报. 2011（1）：83-87.

［28］周志刚、乔章凤. 海外孔子学院合作办学模式探析. 江苏高教. 2008（5）：32-35.

［29］Bell, D. War, Peace, and China's Soft Power: A Confucian Approach. Diogenes. 2009, 56(1).

［30］Ding, S. & R. A. Saunders. Talking up China: An Analysis of China's Rising Cultural Power and Global Promotion of the Chinese Language. East Asia. 2006, 23(2).

［31］Gil, J. The Promotion of Chinese Language Learning and China's Soft Power. Asian Social Science. 2008, 4(10).

［32］Hartig, F. Confucius Institutes and the Rise of China. Journal of Chinese Political Science. 2011, 11.

［33］Lien, D., H. C. Oh & W. T. Selmier Confucius institute effects on China's trade and FDI: Isn't it delightful when folks afar study Hanyu?. International Review of Economics and Finance. 2012.

［34］Lien, D. Financial effects of the Confucius Institute on Chinese language acquisition: Isn't it delightful that friends come from afar to teach you Hanyu?. North American Journal of Economics & Finance. 2013, 1(24).

［35］Lien, D. & H. C. Oh. Determinants of the Confucius Institute Establishment. The Quarterly Review of Economics and Finance. 2014, 2.

［36］Li, C. H., S. Mirmirani & J. A. Ilacqua. Confucius Institutes Distributed Leadership and Knowledge Sharing in a Worldwide Network. The Learning Organization. 2009, 16.

［37］Paradise, J. China and International Harmony: The Role of Confucius Institutes in Bolstering Beijing's Soft Power. Asian Survey. 2009, 49(4).

［38］Redden, E. Confucius says... New Mexico State University, newscenter.nmsu.edu. 2013-12-25.

［39］Starr, D. Chinese Language Education in Europe: the Confucius Institutes. European Journal of Education. 2009, 1(44).

［40］Wheeler, A. Cultural Diplomacy, Language Planning, and the Case of the University of Nairobi Confucius Institute. Journal of Asian & African Studies. 2013, 2(49).

［41］Yang, R. Soft Power and Higher Education: An Examination of China's Confucius Institutes. Globalization, Societies & Education. 2010, 8(2).

（原文载于《学术研究》2014 年第 11 期）

15. 十年来孔子学院的布局及其相关性报告

高永安

（中国人民大学文学院）

自 2004 全球第一所孔子学院建立以来,孔子学院已经在世界范围内遍地开花，在五大洲不同地区不同文化背景的国家建立起来。然而孔子学院在世界范围内的分布并不平衡，这个分布格局是怎么形成的？孔子学院的分布与哪些因素有关？为此我们把全球孔子学院看成文化复合空间，从文化地理学角度观察孔子学院在全球分布的文化意义，以帮助我们认识孔子学院布局，为以后的发展提供一个方面的依据。

一、相关因素的选择

网络的普及使得人类活动的空间和地域概念发生了巨大变化。孔子学院作为一种文化现象，它本身也组成一个特定的空间。这个空间的形成原因、发展前景，都与其伴生的诸多因素有关。根据孔子学院的世界分布划定的地图，是由单一指标划定的区域，其内部具有均质性，且都具有传播汉语的目标，其运行机制也大体一致，因而形成了一个单指标均质功能空间。单指标是指具有孔子学院这个指标，均质指各地孔子学院的一致性，功能指其组织性和目的性（王鹏飞，2012）。

事实上，一种单一的文化指标划定的区域是不可能存在的，因为如果没有相伴生的其他指标与它一起构成一种文化生态，就会失去生命力。孔子学院之所以形成今天的世界格局，其原因是多方面的，其意义也应该是深远的。发掘孔子学院的伴生因素，是我们正确认识孔子学院对其格局采取主动调节的重要条件。一般认为，文化要素可以分成三部分：物质要素、精神要素、语言和象征符号要素。孔子学院的伴生因素也应该从这三个方面来寻找（王鹏飞，2012：50-63，57）。

为了了解设置孔子学院和什么因素有关，我们尝试考察孔子学院的数据，和设置孔子学院国家的人口、经济状况、文化软实力、语言实力、中国留学生目的国、中国移民目的国诸数据之关系，希望从中能够找出某种规律。设立孔子学院国家的人口、经济状况，这是与设立国相关的物质要素，文化软实力是其精神要素；中国留学生和中国移民的目的国，则可能是综合考虑了目的国的经济、环境、教育、文化等多方面因素的，所以算是物质、精神都相关的要素；语言实力属于语言和象征符号要素。因此，我们选择的相关要素符合文化地理学的一般要求。

二、孔子学院数量和分布总览

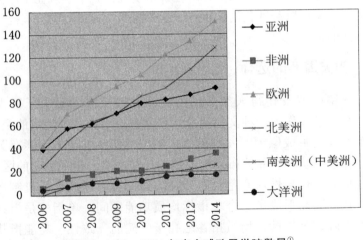

图 1　2006—2014 年度全球孔子学院数量①

①本表根据孔子学院总部的年度报告制作。由于 2004—2005 年度没有年度报告，所以欠缺数据。总的数量是：2004 年新建孔子学院 7 所，2005 年新建 36 所。

如图 1 所示，我们把美洲从中美洲部分分开，中、南美洲放在一起计算。这样，在六个大洲中，欧洲、北美、亚洲在一个集团，非洲、中南美洲、大洋洲在一个集团。在第一个集团里，欧洲和北美一路直上，孔子学院数量增长快速，亚洲紧随其后。亚洲在2006 年时跟欧洲一起处于领先地位，但是在 2008 年被北美洲赶上，之后则一直落后于北美洲。而且，从线段的斜率看，亚洲孔子学院的增长速度要比欧洲、北美低一些。在第二个集团里，大洋洲和非洲在 2006 年时处于同样的水平。在之后的发展中，大洋洲孔子学院的增长速度一直低于非洲，但是基本处于平行发展的状态。而从 2007 年开始，南美洲加入了争夺，一开始就跟大洋洲并驾齐驱，并且在 2008 年超过了大洋洲。不过，非洲、南美洲、大洋洲三个洲的孔子学院数量一直相差不大，2008 年之后处于平行发展状态。

总体上看，各洲的孔子学院数量都在上升，其中欧洲和北美洲的发展速度最快，大洋洲的发展速度最慢。从上升的速率上看，也基本上分为两个集团，跟数量上的两个集团一致。从中还可以看出，各大洲的孔子学院都呈现稳步增长的态势，这从六条线条的近似走向也可以看出来。各大洲孔子学院的稳步发展，说明世界范围内的孔子学院增长是正态的、良性的。但是，六大洲的孔子学院分为两个大的集团，则显示了两个世界的差异。欧美的孔子学院发展速度快，增长也快；非洲、南（中）美洲属于第三世界国家，其孔子学院发展速度慢，增长也慢；而大洋洲属于第二世界，其发展速度也跟非洲、拉丁美洲一致，则是例外的现象。

通过以上分析，我们会思考以下几个问题：

第一，六大洲孔子学院数量分为两大集团的现象，似乎说明孔子学院的分布太依赖经济实力，这促使我们进一步考察并试图探索孔子学院的增长和所在国的经济状况之间的潜在关系。同时，数量分流本身就是不太和谐的现象，建议总部在审批非洲、南美洲孔子学院时做出倾斜。

第二，亚洲孔子学院数量在 2007 年之后就落后于北美洲，而且增长速度也低于欧美。由于亚洲孔子学院是在中国邻邦国家建立的，这里学习汉语的需求应该说会更高，但近年来亚洲孔子学院增长的加速度却落后于北美洲，其原因值得探讨。

第三，大洋洲属于第二世界国家，照理说其孔子学院设置数量应该可以跟北美、欧洲媲美，但是目前其孔子学院数量却处于非洲、南美洲之后，而且其增长速度也相当缓慢，是否还有发展空间，值得探讨。

三、孔子学院与所在国经济实力的关系

从设立孔子学院最多的美国来看，其孔子学院总数最多，国家经济实力也最强；非洲孔子学院少，相应的经济也欠发达。这似乎显示孔子学院的设立跟国家经济实力呈正相关。但是，我们考察了所有孔子学院之后发现，经济实力确实跟孔子学院的设立有关，但不是绝对的正相关。表1是设立孔子学院最多的前20个国家，它们的国内生产总值（GDP）并不是按照孔子学院数量顺序排列的。

表1　孔子学院数量前20名的国家

国家	孔子学院	孔子课堂	GDP 总量[①]	国家	孔子学院	孔子课堂	GDP 总量
美国	100	356	16,197.96	意大利	11	20	1,953.82
英国	24	92	2,532.05	巴西	7	2	2,503.87
加拿大	23	18	1,839.14	印度尼西亚	6	0	1,006.89
韩国	19	4	1,234.04	西班牙	6	0	1,311.12
俄罗斯	18	4	2,109.02	墨西哥	5	0	1,210.23
法国	16	3	2,565.62	乌克兰	5	1	195.35
德国	15	3	3,373.33	哈萨克斯坦	4	0	220.14
日本	13	7	5,997.32	南非	4	2	402.15
澳大利亚	13	35	1,598.07	秘鲁	4	0	211.98
泰国	12	11	412.71	比利时	4	0	475.75

由于美国的数量大大多于其他国家，我们把美国单列，然后看其他国家的情况，如图2所示。

---

①所有 GDP 数值来自国际货币基金组织（IMF）2013 数据库，http://www.imf.org。下同。

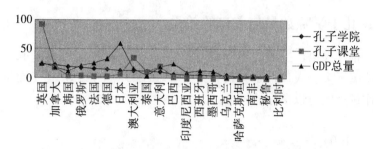

图2　美国以外国家的孔子学院总数与GDP关系

由图 2 可知，随着孔子学院数量的减少，GDP 总量的曲线虽然大致呈现下降的趋势，但是波动也特别大。尤其是在从俄罗斯到澳大利亚这个阶段，出现了一个大的上扬，到日本那里更是形成了峰值，以后的 GDP 曲线在波动中下降。

从以上图表我们观察到两个现象：一是美国、英国所建孔子学院数量遥遥领先，相应地，孔子课堂的数量也十分可观；二是孔子学院和所在国 GDP 总量的总趋势呈正相关，但是有一个波动特别大。因此，可以认为孔子学院的设立跟所在国 GDP 总量的联系并不总是那么紧密。

如果换算成人均 GDP，不仅可以显示出国家总体经济实力，而且可以兼顾当地富裕程度。

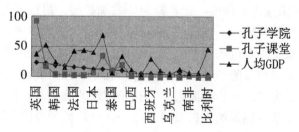

图3　美国以外国家的孔子学院总数与人均GDP关系

由图 3 可以看出，人均 GDP 曲线的波动基本上是随机的，也就是说，孔子学院不是在越富裕的国家设立得越多，孔子学院数量与人均 GDP 基本上没有关系。孔子学院数量跟当的富裕程度无关，跟国家总体经济实力关系也不明显。

四、孔子学院数量与人口的关系

推广汉语，主要的指标还是要看接受汉语的人口数量。孔子学院覆盖了多少人口，是考察其分布合理性的一个指标，也是衡量其工作进展的可以拿捏的标准。

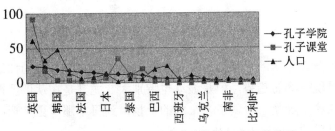

图4 美国以外国家的孔子学院数量与人口的关系

图4我们照旧是去掉了美国该图显示的是随着孔子学院数量的递减，人口呈现波动中递减的总趋势。也就是说，人口与孔子学院数量的变化总体上是吻合的，但是波动也不小。其中最突出的是日本、巴西、印尼、墨西哥，其人口曲线上扬明显。这几个国家的人口都上亿，但是孔子学院的数量除了日本有12个之外，其他三国都是个位数：巴西7所、印尼6所、墨西哥5所。在按照人口排列的前20名国家内，印度、巴基斯坦、孟加拉国、尼日利亚、菲律宾、越南、埃塞俄比亚、埃及、土耳其、刚果（金）、伊朗11个国家孔子学院数量没有进入前20名。如果把这个因素考量进去，加上图4显示的人口曲线的波动，可以认为，孔子学院的数量与人口没有直接关系。为了进一步对照人口与孔子学院的关系，我们计算了各国每个孔子学院辐射的人口数量。由于印度、孟加拉国所设孔子学院辐射人口数显著高于其他国家，我们取除这两国外的其他18个国家做成图表，如图5所示。

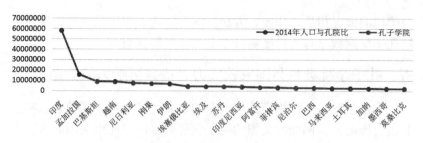

图5 孔子学院辐射人口（不含印度、孟加拉国）

由图5可知，各国单位人口所对应的孔子学院数量相差不大，而且基本上呈现平滑下降趋势。这说明孔子学院数量跟所在国人口之间的关系，除了印度、孟加拉国等少数国家之外，并没有显著的差别。相对来说，印度、孟加拉国的孔子学院数量需要专门研究。但是，从单位孔子学院所辐射人口最多的前20个国家来看，他们的孔子学院数量没有一个进入前20名的。所以，至少可以说，孔子学院的数量与国家人口的关系呈现复杂的情况。如果把人口和孔子学院数量放在一起看，就又是另一番景象了。就孔子学院数量前20的国家而言，其单位孔子学院辐射人口的关系如图6所示。

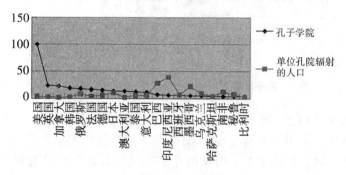

图6 单位孔子学院辐射人口

从图6可以看出，随着孔子学院数量平滑下降，单位孔子学院辐射的人口趋势要么平稳，要么反而升高，两个数据并不呈正相关。这说明，孔子学院数量跟单位孔子学院辐射的人口没有关系。而巴西、印度尼西亚、墨西哥单位孔子学院辐射人口最多。这个数据还不包括印度、孟加拉国，这两个国家的单位孔子学院辐射人口更多。

与美国的情况相反，印度、孟加拉国、巴西、印度尼西亚、墨西哥
的孔子学院数量与人口比例反差太大，值得深思。

五、孔子学院数量与国家软实力、语言影响力的关系

孔子学院是语言推广机构，它的设立还可能考虑到国家软实力
和语言影响力。例如，美国的孔子学院最多，可能跟美国的软实力
和语言影响力最强大有关。英国新锐城市杂志《单镜片》（*Monocle*）
2012 年 11 月 18 日发布了年度世界软实力（soft power）国家排行
榜①，其统计考虑到了政治、外交、商务、文化、体育和教育六个
方面。这个排行未必可信，但是目前尚没有更好的排名，权且拿这
个排行跟孔子学院数量排行放在一起，观察两者之间有无关系。

《单镜片》评出的软实力前 20 名的国家是：英国、美国、德国、
法国、瑞典、日本、丹麦、瑞士、澳大利亚、加拿大、韩国、挪威、
芬兰、意大利、荷兰、西班牙、巴西、奥地利、比利时、土耳其。

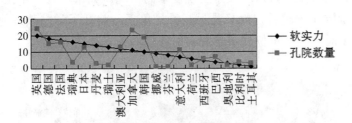

图 7　孔子学院与所在国软实力的关系（无美国）

从图 7 可见，随着软实力下降，孔子学院数量呈犬牙交错状，
说明两项指标并不匹配。这里面有瑞典、丹麦、挪威、芬兰、荷
兰、奥地利、土耳其 7 个国家的孔子学院没有进入学院数量前 20
名。同时，孔子学院数量最多的前 20 个国家中，有俄罗斯、泰
国、印度尼西亚、墨西哥、乌克兰、哈萨克斯坦、南非、秘鲁 8
个国家没有进入软实力排行前 10 名。这个结果要么说明孔子学
院的设立并不考虑国家软实力，要么说明《单镜片》的评选具有
片面性。

———————————

①参见 http://monocle.com/film/affairs/soft-power-survey-2012。

瑞士社会学者乔治·韦伯（George Weber）提出了一个语言评价体系，共有 6 条标准：（1）以该语言为第一语言（母语）的人数：最高得分 4；（2）以该语言为第二语言的人数：最高得分 6；（3）使用该语言国家的经济实力：最高得分 8；（4）科学、外交中该语言的重要性：最高得分 8；（5）使用该语言的国家数和人口数：最高得分 7；（6）该语言的社会、文学地位：最高得分 4（如果是联合国工作语言加 1 分）。

综合 6 大因素评分，George Weber 给世界各语言的排名依次为：英语（37）、法语（23）、西班牙语（20）、俄语（16）、阿拉伯语（14）、汉语（13）、德语（12）、日语（10）、葡萄牙语（10）、印地语/乌尔都语（9）（Weber，1997）。

由于统计这个数据的难度较大，我们只做个大致估计。在这个排名中，只有阿拉伯语国家的孔子学院数量可能并不比德语国家多。此外其他各主要语种的顺序，大致跟孔子学院数量的顺序相当。

六、孔子学院数量与中国人留学或移民去向的关系

孔子学院本质上是民间机构，基于对其民间性质的认识，我们考察了比较能够体现民间意志的留学和移民两个因素。根据唐冰丹统计，中国留学生青睐的留学目的国的前十名分别是美国、英国、日本、法国、加拿大、澳大利亚、韩国、新西兰、俄罗斯、新加坡（唐冰丹，2012）。由于影响选择目的国的因素有很多，所以，首选目的国在不同年份会有一些差异。但是，从以往的情况看，这种差异只局限在局部的调整上。由于这些变化影响不大，所以我们认为可以暂时忽略它们。比较留学目的国和孔子学院数量前 20 名的国家，我们会发现，除了新加坡之外，其他国家都位于孔子学院数量排名前 10 名之内。

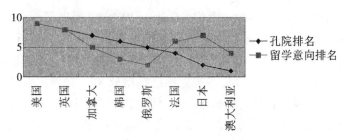

图 8　孔子学院数量与中国留学生青睐程度

由于孔子学院数量排在第 8 名的德国不在留学目的国前 10 国之列，再去掉孔子学院数量没有进入前 20 名的新加坡，其余的 8 个国家正好占据留学目的国前 8 名。从留学生意向的曲线看，孔子学院数量前 5 名国家与留学意向的趋势基本一致。到了法国、日本、澳大利亚三国，留学意向则明显高于孔子学院数量趋势。近年来留学生对目的国选择有所改变，根据人民网的报道，日本地位下滑，而澳大利亚击败日本，成为排名第四的留学目的国。这样的调整也许会使两条曲线更接近一些。从数量上看，选择美国的留学生人数是其他国家人数的几倍。根据中国新闻网报道，接近 30%的留学生选择美国。这个数据跟美国暴涨的孔子学院数量比起来，可谓得其所也。

移民的因素是否会影响孔院的设立呢？《世界移民报告：移民的福祉与发展》显示，中国移民最青睐的移民目的国前十名依次是：美国、韩国、日本、加拿大、澳大利亚、新加坡、意大利、孟加拉、西班牙、英国。

由于美国孔子学院数量大大超出其他几国，我们还是把美国排除之后，制成图 9。

由图 9 可见，孔子学院数量与移民目的国的排名趋势的差距较大。因此，可以认为，设立孔子学院跟移民因素基本无关。

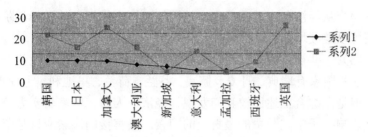

图 9　孔子学院数量与中国学生青睐程度（无美国）

七、结论

设立孔子学院的数量是否跟政治有关？与中国交往的密切程度是否可能影响孔子学院的设立？经过比较，我们否定了这些假设。跟中国关系比较密切的朝鲜并没有设立孔子学院，越南设立的孔子学院也不多，俄罗斯的孔子学院数量相对较少。相反，跟中国或有摩擦的美国、日本设立的孔子学院数量都处于领先地位。

孔子学院为什么会形成今天的世界分布呢？这跟孔子学院本身的设立程序有关。孔子学院的申办，要国外的机构有汉语推广的要求，并先提出申请，然后由中国国家汉办批准，中外双方分别投入，共同建设。这种有需求、有供给的模式很像市场经济。

从上述考察可以看出几个突出的特点：

（1）美国作为世界上影响巨大的国家，其所建立的孔子学院的、数量也远远多于其他国家。从相关性角度看，美国国内设立上百所孔子学院的格局，跟其长期作为中国留学生最大目的国有正相关关系。

（2）印度是设立孔子学院相对最少的国家。它是世界第二人口大国，却仅仅设立了两所孔子学院，这与其作为人口大国的地位不相称。同样，巴基斯坦、伊朗、印度尼西亚、尼日利亚、巴西等亚非拉国家的人口和孔子学院之比也相对较大，对于汉语推广似乎还有很大空间。

（3）我们根据一般的数据比较发现，澳大利亚、日本作为留学生青睐程度很高的教育大国，其孔子学院数量还有较大的增长空间。

（4）从经济角度看，日本、德国等经济大国拥有的孔子学院数量还可以继续增加。

（5）一些被认为具有深厚软实力的国家也可以鼓励增设孔子学院，这些国家有瑞典、丹麦、挪威、芬兰、荷兰、奥地利、土耳其。

但是，综合上述比较我们发现，经济、人口、国家软实力等都不是影响孔子学院数量的最直接的因素。最直接的因素应该是留学生的意向。这个问题应该怎么解释？这对于孔子学院发展具有什么意义？这才是我们要关注的要点。

由于孔子学院的设立要双方的意愿合拍才可以实现，所以，除了我们意志之外，主要要看孔子学院所在国的意愿。所在国愿意设立孔子学院的真正动因，可能正是由于他们可以从中国留学生身上获益—留学生可以带来他们需要的，学费、人才、学校知名度、与中国交往的机会等。从某种角度说，"移民"与"也应该具有跟留学"有异曲同工的作用，但是移民的情况要复杂得多，受到移民来源、移民目的国的移民政策、经济和社会发展状况、生活宜居程度等多种因素制约。而留学生考虑宜居程度较少，更多地考虑教育资源。

孔子学院在所在国受欢迎的程度与所在国中中国留学生的数量成正相关，因此，关注留学生的留学目的动向，也是设立孔子学院的一个关注指标。孔子学院分布趋势受留学意向，甚至说是跟着大学排行榜走的现象，背后暗藏着危机。

首先，大学排行榜并不一定能真正反映大学实力，其也是英美国家的一种宣传，如果一味地跟随这种宣传走，就是把汉语推广绑架在英美的价值取向之上，会失去其原有的意义。

其次，由于大学排行榜具有倾向性，孔子学院的开设即便是以教育实力为基础分布，也不能覆盖全部教育资源。比如，俄罗斯的科技水平也很高，但是所建孔子学院的规模却远远落后于美国。

一些国家的语言推广机构是由政府计划设立的，比如，德国的歌德学院就是先在邻近友好国家设立，然后再逐渐扩大范围。孔子学院采用一种接近市场经济方式的设立程序，国家只有在审批阶段才有干预机会。这对于孔子学院分布的控制有很大风险。但是，了解影响孔子学院设立的民间相关因素，有助于我们认识目前的格局，并有望对以后的分布格局进行展望。

参考文献

［1］唐冰丹. 中国留学生十大目的国. 北京：中国青年出版社. 2012.

［2］王鹏飞. 文化地理学. 北京：首都师范大学出版社. 2012.

［3］Weber, G. 最强语言：世界十大最具有影响力的语言. 今日语言. 1997，2.

（原文载于《华南师范大学学报》（社会科学版）2014 年第 5 期）

16. 适度干预：孔子学院发展中的政府行为选择*

王海兰　宁继鸣

（山东大学国际教育学院；北京语言大学语言科学院）

据统计，截至 2014 年 7 月，我国已在 122 个国家和地区建立了 457 所孔子学院和 707 个孔子课堂，形成多层级全球性系统网络，在推动汉语和中华文化对外传播，促进中外文化交流中做出了重要贡献。但是，有一个问题一直存在且不容忽视，即在孔子学院的建设与发展过程中，如何定位政府的角色与作用，以及如何界定政府的行为边界和行为方式等。不可否认，孔子学院之所以能在较短的时间发展迅猛且成就突出，离不开政府的推动和支持。从某种意义上说，孔子学院就是政府以行政化手段培植汉语国际教育市场主体，培育和发展汉语国际教育市场的产物。从组织性质上看，孔子学院是以政府为主导、以提供国家教育类公共产品为主的非营利组织，在全球化时代帮助或协助政府履行公共责任。因此，政府与孔子学院具有先天的"血缘"关系，对孔子学院发展具有重要而特殊的影响。

然而，在孔子学院发展过程中，政府始终面临一种两难选择：

*本研究系教育部人文社会科学研究规划项目"孔子学院的文化功能与社会价值研究"（13YJAZH066）；中国博士后基金面上资助项目"语言规划与经济规划的互动：理论与实证分析"（2015M570983）；山东大学自主创新基金项目"个体语言技能投资：语言国际推广的微观基础研究"（IFW 12055）。

一方面政府需要支持和依托孔子学院履行公共职责，实现服务国家利益和国际道义的义务与责任，同时，孔子学院的存在与发展亦离不开政府政策资金等多方面的支持与关照；但另一方面，政府的过度干预必然会加剧孔子学院的"政治色彩"，增加他国对孔子学院的警觉，甚至是排斥和抵制，阻碍其发展。伴随着孔子学院在广度和深度方面的发展，这种两难选择将会越来越凸显。之所以会出现这种困境，原因是多方面的。部分原因可归于"意识形态"范畴，除此之外，对于一个跨国语言推广机构，政府干预行为的边界和方式并无标准可依，即使在国际社会也无成熟模式可参照。中国政府需要一个探索和建构的过程。据此，本文基于孔子学院组织属性及其产品特性的分析，为政府的行为选择提供一种视角和方案。

围绕孔子学院发展中的政府行为，本文将探讨三个问题：一是政府干预语言国际推广机构的理论依据与国际经验；二是孔子学院发展中的政府行为现状及其亟待解决的问题；三是孔子学院发展中政府行为的适度干预。

一、政府干预语言国际推广机构的理论依据与国际经验

语言国际推广机构是指各国旨在推广本国语言和文化而专门成立的组织机构，被认为是一国语言政策的重要实践主体。建立语言推广机构是各国推广本国语言的通行做法，如法国的法语联盟、英国的英国文化委员会、德国的歌德学院、西班牙的塞万提斯学院和中国的孔子学院等，在世界范围内都有非常广泛且深入的。各国语言推广机构的共同使命是传播本国语言和文化，其功能目标大体可归为三个层面，一是教育层面，促进语言推广，提升语言影响力，推动本国与他国的教育交流与合作；二是文化层面，推动本国文化对外传播，促进他国对本国文化的了解；三是政治层面，增进政治互信，依托人文交流和公共外交促进国家间的相互信任与理解。

语言推广机构在起源上就与政府保持着密切关系。梳理这些机构的历史会发现，其无一例外地发端于国家在特定的国内和国际环境之下对于塑造国家形象的利益诉求，是政府希望依托语言和文化的传播提升本国的国际影响力和话语权的结果。几乎所有语言推广

机构的设立均与政府推动有关，且以其非营利组织的身份帮助政府履行公共职责。因此，从诞生之日起，语言推广机构就与政府有着不可割裂的先天关系，政府必然在其发展中发挥重要及特殊的作用，而机构本身则必然将维护和拓展国家利益作为其价值取向。

（一）政府干预语言推广机构的必要性与适度性：理论依据

语言国际推广机构的非营利组织特性和混合产品属性要求政府必须对其提供必要的支持，进行必要的监管。"历史证明，语言传播与国家发展是相辅相成的，国家发展为语言传播提供了强大后盾，语言的推广可以更好地促进国家的发展，服务于国家的政治、外交、经贸、文化、科技等各个领域，其作用带有基础性、综合性和一定的先导性，所产生的效应是巨大而持久的。"（宁继鸣，2006）语言推广机构提供的主要是语言教育和文化推广类产品，这些产品大部分具有竞争性不强、排他性较弱的特征，属于准公共产品。同时，语言和文化产品区别于其他产品的最大特征是具有意识形态属性，体现着一个国家、民族的思维方式和价值观，关系着民族的凝聚力和自信心，政府对于提供公共产品负有不可推卸的责任。同时，语言推广机构在参与公共事务管理过程中，政府有必要加以引导和监督，防止其偏离公益性轨道。而语言和文化的意识形态属性则要求政府必须对语言推广机构的行为加以适当的调控和规制，避免出现多重"政治风险"。

作为非营利组织，语言推广机构的生存和发展需要稳定的资金来源。非营利组织资金主要来自政府资助，企业、社会组织、个人的捐赠，以及组织自身的盈利收入。但总体而言，语言推广机构的产品大部分为免费提供的公益性产品，自身盈利收入所占比重相对较少，而政府提供的资金在其中占较大比重。语言推广机构的盈利性收入主要来自语言教学活动，与语言的价值、语言学习需求量等因素密切相关。在组织成立的早期阶段，对于绝大部分语言推广机构而言，获得的捐赠往往非常少，特别是在起步阶段，需要政府在制度、资金和人员等方面提供支持。纵观各国语言推广机构与政府的关系，可明显看出，无论国家体制有何不同，推广机构的运作都离不开政府的支持，语言推广机构实质上是政府实施其语言推广政策的重要载体，加大对语言推广机构的投入和支持是政府的重大战略举措（宁继鸣，2006）。

然而，在语言推广机构发展过程中，政府的介入同时存在积极和消极两种效应。机构的组织性质和产品性质决定了政府有必要对其运作提供支持和加以监管。但在市场经济条件下，政府行为具有一定边界，政府只有在一定范围内，以恰当的方式对社会经济进行干预，才能有助于社会经济的发展，并不是干预得越多越好，而是要适度。政府的越位、缺位、移位都可能带来"政府失灵"，在语言推广机构发展中更是如此。语言推广机构所具有的跨国性、教育性和非营利性，以及其产品具有的意识形态属性等要求政府的行为边界和行为方式必须适度，过度干预带来的"政治色彩"将使语言推广机构遭遇抵制和排斥，阻碍其发展；政府缺位或移位，不能及时提供必要的支持与保障，以及未能进行适当的监管与调控等行为，可能导致语言推广机构的生存危机或"政治风险"。政府的支持和国家政治文化利益的隐藏性、长期性等原因，使得各国语言推广机构往往面临双重质疑，一是国际社会对其运营和决策独立性的质疑，二是国内社会对公共资金使用成本效益的质疑（曹叠峰，2014）。如何在获得政府支持的同时淡化政府色彩和官方形象，即政府在语言推广机构运行过程中既进行必要的干预和支持，又控制在适度区间，是各国语言推广机构面临的共同问题。

（二）政府干预语言推广机构的共性特征：国际经验

世界主要语言推广机构，如英国文化委员会、法语联盟、歌德学院、塞万提斯学院等都与政府保持着密切联系，政府在其发展中发挥着重要作用。在这些机构的发展中，政府行为呈现一些共性特征，表现为政府定位和作用的阶段转换性、政府介入方式的多样性、政府行为边界与行为方式的国别化。

1. 政府角色和作用的阶段转换性

在语言推广机构的发展中，政府一直发挥作用，但从整个过程来看，政府所扮演的角色和所发挥的作用具有阶段转换特征。总体而言，在初级阶段，政府往往发挥主导作用，机构在资金来源上几乎完全依赖政府，在组织管理和活动指导思想上也依附于政府；在成熟阶段，语言推广机构对政府的依赖程度会减少，政府由主导者逐渐转为服务者和监管者。成立于 1934 年的英国文化委员会发展历程可以划分为 4 个发展阶段：1934～1954 年的曲折起步阶段，1954～1977 年的平稳发展阶段，1977～1996 年的全球扩张阶段和 1996 年至今的战略调整阶段。在前两个阶段，委员会的资金主要来源于政府拨款，所开展的业务主要是服务于国家外交和政治需求的援助性活动。1977 年后，受《伯理尔报告》的影响，政府对委员会的资助日益减少，委员会为了生存被迫调整策略，逐渐转向市场化运营，加强同国外政府的合作，把英语教学、英语考试等活动作为全球性商品提供，注重商业利益的全球扩张（徐波，2009）。法语联盟的分支机构成立初期，法国政府都会提供部分启动资金，此后各个分校开始独立经营，自负盈亏。需强调的是，政府角色转换并不代表政府对语言推广机构的重视程度降低，也不代表政府对其实际控制能力变弱。伴随全球经济、政治和文化的发展以及各推广机构自身发展的需要，在非营利组织旗帜下，政府越来越倾向于将语言推广机构纳入到"国家战略"发展框架下运作。哪些因素会影响政府在语言推广机构发展中的角色转换是一个值得探讨的课题，我们会继续研究。

2. 政府介入方式的多样化

政府参与语言推广机构的方式多种多样，从推广机构宏观战略的制定到微观运作都有政府的身影，具体包括制度安排、资金提供和组织管理参与 3 个层面。

制度安排上，各国政府都将语言推广机构纳入国家外交发展框架，从宏观上管控其发展战略，通过一系列制度安排确保语言推广机构的地位。在组织归宿上，政府将语言推广机构纳入政府序列，使其成为政府附属机构，如英国文化委员会隶属于英国外交部，法国法语联盟与法国外交部保持着密切的联系。德国联邦政府于 1969 年和 1976 年分别与歌德学院签署的合作协议和框架协定，既在战略上将歌德学院纳入联邦外交文化范畴，又确保其在法律上的自治地位。

资金提供上，各国政府都为本国语言推广机构的设立与发展提供了必要的支持。政府财政拨款是各国语言推广机构最重要的资金来源，特别是国外分支机构的启动资金几乎全部来自政府拨款，其工作人员中也有很多是政府派出人员，政府支付其酬金。这些语言推广机构的自营业务收入也与政府财政预算有着千丝万缕的联系，它们开办的语言培训班中，大部分学员直接或间接受到了该国财政以及与之相关基金会的资助。如，2007—2008 年度，英国外交和联邦事务部对英国文化委员会的拨款为 1.89 亿英镑，此外，其他政府部门对其拨款 7 百万英镑；塞万提斯学院的经费来源为国家预算，2006 年塞万提斯学院的经费为 6861 万欧元，比 2005 年增加了 11%，其中，国家拨款占 89%；法国国际合作与发展司在语言文化推广方面的预算为 20.31 亿欧元（张西平、柳若梅，2008：91）。

组织管理上，政府部门以多种形式参与语言推广机构的运营。第一，各国元首通常是各个主要语言推广机构的名誉校长或名誉主席。在法语联盟中，法国总统是名誉校长，而法国各驻外大使都是所在国分支机构的名誉校长；西班牙国王是塞万提斯学院的名誉主席；伊丽莎白女王是英国文化委员会庇护人，查尔斯亲王是副庇护人。第二，各国语言推广机构主要负责人的任命需要向政府汇报，最高权力机构和最高行政管理机构中都有政府的派驻代表。例如，英国文化委员会的理事会成员中有两个成员的任命需由外交和联邦事务大臣提名；塞万提斯学院理事会由外交部、教育及文化部、经济及财政部以及董事会的代表组成；法语联盟章程规定，法国内政部部长、国民教育部部长和外交部部长都有权派代表视察各法语联盟建立的机构，并听取有关这些机构运作的汇报。第三，各主要语言推广机构的分支机构几乎都与本国使（领）馆有合作伙伴关系，常常是同使（领）馆文化处协调后才采取行动。例如，法语联盟同法国使馆有着稳定的合作关系，通过"项目合同"的方式确定文化教育项目所需资金、活动内容和日程安排等具体事项。

3. 政府行为边界和行为方式的国别化

尽管主要语言推广机构都与政府有着密切联系，但是不同语言机构在运营模式和决策机制等方面都体现了政府行为边界和行为方式的国别化特征。有的语言推广机构，政府行为边界较大，参与方式较直接，有的语言推广机构，政府参与较少，主要采用间接方式参与。根据政府对语言推广机构的集分权程度，形成了三种不同的管控模式：一是战略管控，政府与语言推广机构签署战略协定，推广机构在战略协定框架下制定自身目标，开展具体业务，如歌德学院；二是项目管控，政府对提供资助的项目进行监管，实际是谁投资，谁有决策权，如英国文化委员会部分项目的举办地点由其赞助方英国"海外发展管理局"决定；三是运作管控，政府对语言推广机构从战略规划到具体运作都进行监督检查，如塞万提斯学院。值得注意的是，为避免因政府过度参与带来的负面影响，政府与语言推广机构之间越来越倾向于建立"合作关系"而不是"附属关系"。例如，法语联盟在获得总部审批设立后，其运作就具有了很强的独立性，政府只是其中一个合作方，随着英国文化委员会自负盈亏能力的增强，"英国政府正试图淡化其在英语推广上的角色，不愿过多介入"（徐波，2009）。从政府掌控和决策集中程度看，歌德学院、英国文化委员会、孔子学院、法语联盟呈逐渐下降的趋势（曹叠峰，2014）。

二、孔子学院发展中政府行为的现状与问题

（一）孔子学院发展中的政府行为现状

与世界其他语言推广机构相比，孔子学院起步较晚，但是发展迅速且起到积极的示范效应，这一方面得力于合作设立模式的优越性，另一方面离不开政府的有力支持。中国政府在孔子学院建设中的行为，既体现了其他语言推广机构中政府行为的一些共性特征，同时又立足于中国国情，彰显了中国特色。

1. 多层级政府主体参与孔子学院建设

中国政府高度重视孔子学院建设，党和国家领导人不仅多次批示要加强孔子学院建设，打造综合文化交流平台，发挥在人文交流方面的积极作用，还多次出访和参与孔子学院的活动。在孔子学院总部理事会中，国务院副总理刘延东担任理事会主席，教育部、财政部、国务院侨务办公室、外交部、国家发展与改革委员会、商务部、文化部、国家新闻出版广播电影电视总局、国务院新闻办公室

等部委领导人为理事会成员。这种组织架构意味着各部委的各层级政府部门都有参与孔子学院建设的责任和义务。

孔子学院总部/国家汉办是全球孔子学院的最高管理和统筹机构，负责管理和指导全球孔子学院，其具体职责包括：制订孔子学院建设规划和设置，评估标准审批设置孔子学院，审批各地孔子学院的年度项目计划和预决算，指导、评估孔子学院办学活动，对孔子学院运行进行质量管理，为各地孔子学院提供教学资源支持与服务，选派中方院长和教学人员，培训孔子学院管理人员和教师，组织召开孔子学院大会等。

在实际运作中，作为孔子学院最主要的建设主体，国内高校自然成为政府的延续性机构。孔子学院主要采用中外高校合作设立的模式，截至目前，全国共有 200 多所高校参与到孔子学院的建设中来。在我国长期以来形成的教育产权制度中，国家是教育产权的最后所有者，学校是政府管理社会事务的重要手段之一。在这种独特的教育产权形式下，政府可以通过对高校的财政、师资、学科设置等方面的调控行使较大的控制权。

2. 政府以多种形式介入孔子学院

在制度安排上，《中共中央推动文化大发展大繁荣的决定》明确提出"加强海外中国文化中心和孔子学院建设"，《中共中央关于全面深化改革若干重大问题的决定》提出"鼓励社会组织、中资机构等参与孔子学院和海外文化中心建设，承担人文交流项目"，将孔子学院建设纳入到国家战略发展框架，奠定了孔子学院在国家发展，特别是文化发展中的地位。国务院办公厅专门出台《关于加强汉语国际推广工作的若干意见》，对孔子学院发展提出了框架性要求，教育部《国家中长期教育改革和发展规划纲要（2010—2020 年）》提出要"提高孔子学院办学质量和水平"，教育部、财务部、国家汉办等出台一系列专门制度，确保孔子学院健康有序运行，如《国家公派出国教师生活待遇管理规定》（财教〔2011〕194 号）、《孔子学院发展规划》（2012—2020 年）、《孔子学院章程》等。

在资金和资源投入上，孔子学院采用中外合作方式设立，中外双方按照 1∶1 比例投入，中方投入部分主要由政府承担。资金方面，政府对孔子学院的投入主要分为启动经费和项目经费。2013 年，中方为孔子学院支出 2.78 亿美元；资源方面，政府资助研发教材和向孔子学院赠送图书、教材等。2013 年，孔子学院总部向俄罗斯、西班牙、日本等 30 国转让教材版权 100 多种，支持 9 个国家 18 所孔子学院开发本土教材 21 种 147 册，向 120 个国家 1375 个机构赠书 70 万册，其中为孔子学院（课堂）配送教材 41 万册；人员方面，原则上中方向每所孔子学院派遣 1 名中方院长、2 名汉语教师，政府承担外派人员的工资。2013 年，孔子学院总部向孔子学院派出院长、教师、志愿者 1.44 万人（孔子学院总部/国家汉办，2014）。同时，依托国内高校或省级政府机构，在全球建设了 19 个汉语国际推广基地。如果说孔子学院是海外汉语国际推广的前沿阵地，那么汉语国际推广基地就是为孔子学院提供粮草和弹药等资源的后方保障。

运作管理上，政府对孔子学院运作上的管控主要通过人事管理和年度计划的审批来实现。根据《孔子学院章程》，孔子学院理事会的中外方成员比例由双方协商确定，从目前实际结果看，中方比例大部分超过 50%，中方院长和汉语教师由中国政府派遣。孔子学院需按规定期限编制项目实施方案及预算、项目执行情况及决算，需经总部审批。在项目开展上，目前孔子学院大部分按照"重点项目+特色项目"的方式进行，重点项目一般为孔子学院总部规定必须开展的项目。

3. 政府在孔子学院发展中发挥多重作用

政府的多主体、多形式介入使其在孔子学院运行中发挥重要而特殊的作用。如上所述，政府在资金、人力、资源等方面提供了全方位的支持，确保孔子学院得以运行。实际上，与世界其他语言推广机构的起源类似，孔子学院就是政府以行政化手段培植汉语国际教育市场主体，培育和发展汉语国际教育市场的产物，其起点具有明显的"官方色彩"。从长期来看，政府在孔子学院发展中的作用可归纳为 3 个方面：第一，采用中外合作模式，以行政化的手段快速整合国内优质教育文化资源，为孔子学院的发展提供了可靠的资源支撑和人力支撑，降低了发展中的不确定性和风险，赢得了孔子院所在地的信任。第二，采取行政化手段，中央一级的领导人参与和支持孔子学院的相关活动，提高了孔子学院的"规格"，迎合了海外合作院校和所在地政府"被认同"的利益诉求，奠定了孔子学院在当地的"社会地位"。第三，采取跨越式发展，短期内形成全球孔子学院网络，为孔子学院发展创造了"规模效应"，形成了资源共享、合作与竞争并存的态势，造就了一片势不可挡的"场域"。

（二）孔子学院发展中亟待探讨的政府行为问题

市场经济条件下，政府在公共领域的行为一直是存在争议的问题。之所以存在争议，一方面是因为事物总是变化的，政府行为应根据变化而调整，另一方面则是因为我们总希望追求一种"最优"的状态。探讨发展中的政府行为，目的在于寻找政府行为的"最优"点，实现孔子学院组织绩效的最大化。以下三方面问题亟待探讨：

第一，政府在孔子学院建设中的参与方式和参与程度问题。政府以哪种方式或哪些组合方式参与孔子学院建设，参与的最优程度是多少，等等。第二，在孔子学院发展的不同阶段，政府的角色定位是不同的，这就涉及了政府的角色定位和转换问题。在具体运作过程中，如何定位政府在孔子学院建设中的作用，政府角色转换的条件是什么，在哪个时点上转换是最优的，不同国家、不同类型的孔子学院，政府的功能定位和角色转换具有哪些特殊性等，这些问题需要在实践调查和系统的学理研究的基础上予以进一步明确。第三，如何借助孔子学院的中国特色，即教育产权问题，更好发挥政府在教育资源和文化资源整合中的作用，如何通过有效的机制建设，引导社会机构、民间资本参与孔子学院建设。

三、适度干预：孔子学院发展中的政府行为选择

根据孔子学院的产品属性，借鉴世界各国政府干预本国语言推广机构的经验，我们认为，实行政府对孔子学院的"适度干预"，可以更好地发挥政府在孔子学院发展中的作用，有效提升组织绩效。

（一）孔子学院发展中政府适度干预的内涵

"适度干预"的完整内容包括两个方面：一是政府干预的"客观必要性"。这是由语言推广和文化传播的公共性和"市场失灵"决定

的，政府有责任和义务支持孔子学院发展；二是政府干预的"合理有效性"。政府对孔子学院的支持要以维护市场效率和国家利益为原则，以提高孔子学院的组织绩效和使命实现为宗旨。提出政府对孔子学院的"适度干预"实际上是使政府的行为得以优化，即在孔子学院发展中，政府如何在适当的领域，选择适当的时机，采取适当的方式和手段，进行适当程度的干预，使得孔子学院能最大化、最高效地实现组织使命，促进其健康、可持续发展。在孔子学院发展中，政府"适度干预"的内涵具体包含以下 3 个方面。

（1）政府行为边界的适度性。约翰·穆勒认为"扩张政府范围"和"把政府活动限制在极狭小的范围内"都不是明智的主张，政府干预应在适度范围内（2009：553-574）。经济学家、诺贝尔奖获得者阿瑟·刘易斯指出，政府可能会由于做得太少或做得太多而遭到失败（1994：475）。在孔子学院发展中，政府"无所不能"，也不是"一无是处"，而是应在适当的范围和领域内有所作为。其合理边界界定为：第一，市场失灵的范围就是政府干预的范围，市场失灵决定了政府运作的空间范围。语言与文化传播的公共产品属性和外部性使得市场在这一领域存在失灵，这为政府参与孔子学院建设提供了空间。政府干预孔子学院的目的不是为了取代市场，而是为了排除因市场失灵而造成的汉语国际教育市场在形成过程中的障碍，是为了培育和促进市场的形成与发展，让市场在汉语教学和中华文化资源配置与扩散中发挥更大功效。因此，在孔子学院发展中，市场能发挥作用的地方应交给市场去做，市场无法胜任的才是政府应监管和参与的。第二，在市场失灵的领域中，当政府干预成本过高或干预能力过弱时，政府对孔子学院干预范围就应受到限制或进行适当调整。第三，政府干预的事情，必须是政府比较了解的；不甚了解的事情，政府不宜随意干预。简言之，政府在孔子学院中的行为边界以不影响市场效率和国家利益为限度，在"市场失灵"的场域内，监管和参与在其自身能力范围内的事情。政府行为边界就是政府能力的边界，当政府对孔子学院的干预超过其能力范围时，就意味着政府跨越了自己应当干预的度，在这种情况下所采取的行为可能对孔子学院发展带来"负效应"。孔子学院发展中，可以通过社会力量来解决的，应该尽可能交给社会力量来解决。政府的职能更多的是如何通过制度安排，鼓励和吸引社会力量参与到孔子学院发展中来，而不是替代社会力量。

（2）政府行为方式的适当性。政府适度干预既包括干预范围的适度，也包括干预方式和手段的适当。孔子学院所提供的产品具有公共性与私有性混合、商品属性与意识形态属性并存的特征，这一特性对政府的行为方式和手段提出挑战。一种语言和文化的传播归根结底在于个体基于自身利益最大化的考虑选择学习和掌握它，孔子学院教授汉语传播中华文化使命的实现程度在很大程度上取决于其所提供的产品内容和提供方式是否满足和适应海外民众的需求。孔子学院的发展受国家利益和市场需求的共同驱使，政府干预孔子学院方式的适当性在于将市场和国家两只手有机结合，采取行政手段和法律手段相结合，直接规制与间接规制相结合，宏观调控与微观管制相结合的多元组合方式，使政府对孔子学院的干预正当、合理、高效，既为孔子学院发展助力，又避免海外受众"反感"。

（3）政府行为策略的适时性。政府行为策略适时是指政府对不同国家和区域，不同发展阶段的孔子学院应采取不同的干预策略，在干预范围和干预方式与手段上体现针对性和动态性。孔子学院的发展具有很强的差异性。不同国家和地区，不同发展水平的孔子学院面临的"市场失灵"的程度和对政府干预的需求程度不同。孔子学院所在地的市场化程度、经济发展水平、汉语需求程度、孔子学院自身的发展水平等因素会影响政府干预的边界和干预手段，而且这些影响因素之间存在相互关联，使其对政府行为选择的影响更为复杂。需要强调的是，孔子学院的非营利性及其产品的教育性、商品性以及意识形态性等特征，要求政府对孔子学院的干预不能简单地按照完全市场条件下的政府行为原则执行，而应以提高组织效率和使命实现为导向，根据针对性和动态性原则，因地制宜，采取不同的行为组合方式。一般而言，孔子学院处于跨越式发展阶段时，政府是主导性的，在孔子学院战略布点、项目启动和资金支持等方面都发挥核心作用，在这一阶段，政府往往兼顾"裁判员"和"运动员"双重身份；孔子学院进入规范化发展阶段后，政府则应逐渐撤出具体经营，而转向宏观调控，承担"裁判员"的角色。政府适度干预的重要内涵就是要求政府根据孔子学院所处环境和发展阶段采取动态优化的干预策略。

（二）孔子学院发展中政府适度干预的选择

政府适度干预实质是优化政府在孔子学院发展中的行为，使其更好地支持和服务孔子学院发展，提高组织绩效，践行组织使命。实现政府适度干预需从以下三方面努力。

（1）规范政府在孔子学院建设中的角色与行为。政府适度干预最重要的是明确政府在孔子学院发展中的角色定位，并对其角色行为进行规范。不可否认，政府在孔子学院发展中发挥着重要、特色的作用，扮演多重角色。在起步阶段，政府是孔子学院的主导者，发挥决定性作用。而随着其发展的日益规范化，政府在孔子学院中的角色转变为监管者和参与者。作为监管者，政府要在一定法律体制下，依据法律规定对孔子学院的国内参与主体、孔子学院的海外业务等进行监督和管理，为孔子学院的发展提供必需的制度保障和环境保障。汉语国际教育市场还处于萌芽时期，政府对孔子学院除了"监管"外，还需强调如何"支持"其发展，不仅仅要弥补"市场失灵"，更重要的是推动汉语国际教育市场的培育与形成。作为参与者，政府是孔子学院的建设主体之一，要在非营利组织和市场化运作框架下，以合作者或者投资者身份支持孔子学院的建设与发展。政府所扮演的这两种不同的角色，应遵循不同的行为规范。规范政府在孔子学院发展中的行为，应制定孔子学院相关法律法规，使政府行为有据可依。

（2）加强对孔子学院的调研与总结。对于孔子学院的研究应其设立地区加强对其设立地区的政治、经济、文化等环境的调研，评估孔子学院的发展阶段与水平，总结孔子学院的国别和区域特征、类型特征和发展阶段特征，为政府干预选择行为边界和行为方式提供依据。

（3）加强对世界主要语言国际推广机构中政府行为的比较研究。世界语言推广机构与孔子学院在组织性质和功能使命等方面具有共性特征，可以为孔子学院的建设和发展提供启示与借鉴。随着汉语国际推广和孔子学院事业的发展，学界对世界语言推广机构的关注上升，但从政府干预的角度还可以挖潜。前文对世界语言推广机构中的政府行为已进行了一些梳理，但还有待进一步深入研究，如对比分析英国文化委员会、法语联盟和歌德学院在不同发展阶段中，政府行为边界和行为方式的动态变化、行为效果等，为孔子学院发展中政府的适度干预提供理论和实践参考。

四、结语

《孔子学院发展规划（2012—2020 年）》提出，孔子学院发展应坚持"政府支持，民间运作"的基本原则。政府在孔子学院中应扮演什么角色，发挥什么作用，在哪些方面需要提供支持，支持到什么程度，以什么方式支持，它能做什么不能做什么，以及如何做得最好，这将是一个贯穿孔子学院发展始终的问题。孔子学院的发展是市场力量和国家利益双轮驱动的结果，是政府以行政化手段培植的汉语国际教育市场主体，是推动汉语国际教育市场形成与发展的重要途径与手段。政府在孔子学院发展中发挥着重要而特殊的作用。孔子学院的健康可持续发展离不开政府的支持与监管，构建孔子学院发展的理论支撑必然要加强对政府行为的研究。在这方面，我们还任重道远，需要更多实践者和学者贡献智慧与力量。

参考文献

［1］阿瑟·刘易斯. 经济增长理论. 上海：上海三联书店；上海人民出版社. 1994.

［2］曹叠峰. 各国语言推广机构运营模式和决策机制的比较分析. 湖南师范大学社会科学学报. 2014（1）：141-147.

［3］孔子学院总部/国家汉办. 孔子学院 2013 年度发展报告. http//www. Hanban. edu. cn/report/index.html. 2014.

［4］宁继鸣. 汉语国际推广：关于孔子学院的经济学分析与建议. 山东大学博士学位论文. 2006.

［5］徐波. 当代英国海外英语推广的政策研究——以英国文化委员会为中心. 西南大学博士学位论文. 2009.

［6］杨志刚、方明. 穆勒的政府适度干预思想及其启示意义. 学海. 2008（4）：189-193.

［7］英国文化委员会（British Council）. http://www.britishcouncil.org/new/about-us/who-we-are/how-we- are-run/how-we-are-funded/. 2014.

［8］约翰·穆勒. 政治经济学原理及其在社会析学上的若干应用（下卷）. 北京：商务印书馆. 2009.

［9］张西平、柳若梅. 世界主要国家语言推广政策概览. 北京：外语教学与研究出版社. 2008.

（原文载于《云南师范大学学报》（哲学社会科学版）2016 年第 1 期）

17. 中国大学国际化的一个全球试验*

——孔子学院十年之路的模式、经验与政策前瞻

李　军　　田小红

（香港中文大学　浙江师范大学）

一、引言：大学国际化

从 2003 年起，中国已经成为拥有全球最大高等教育系统的国家，大学的国际化程度与日俱增。2013 年，来自 200 个国家的 356499 名学生在中国接受留学教育，在中留学生人口数仅低于美国和英国（中华人民共和国教育部，2014）。中国大学崛起的已被广泛地预测为世界文明对话中积极有益的重要力量（李军、许美德，2013；Li，2012；Li & Hayhoe，2012）。

与此同时，中国大学开始真正走出国门，并开展实质性、全球性的国际化合作。这一全球性实验的标志，便是孔子学院在世界各国的迅猛创立和发展。第一所孔子学院于 2004 年 11 月 24 日在韩国首尔正式挂牌运作。截至 2014 年 10 月底，中国孔子学院总部/国家汉办（以下简称"汉办"）已在全球 125 个国家和地区建立了 471

* 本文系香港特别行政区大学教育资助委员会优配研究金（GRF/RGC）项目"中国和非洲大学在教育和培训领域的合作——学术、受培训者、教师及研究者"（香港中文大学项目编号：CUHK842912）以及香港中文大学"中国崛起中的孔子学院和课堂——日本和菲律宾大学和学习合作案例的比较研究（项目编号：CUHK2012-2013）的研究成果。

所孔子学院和 730 个孔子课堂，面向全球派出了上万名教师和志愿者（国家汉办，2015）。在人类文化交流史上以及中国大学国际化的历史上，孔子学院的国际教育合作规模均属空前。与此同时，孔子学院的创立和发展标志了中国高等教育真正走向国际化的历史新阶段——中国大学 3.0（Li，2015）。

从十年前的创办开始，孔子学院就引起国内和国际的广泛关注。除去技术层面的语言教学和大众文化传播之外，关注的焦点是它在教育、合作以及发展等领域的国际作用。本研究在广泛调研全球 6 大洲[①]15 个国家 27 所孔子学院的个案的基础上（见表 1），旨在以实证数据回答下述 3 个广为关注的问题：第一，孔子学院有哪些基本的国际化合作模式、经验和挑战？第二，孔子学院在发达国家与发展中国家之间的合作有何不同？第三，孔子学院在中国大学国际化乃至世界文明发展中又究竟有何意义？

表 1 孔子学院 6 大洲 15 国取样分布表

序号	洲	国家、地区数量	孔子学院数量
1	亚洲	4	10
2	欧洲	2	2
3	非洲	5	8
4	南、北美洲	3	4
5	大洋洲	1	3
总计	6	15	27

二、本研究的比较案例法

孔子学院分布全球，涉及的政治和文化背景多种多样，是在与不同的社会及其发展形态进行交流与合作的过程中建立和发展起来的。面对如此复杂的情况，研究者无法进行情境预设或者对研究对象实施干预。较为恰当的选择是运用扎根理论（Grounded Theory）的范式来进行研究设计，避免先入为主的理论假设（Glaser，1967：

---

①文中 6 大洲指亚洲、欧洲、非洲、南美洲、北美洲、大洋洲。

21；Corbin，2008：159、229、247）。与此相应，本研究倚重于现场观察、研究者参与和关键人员的访谈等渠道了解相关者的特性及其关系结构、行动和互动过程，以期对孔子学院运行的实际状况和特点进行多元化的理解和具有社会背景性的解释。

基于这一研究范式，本研究设计了比较案例法，从亚洲、欧洲、美洲（南北美洲）、非洲、大洋洲等发达国家和发展中国家进行理论抽样并选取案例，进行实地访问和观察，通过多种渠道完成数据收集，然后再把所有数据进行汇总和交叉分析。自 2010 年以来，课题组成员分别前往六大洲、15 个国家和地区的 27 所孔子学院开展了全球性的实地调研工作，足迹遍布非洲（东非、北非、西非、南非）、北美洲、南美洲、亚洲（东亚、东南亚、南亚、西亚）、欧洲和大洋洲，并全程参加了 2013 年 12 月在北京国家会议中心召开的全球孔子学院大会和 2014 年 6 月在坦桑尼亚达累斯萨拉姆大学召开的非洲孔子学院联席会议。访谈对象包括孔子学院的中外方大学校长、院长、管理人员、教师、学生以及相关学者六类人员共逾百人次。所有录音数据都转成了文本数据，并结合现场笔录数据进行了编码分析。一级编码包含了几个关键变量和相应的分析子单位，二级编码则采用了波格丹和毕克林的十个编码类别（Bogdan & Biklen，1988：172-177）。在此基础上，课题组创建了关于孔子学院研究的全球最大型的独立数据库。

本研究恪守香港中文大学的学术伦理规范，所有案例孔子学院、现场访谈和观察均基于参加者的知情权与意愿。访谈的过程综合运用了非正式访谈、访谈导入及标准化的开放式访谈三种策略。此外，本研究收集的文件、各孔子学院官方资料、汉办的官方资料、会议材料、年度报表等被用以进行数据的三角互证，并由部分参加者进行内容核实。

三、初步的发现

（一）国际需求的多元性

中国政府建立孔子学院的目的是为了满足全球范围内日渐高涨的汉语和中国文化学习需要，是一种"需求—供给"模式。那么，外国的大学为什么愿意与中国大学合作设立孔子学院?研究发现,外方大学申办和运作孔子学院的动因具有多重性。需要特别指出的是,这种多重性的一个基本特点是中外双方在此过程中相互获益。

对汉语和中国文化学习的需求是孔子学院创立和发展最主要的动因。随着中国经济的崛起,与中国进行经贸往来成为几乎所有国家的共同兴趣与利益。这直接导致了世界各国各地学习汉语和中国文化的现实需要,在澳大利亚、美国、加拿大、日本、印度、阿根廷和菲律宾、瑞士、英国、土耳其、埃及、南非、肯尼亚、坦赞尼亚、喀麦隆……均有同样的需求。同时,这也与中国政府创办孔子学院的初衷十分吻合。

开展、巩固和加深与中国的教育合作是孔子学院创立和发展的另一个重要动因。许多通过孔子学院结为合作关系的中外大学在历史上就有过良好的合作。通过孔子学院的常规化运作,两校之间的交流变得更加组织化和常态化,如美国的斯坦福大学和北京大学的教育合作。一些原来没有与中国建立联系的国外大学也通过孔子学院开展了与中国大学的教育合作,如坦桑尼亚的多多马大学与郑州航空工业管理学院的教育合作。这些依托孔子学院实现的教育合作帮助各国的大学新开设、增设或强化了他们的汉语教育系科或专业。与此同时,这些教育领域的合作也使中国的大学变得更为开放和具有全球视野。很明显的是,中外合作双方都能够从中获益并形成双赢的局面。

再一个重要的国际动因是其他国家对中国的外交需求。这虽然常常表现在国外大学对中国外交的需求,但是实际上因此形成了一种广泛的需求而变成了一个国家对中国的外交需求。如我们观察到,很多主办大学希望借助孔子学院这个平台加深与中国的合作与交流,或者是利用孔子学院进一步了解中国。相对而言,孔子学院的汉语教学和中国文化传播功能倒是略显次要。在汉语教学和中国文化传播方面均非常有实力的日本早稻田大学就是一个很好的例子,其孔子学院并非以汉语教学或中国文化传播为唯一的重心。许多孔子学院还肩负着向本地学生推广中国留学的相关资讯的任务。尤其是对那些希望拿到中国政府奖学金的非洲学生而言,孔子学院甚至起到一个准大使馆或领事馆的外交意义上的作用。孔子学院还成为习近平主席 2014 年 7 月访问巴西的重要外交内容。习主席和巴西总统迪尔玛·罗塞夫共同见证了巴西塞阿拉联邦大学校长、坎皮纳斯州立大学校长、帕拉联邦大学校长与汉办主任许琳签署设立孔子学院的签字仪式，使巴西的孔子学院从原来的 7 所增加至 10 所。如此种种，都使得孔子学院在汉语教学和中国文化传播方面的作用得到进一步的延伸和扩展。

（二）功能与服务模式

根据《孔子学院章程》，孔子学院所提供的服务包括"开展汉语教学；培训汉语教师，提供汉语教学资源；开展汉语考试和汉语教师资格认证；提供中国教育、文化等信息咨询；开展中外语言文化交流活动"（Bogdan & Biklen，1998：172-177）。但每一所孔子学院因其主办大学的自身条件和特点、当地的文化背景和已有的汉语教学资源不同，其服务方式和运作模式都有所不同。从这一点可以说，每所孔子学院及其运作都是独一无二的。总体说来，孔子学院可以大致分为以下 4 类服务模式。

第一种模式可以称之为教学主导型，是最主要的功能，在发达国家和发展中国家均有体现。澳大利亚的悉尼大学孔子学院、日本京都的立命馆大学孔子学院、美国弗吉尼亚州的乔治梅森大学孔子学院以及加拿大温哥华的加拿大不列颠哥伦比亚大学（BCIT，孔子学院，都是以汉语教学为主导的。再如，菲律宾红溪礼士大学孔子学院、肯尼亚内罗毕大学孔子学院、喀麦隆雅温得第二大学孔子学院、坦桑尼亚达累斯萨拉姆大学孔子学院以及印度韦洛尔科技大学孔子学院等，也都把汉语和中国文化教学作为首要服务内容。教学主导型的孔子学院在很大程度上渗入主办大学的汉语教学及其课程设置的诸多方面，成为主办大学的有机组成。

第二种模式可以称之为社区服务型，也是较为主要的一个功能，在发达国家或者发展中国家汉语教学基础好的地区实现得较好。鉴于本地媒体对孔子学院的意识形态化和政治化，澳大利亚纽卡斯尔大学孔子学院便将自己定位于为社会人学习汉语和中国文化服务。菲律宾马尼拉的雅典耀大学是该国最好的大学之一，汉语教学的历史比较长，其孔子学院的定位也在社区服务上。肯尼亚莫伊大学与上海东华大学最新成立的孔子学院被安置于大学的纺织产学区。南非斯坦陵布什大学的孔子学院积极参与本地社区活动，如葡萄酒节、国际美食节以及当地的青年节等。孔子学院作为多元文化中的一元融入当地的文化之中，从而促进多方的互相了解。这种社区服务型的孔子学院也大多提供汉语水平考试（HSK）、汉语桥比赛、孔子新汉学计划、留学中国及奖学金项目等服务，是主办大学与中国配对大学之间交流的常规化平台，并成为面向本地服务、推广汉语和中国文化、促进了解中国的社区中心。

第三种模式可以称之为学术研究型，主要集中在发达国家。早稻田大学是日本一所著名私立大学，其汉语系有相当长的历史，而且汉语教材和师资都相对完善。其与北京大学合作的孔子学院如果仍致力于推广汉语教学的话，会和原有的汉学教学师资形成不良竞争，不利于其发展。有鉴于此，早稻田大学孔子学院便定位于学术研究，尤其是汉学、东方学及全球化等领域。同时还举办各类学术研讨会，甚至联合培养研究生等。同样是在发达国家，瑞士日内瓦大学的所在地是世界各种文化的汇聚之地，保守和开放并存，因而其孔子学院定位于中国和瑞士乃至欧洲文化交流与比较的学术平台，除了常规的中国文化活动之外，还开展联合世界知名大学的学者与中国人民大学学者之间的学术交流。

第四种模式可以称之为融入型，在发达国家和发展中国家都有发展。日本东京樱美林大学和爱知大学的孔子学院除定位于在本地推广汉语和中国文化的传播平台之外，都把汉语教学变成正规的本科生学分课程。也就是说，其孔子学院已经融入大学课程的正式系统，变成学校的正规教学单位。当然，教学质量方面就会有更为严格的常规监测和控制。再如，与西北大学合作的菲律宾布拉卡国立大学孔子学院和与吉林大学配对的阿根廷布宜诺斯艾利斯大学的孔子学院也与此相类似。

调查发现，一些发展中国家的主办大学没有汉语系，汉语师资、教材、课程体系等都是一片空白，孔子学院在这方面发挥的作用是独一无二、不可替代的。在发达国家和发展中国家有汉语系的主办大学，希望借助孔子学院的力量和品牌，扩大汉语教学服务和增强机构在汉语教学方面的市场竞争力。但是，是否申办孔子学院与主办大学管理层对大学的未来发展规划有关。学习汉语需求不一定能够直接转化为大学申办孔子学院的直接行动，主办大学对中国持续崛起的预见、对与中国政府和大学的关系的重视是做出决策的一些重要动因。在这种情况下，主办机构高层管理人员对孔子学院发展的远见、开阔容纳的胸怀和持续的支持对孔子学院的设置和发展起到了至关重要的作用。

当然，上述四种模式并非一成不变。在访问中发现，各地孔子学院根据各自的情形不断调整服务方式和重点，上述四种模式也有可能同时存在于同一所孔子学院。如与上海大学合作的土耳其海峡大学孔子学院，既提供汉语及中国文化的学分课程，也积极融入当地的社区文化，并与该校亚洲研究中心联合进行中土学术研究和交流，举办中国—土耳其高端论坛等。值得一提的是，除上述四种主要的功能与服务模式外，本研究没有发现孔子学院有从事其他方面的、尤其是推行中国政府的意识形态的活动。换言之，没有实证证据支持所谓的"特洛伊木马"现象发生。总体而言，孔子学院在汉语教学、中国文化推广、学术研究及国际合作等方面，具有很强的适应性、多样性和互惠性，已经逐步融入世界各国独特的社会土壤之中。

（三）国际合作中的运行模式

在运行和管理方面，《孔子学院章程》规定理事会负责孔子学院的发展规划、年度工作计划和项目实施方案、院长聘任或解聘等的审议，最后由汉办审批。中方院长、中方教师和志愿者也是在此基础上由汉办派出。在日常事务的管理和运行方面，"孔子学院实行理事会领导下的院长负责制"（Bogdan & Biklen，1988：172-177）。这是汉办对孔子学院管理的制度安排，也是各个孔子学院之间的共同特点。由于具体层面的管理和运作是由院长负责，中方院长和外方院长之间的合作关系以及对具体事务的管理方式形成了孔子学院的运作模式。研究发现，孔子学院的合作运行模式并非整齐划一，而是多种多样，可以大致划分为汉办主导模式、主办大学主导模式以及相互协作模式三种。

在汉办主导模式中，中方院长对孔子学院的各项事务具有主导性。外方院长一般是由主办大学的学校或者部门领导兼任，对孔子学院的具体事务并非真正介入或者参与不多，但在重大事务方面，能够整合资源，对中方院长的决策和举办的活动给予有力支持和配合。这种情况多出现在部分发展中国家的孔子学院，如分别与南京农业大学合作的肯尼亚埃格顿大学孔子学院和与山东师范大学合作的肯雅塔大学孔子学院以及与西北大学配对的菲律宾国立布拉卡大学孔子学院。以上述最后一家孔子学院为例，中方院长负责汉语师范专业课程的设置和教学、中国文化活动的设计与实施等，外方院长由副校长兼任，虽难以把时间投入到孔子学院的具体事务上，但是其运用副校长的职能在需要之时调集本校相关部门人员，配合孔院的相关活动。

主办大学主导模式多出现在发达国家和一些发展中国家的知名大学。这些大学一般都声誉卓著，甚至有较好的汉学系，外方院长对孔子学院的项目发展和规划亦有非常清晰的远景意识，在发展规划、项目策划与实施、日常管理等方面能够起到主导作用。这在日内瓦大学、立命馆大学、开罗大学、悉尼大学等高校的孔子学院体现较为明显。在这些大学中，外方院长或项目主管起了主导性的作用，而中方院长则相应地起到配合、协调及实施具体教学的作用。

在相互协作模式中，中方院长和外方院长在合作分工的基础上，共同商量、决定孔子学院的院务和发展。这是在发达国家和发展中国家都存在的模式，如菲律宾的红溪礼士大学孔子学院、雅典耀大学孔子学院，以及澳大利亚的纽卡斯尔大学等。

（四）财政模式

《孔子学院章程》规定"中方投入一定数额的启动经费。年度项目经费由外方承办单位和中方共同筹措，双方承担比例一般为1∶1左右"（国家汉办，2015）。这使得孔子学院的财政投入主要是由汉办和主办大学共同分担。主办大学必须满足设置孔子学院所需要的人员、场所、设施和设备等方面的要求。不过，孔子学院在经费投入方面，各个孔子学院之间并不是一刀切的，而是存在差异，由此而产生的财政模式大致可以归纳为三种类型。

第一种是平等分担模式。在这种模式中，汉办投入初期启动经费十万美元，财政预算由汉办批准，其他开支由汉办和主办机构共同承担。这种模式一般是在发达国家或者发展中国家的办学经费充足的孔子学院中，主办大学能够保证与汉办同等的一比一的经费投入，甚至更多。

第二种是依赖汉办型模式。汉办是孔子学院的唯一投资者，孔子学院的其他经费则来源于学费或者赞助。例如，菲律宾的国立布拉卡大学是发展中国家的一所国立大学，学生数量多，学费低，政府投入少，办学经费相对紧张，对孔子学院，学校除了提供必备的场地和人员外，其他方面则没有经费投入，但孔子学院由于承担了本科生的学分课程，因此有部分的学费收入。

第三种是依赖主办大学型模式。在这种模式中又有两种情形：一种情形是主办大学是唯一的注资方，并未接受汉办的经费投入。例如，日本爱知大学的孔子学院是在原有的开放学院里面挂牌成立的，从成立之初就没有向汉办申请过经费。其成立之后其课程、教学安排和师资也是在原有基础上的延续，只是增加了一位中方院长参与到教学中。另一种情形是汉办有经费投入，但主办大学却没有使用汉办投入的资金。例如，汉办虽然给立命馆大学的孔子学院每年划拨了一定的经费，但并未被使用。因此，它是一种在财政上自主运作的方式，只不过是由汉办授权使用孔子学院的名号而已。

（五）主要挑战

十年来，孔子学院在世界各国的发展虽然极为迅速，但也并非一帆风顺。其中一个挑战来自中西方大学传统理念的差异，以及这种差异对中外方大学合作的可持续性的影响；另一个重要的挑战来自孔子学院的可持续发展。这在孔子学院整体上和个体上都是关乎生存的重大问题。这一挑战与中外方大学之间的合作是否通畅，以及中外方院长的工作能力和模式直接相关。在这一点上中外方孔子学院的院长角色至关重要。有些中方的孔子学院院长本身对所赴国家的语言和文化了解甚少，有些外方院长对中文及中国文化的了解和掌握也有限，甚至只是挂名而已。这些局限都会极大地影响双方合作的流畅性和对等性，并最终影响该孔子学院的可持续发展。

与此相关的另一个挑战是如何融入当地，因地制宜地根据各国政治、经济、文化、宗教等社会条件选选拔教师使用教材等。另外，汉办在对各国中方院长和教师的支持上需要有更多战略性的平衡，尤其是对前往欠发达国家孔子学院工作的中方院长和教师，要考虑如何提供更多的福利。

另一挑战，是孔子学院如何更好地担当起国际社会文明使者的角色。正如李源潮副主席在 2014 年 6 月 24 日召开的非洲孔子学院联席大会上所指出的那样："孔子学院是中外文化交流互鉴的重要平台。"（2014）传播中国文化和学习世界其他文明是孔子学院的双重任务，也是它可以大有作为的空间。如果说每一位外派中方人员都是一张中国名片的话，这些名片自身能体现出什么样的中国文化特点，他们又能学习什么样的异国文化就至关重要。一个行之有效的方法是，派遣前加强对中方孔子学院院长和教师对有关派赴国社会文化背景知识的学习培训，引导他们尊重所在国的文化习惯，并在派遣后鼓励他们积极参与和融入异国日常生活。只有通过他们对各国本土文化的渗入式了解和学习，才能真正促进汉语及中国文化的对外传播，以及不同文明之间的深切理解。

最后，孔子学院在短期内的迅猛发展对其自身的科学评估和研发提出了更高的要求。目前虽然已有来自一线的实践者对孔子学院进行了多方位研究，但是在研究方法、领域、理论和视野等诸多方而多局限于汉语教学或文化传播等技术性层面的泛论，难以为孔子学院的自身发展以及国际性的教育发展机构如联合国教科文组织提供理论和实践的双重服务，也不能提供具备国际水准的科学研究成果，几乎无法与国际学术界进行双向交流并对之产生影响。对于孔子学院将来的可持续发展，建立一个高水平的政策研发中心已经是迫在眉睫。

如任何新兴事物一样，孔子学院现在所面临的这些挑战都是十分正常的，是发展中的必经阶段，而如何看待和处理这些问题，仍需要卓越的智慧、策略和眼界。

四、政策启示与前瞻

作为中国大学国际化进程中的全球性试验田，孔子学院在短短十年中均取得了有目共睹的迅猛发展。本研究依据扎根理论和独立的数据库，揭示了孔子学院多元化的发展模式和经验，可以为孔子学院未来的发展规划、国际教育合作、世界文明的发展等方面提供有益的反思和启示。

（一）全球性的刚性需求是孔子学院得以迅速发展的根本动因

孔子学院十年的发展经验首先应当归功于汉语和中国文化对于世界其他文明的强大吸引力，这是中国崛起、全球政治经济新格局所带来的产物。如前文所述，对孔子学院的全球性需求并非由中国政府或汉办所决定。对汉语和中国文化的世界性需求是刚性的，真正的决定性因素在各国或地区的主办大学。发达国家注重把孔子学院建成为与中国配对大学之间沟通、交流和合作的组织化平台，发展中国家则更倾向于把孔子学院看作是扩大该机构在本地、中国和全球影响的机会，诚如某发展中国家的中方孔子学院院长所说的那样：他们所在的学校在×国虽然没有很大和名气，但作为全国仅有的三所孔院之一，他们还是感到很自豪。

无论是对于发达国家是发展中国家的大学，孔子学院都不是中国强加于人的产物。相反，它是各国大学基于各自院校发展、经过深思熟虑而做出的自主选择，是在主办大学的控制之下借用中国政府的力量促进该地汉语教学和中国文化学习，加强与中国大学之间交往的教育文化机构。

（二）孔子学院十年的发展得益于各国大学之间的国际合作

与英国文化委员会、德国歌德学院、法国法语联盟、西班牙塞万提斯学院以及日本基金等世界其他文化推广机构不同的是，孔子学院值根于各国和地区主办大学的自主选择，以及他们与中方配对大学的制度性合作与努力。因为并非主要出自政治或经济利益的驱使，孔子学院的创立和发展顾及世界各国大学自身的院校兴趣或策略，同时还必须依赖中外双方大学的相互合作才能生存和壮大。

特别需要指出的是，孔子学院不仅仅在全球传播汉语和中国文化，它也通过国际合作的方式加速了中国大学的国际化进程，是中国了解世界的一个宝贵平台。在这一国际合作的关系中，中外合作双方的平等性和互惠性是基本的原则和特征。

就本质而言，孔子学院是一种教育领域的多元化国际合作，这种平等合作的模式所带来的政策启示并非仅益于大学机构本身，以及促进中国大学的国际化影响。它具有很广泛的国际推广价值，对于联合国教科文组织、世界银行等国际机构在教育等诸多领域，都有积极的借鉴意义。

（三）孔子学院全球化面面发展的重要特色是中国化、本土化、多样性和全方位

孔子学院肩负传播汉语和中华文明的根本宗旨，各国的孔子学院也因此呈现出一个非常基本的特征——中国性，体现在孔子学院的里里外外、方方面面。例如，孔子学院是各国大学校园中最能体现中国特色的一个场所，甚至从外观上就能一眼识别出来。在调研中，我们也体会到，在孔子学院进行交流常常不需要使用汉语以外的语言，即便是和外方院长或者学员进行谈话。这本身已经体现了孔子学院的成功。

与中国化同样重要的一个基本特色则是本土化。在全球性的调研中观察到，各大洲、各国、各校的孔子学院大都已经完成本土化的过程，在办学模式、合作平台、招收学员、课程设置、汉语教材、乃至场所和工作的重心等方面，都结合了各地各校的本地情形开展，并因此赢得当地学员的认同、信任和欢迎。就办学特色而言，各地的孔子学院服务于当地也是多样式的。如在汉语教学方面，课程的程度与教学方式不仅包括正式的学位课程，也有服务于社区的非正规、不正式的学习或文化项目，以及为工商企业专门性语言和文化培训的短训班，以更多形式满足了世界各地学员不同的学习和交流需要。

除了汉语教学和中国文化传播两大主要功能之外，孔子学院的功能还是全方位的。如在东南亚和非洲的多数发展中国家，孔子学院有时具有准大使馆的作用，在鼓励各国有志学习汉语或中国文化的人士（尤其是青年）来华留学，或者为从事各种与中国相关业务

的人事提供信息和搭建交流平台。同时，有的孔子学院在促进当地科技园区或工商企业园区建设、社区文化建设等场合，也积极发挥特长。此外，孔子学院还为中国的大学了解国外大学体制、进行更多人员往来和合作，乃至体察他国社会风土人情等，提供一个常规性的学习窗口和交流渠道。

五、结论

作为人类历史上最大规模的国际教育合作和中国大学历史上最大规模的国际化项目，孔子学院从创建到今天已经历了一个完整的十年。这个十年充满了探索与挑战，在经历了一个年代的成长后，这个转变仍将是一条国际合作的探索之路，无疑会给教育与发展这一人类重大主题、尤其是大学之间的国际合作积累宝贵的开创性经验。

本研究无意评价孔子学院的十年经验成功与否，在全球所选取的 27 个研究案例因种种限制，在抽样上未必具有普遍代表性，也未能更多地访谈汉办及各合作大学的相关官员。但仅就本研究的发现而言，孔子学院在世界各地的发展各展个性，从来没有一个固定的模式、经验或挑战。虽然它们具有相当的共通性，但是在创办的动因、功能、服务模式、运作模式的合作中，乃至财政模式和主要挑战等等方面存在着很大的差异。这种差异在发达国家和发展中国家的不同政治、经济和文化背景下得以放大化和显著化。正是这种差异化的多元发展才丰富、立体地体现了在教育与发展主题下国际合作所必需的经验多样性，为在各国复杂背景下的国际合作和教育发展，甚至对于联合国教科文组织、世界银行等国际发展机构，都具有积极的借鉴意义。

孔子学院的十年发展不仅仅局限于在全球推广汉语教学与中国文化，并通过国际合作的方式加速中国大学的国际化进程，还在于孔子学院是一个积极推动教育与人类多元发展、双向合作的中国模式。这一中国模式摒弃了冲突与对立的西方传统政治思维，积极有效地回应了全球化时代对不同文明之间交流、对话、共生和发展的挑战，真正体现了和平、合作和平等的新境界。

在 2014 年 6 月 24 日召开的非洲孔子学院联席大会上，中国的国家领导人希望孔子学院的文化桥梁作用应该是双向多元的——"既传播中华文化，又弘扬非洲文化，交流互鉴、共同发展"（李源潮，2014）。可见，孔子学院的发展站在了一个与世界其他文化推广机构完全迥异的出发点。可以肯定的是，孔子学院是促进世界文明间交流和对话的和平使者。她为中国和世界其他国家尤其是大学间的合作与发展提供了广泛、常态和组织化的机会和空间，是中国大学 3.0 真正走向国际化的标志（Li，2015），并为人类文明的多元发展做出了积极有益的贡献。通过教育领域的空前国际合作与发展，孔子学院让世界对中国不再陌生，也让中国对世界更加熟悉，并让地球村的明天可以拥有一个更美好的未来。

参考文献

［1］国家汉办. 孔子学院章程. http://www. hanban.org/confuciousin stitutes/node_7537.htm. 2015-03-04.

［2］国家汉办.关于孔子学院/课堂.http://www.hanban.edu.cn/con fuciousinstitutes/node 10961.htm. 2015-03-04.

［3］李军、许美德. 构建大学的中国模式 3.0. 社会科学报，2013（1358）：05. http://www.shekebao.com.cn/shekebao/2012skb/xs/user object1ai5707.html. 2015-03-04.

［4］李源潮. 携手推动中非文化交流互鉴——在非洲孔子学院联席会开幕式上的讲话（2014-06-24）. http://www. chinese.cn/hanban/ anicle/2014-07/11/content_544471.htm. 2014-09-28.

［5］中华人民共和国教育部. 2013 年度我国留学人员情况（2014-02-21）http://www.moe.edu.cn/publicfiles/business/ htmlfiles/moe/s5987/201402/164235.html. 2015-03-05.

［6］Bogdan, R. C. & S. K. Biklen. Qualitative research for education: An introduction to theory and methods (3rd ed). Boston: Allyn & Bacon. 1998.

［7］Corbin, J. & A. Strauss. Basics of qualitative research: Techniques and procedures for developing grounded theory (3rd ed).

Thousand Oaks: Sage. 2008.

[8] Glaser, B. & A. Strauss. The discovery of grounded theory. Chicago: Aldine. 1967.

[9] Li, J. & R. Hayhoe. Confucianism and higher education. In J. A. Banks (Ed), SAGE Encyclopedia of Diversity in Education. Thousand Oaks: Sage, 2012. 1:443-446.

[10] Li, J. Chinese University 3.0 in a global age: History. modernity and future. In P. C. I. Chou & J. Spangler (Eds)，Chinese education models in a global age: Transforming practice into theory. Singapore: Springer. 2015: forthcoming.

[11] Li, J. World-class higher education and the emerging Chinese model of the university. Prospects: Quarterly Review of Comparative Education. 2012, 42(03).

（原文载于《中国高教研究》2015 年第 4 期）

18. 汉语国际传播发展报告（2011—2014）[*]

王祖嫘　吴应辉

（中央民族大学　北京外国语大学）

2011 至 2014 年是中华文化"走出去"步伐提速的时期，也是汉语国际传播迅速发展的时期。2011 年，党的十七届六中全会通过了《中共中央关于深化文化体制改革推动社会主义文化大发展大繁荣若干重大问题的决定》，指出中华文化的国际影响力需进一步增强（新华网，2011）。2012 年，党的第十八次全国代表大会报告提出，要让中华文化"走出去"迈出更大步伐，增强中华文化的国际影响力（胡锦涛，2012）。汉语和中华文化"走出去"事业迎来了前所未有的发展机遇。汉语国际传播对提升国家软实力发挥着重要作用，其发展状况和趋势如何，值得深入探讨。本文从客观事实出发，阐述了 2011 至 2014 年汉语国际传播的发展概况、特点及相关思考。

一、汉语国际传播发展概况

（一）汉语国际传播成为国家软实力战略的重要组成部分

2011 至 2014 年，汉语国际传播事业同国家软实力战略的关系日渐明晰。在大力推动中华文化"走出去"的过程中，汉语国际

* 本文系国家社科基金重点项目（14AYY011）的阶段性成果。

传播事业受到了党和国家的高度重视和大力支持，成为国家软实力战略的重要组成部分。国家领导人相继出席了一系列推动汉语国际传播的重要活动，"孔子学院"成为领导人外交活动的高频词，设立孔子学院成为推动中外语言文化交流的标志和象征。领导人的高度重视极大鼓舞了广大汉语国际传播从业者，有关讲话精神得到了相关部委的积极响应，越来越多的海内外人士开始关注汉语国际传播事业。

（二）汉语国际传播发展势头依旧强劲

2011 至 2014 年汉语国际传播延续了强劲的发展势头，主要体现在以下六个方面。

（1）汉语学习需求快速增加，孔子学院（课堂）数量稳步增长。

世界各国的汉语学习需求持续快速增加，其中亚洲地区以韩国、日本、泰国最为显著，欧洲和美洲增长也十分迅速。截至 2014 年，孔子学院已创立 10 周年，全球共有 126 个国家和地区建立了 475 所孔子学院、851 个孔子课堂，累计注册学员 345 万人。各大洲孔子学院（课堂）增长趋势见下列图表。

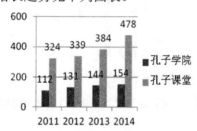

图 1　美洲孔子学院（课堂）增长趋势图

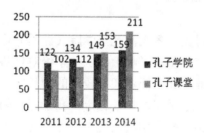

图 2　欧洲孔子学院（课堂）增长趋势图

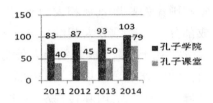

图 3　亚洲孔子学院（课堂）增长趋势图

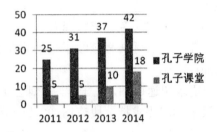

图 4　大洋洲孔子学院（课堂）增长趋势图

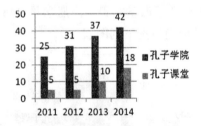

图 5　非洲孔子学院（课堂）增长趋势图

注：图表数据来自《国家汉办暨孔子学院年度报告》（2011—2013 年），2014 年数据来自国家汉办。

由以上图表可见，各大洲孔子学院（课堂）均保持增长趋势，其中美洲和欧洲在总量和增幅上均保持了绝对优势；亚洲位居其次，增幅相对放缓；非洲和大洋洲还有较大的增长空间；欧美国家（含大洋洲的国家）孔子学院增幅较稳定，孔子课堂的数量则呈现快速上升趋势。在美国，孔子学院已达 100 所，孔子课堂达 356 所，成为全球孔子学院（课堂）最多的国家；英国的孔子学院数量达 24

所，各地中小学建立孔子课堂 92 所，是欧洲孔子学院和孔子课堂最多的国家；韩国拥有孔子学院 19 所，居亚洲国家之首；吉尔吉斯斯坦异军突起，近几年共设立孔子课堂 12 所，成为亚洲孔子课堂最多的国家。

（2）来华留学生人数总体持续增长，受雾霾等因素影响，北京高校留学生人数普遍下降。

近年来华留学生人数持续增长，越来越多的海外学生来到中国求学，寻求发展机会（见图 6）。

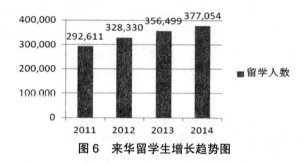

图6　来华留学生增长趋势图

注：数据来自中国高等教育学会外国留学生教育管理分会网站，http://www. cafsa. org. cn/research/72. html。

2014 年度共有来自 203 个国家和地区的 377054 名各类外国留学人员在华学习。其中，亚洲生源最多，其次是欧洲和非洲，非洲和大洋洲生源增幅最为显著，韩国、美国和泰国留学生人数位居前三。北京地区高校由于受到雾霾、中日关系等因素影响，留学生人数普遍下降，但总数仍达 74342 人，居全国之首。

（3）华文教育保持良好发展势头。

近年来，国务院侨务办公室出台多项政策，采取多种措施帮助海外华人华侨发展华文教育，各类活动层次丰富，参与对象遍布五大洲。"中国寻根之旅""中华文化大乐园""中华文化大赛""华文教育·华夏行"等一系列华文教育品牌项目，每年都有数以万计的华裔青少年参加。

海内外各有关单位承办的华文师资培训班种类繁多，适应面广。

仅以 2012 年为例，以国务院侨办为主体的各级相关单位先后培训了外派华文教师 600 余人，在中国境内培训了华文教师或校长等近 2000 人，以"华文教育·名师巡讲团"等形式外派专家赴海外培训所在地华文师资 3000 余人（贾益民，2014：27-28）。2013 年国务院侨办《华文教师证书实施方案》正式定稿，该方案为华文教师提供了一套完整的认证测评体系，对加强海外华文师资建设具有重要意义。华文教育研究和教材资源建设也取得了较大进展，"两岸华文教育协同创新研讨会""第九届东南亚华文教学研讨会""两岸华文教师论坛"等多个学术研讨会在海内外成功举办；新加坡华文教研中心、暨南大学出版社等单位先后推出了华文教学和培训的新教材。

（4）文化部海外文化中心积极开展汉语教学。

《国家"十二五"时期文化改革发展规划纲要》对海外中国文化中心建设做出了具体要求（中共中央办公厅、国务院办公厅，2012），文化中心自此加速了建设步伐。截至 2014 年，文化部已有 20 所海外文化中心正式运营（中国日报网，2015），其中"教学培训"是三大核心职能之一（中国文化中心官网，2015），汉语国际传播成为文化中心工作的重要部分。如今，文化中心将语言教学同形式多样的文化活动相结合，与孔子学院等教学机构互为补充，形成良性互动。《海外中国文化中心发展规划（2012—2020 年）》指出，到 2020 年，我国将在海外建成 50 个文化中心，形成覆盖全球主要国家和地区的传播和推广中国文化的主干系统（中华人民共和国文化部，2014）。

（5）全球汉语水平考试人数持续增长。

全球汉语考试考生数量持续增长，考点数量不断增加。截至 2014 年，各类汉语考试考生达 542 万人，其中，参加中国汉语水平考试的考生达 43 万人，考点规模不断扩大，影响力不断提升。除在中国被作为外国人入学、就业的汉语水平证明外，HSK 等考试成绩已被韩国、日本、新加坡、马来西亚、印度尼西亚、泰国、澳大利亚、加拿大、爱尔兰等国政府、教育机构和企业作为汉语教学考核和人员选聘的标准。

（6）汉语国际教育人才培养与输出数量快速增长，汉语及中华文化教学资源建设迈出新步伐。

为满足对象国不断增长的需求，国家汉办中方教师、志愿者选派规模不断扩大，2011 至 2014 年间增长逾 4 倍（见图 7），同时各国本土师资培训规模也相应加大。专业师资培养方面，近年来对国际汉语教育专业硕士的培养力度有所增加，招生规模不断扩大。华文教师学历教育也得到加强，以暨南大学和华侨大学为首的高校陆续培养了一批拥有华文教育专业学士学位的师资，为海外华文教育输送了一批骨干力量。

2011 至 2014 年，本土开发的汉语教材数量大幅增加，此外，中华文化类的教材和资源也大大增加，全球各大书展上都可以看到文学文化类教学资源，如国家汉办组织开发的《中国好人》《孔子卡通读物》《中外文化交流故事丛书》等。国际汉语教学资源形态日趋多样化和立体化，各类在线教学平台也纷纷上线。

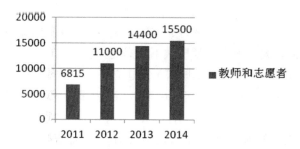

图 7　国家汉办外派教师和志愿者增长趋势图

注：图表数据来自《国家汉办暨孔子学院总部年度报告》（2011—2013年），2014 年数据来自国家汉办师资处。

二、汉语国际传播的主要特点

（一）汉语国际传播活动成为公共外交的重要内容

汉语国际传播活动已成为我国公共外交的重要内容。过去，公共外交主要依赖大众传媒的单向宣传，而今，"新公共外交"打破了单向传播思维，强调双向对话，公众参与受到重视。在各类文化交流项目中，汉语国际传播活动显示出独特优势。自 2010 年起，中国先后同俄罗斯、西班牙、法国等国互办"语言年"活动，取得了极大的成功。2011 至 2012 年，法国汉语年举办了 208 场汉语主题活动，持续时间长达 19 个月，取得了良好效果，有力地增进了两国人民的交流与往来。"语言年"的成功证明了汉语国际传播活动是一项十分有效的公共外交手段，中国政府将继续推动中外互办"语言年"。同样，汉语国际传播活动也成为中外"文化年""文化节"的重要角色。孔子学院等单位积极参加民间文化交流活动，使海外民众深刻感受到汉语和中华文化的魅力，提升了公共外交活动的效果。

（二）汉语国际传播本土化进程加快

汉语国际传播的另一显著特点是本土化进程加快，主要表现在以下三个方面。

（1）更多国家将汉语教学纳入国民教育体系。

从前文所列的孔子课堂数据中可以看出，世界各国中小学的汉语教学发展迅速。越来越多的国家和地区开始将中文列入当地教学大纲，推进中文教学在基础教育领域的拓展，这在欧美国家表现得尤为明显。同时，大学中文教学层次不断提高，学历教育发展迅速，不少国家（如英国、意大利、泰国等）均建立了完整的汉语专业本科、硕士、博士学历教育体系。截至 2014 年，欧盟和全球 61 个国家已将汉语教学纳入国民教育体系（刘延东，2014），大大提高了汉语在对象国教育体系中的地位，标志着汉语国际传播开始向纵深发展。

（2）本土汉语人才队伍建设步伐加快，有所创新。

在汉语国际传播人才队伍建设中，本土人才队伍的建设受到高度重视，步伐明显加快。近年来，国家汉办/孔子学院总部每年培训几千名海外本土教师，仅 2013 年就达 5720 名。2010 年，中英教育部领导签署了在英推动汉语教学的框架协议，约定在 5 年内，中方帮助英国培养 1000 名本土汉语教师。中外高校面对新形势，积极研究现有师资培养模式的改革方案。更多国内高校开始招收对外汉语专业本科留学生，迄今为止，全国有 81 所高校设立了汉语国际教育专业学位硕士点。该专业留学生招生规模不断扩大，渠道不断拓宽，已有数届汉语国际教育专业留学生获得硕士学位。

此外，本土汉语人才在培养方式上也有所创新。一是专业化培养，学历教育得到较大发展。国家汉办支持海外高校设立汉语师范专业，已在美国、英国、德国、蒙古、匈牙利、坦桑尼亚等9国建立了12个本土汉语师范专业。国内高校也大力开展中外联合培养项目，培养有针对性的本土师资。二是国内外生源培养双线推进。一方面大力提升海外本土生源的专业水平；另一方面，推进中国生源的联合培养与输出，促进国产师资本土化。越来越多的高校探索出成功的中外联合培养模式，打通了海外就业渠道，使国内毕业生成功转型为海外本土师资。例如，华东师范大学与美国纽约大学共同创立的汉语种子教师"直通车"培养模式，特点是中外联合、本硕连读，目前4届毕业生均考取了美国纽约州教师资格证书，在美获得好评（吴勇毅，2011）；中央民族大学汉语国际教育硕士专业的1+2+X培养模式，以海外就业为导向，与美国西东大学、布兰戴斯大学、马里兰大学等高校联合培养，获得中美双硕士学位，并申请当地教师资格证。目前已有三批学生在美获得学位和教师资格证，并受聘担任中小学汉语教师。

本土人才创新培养的另一标志是国家汉办启动实施了"孔子新汉学计划"。该计划涵盖中外合作培养博士、来华攻读博士学位、"理解中国"访问学者等6个项目。北京大学、复旦大学等14所首批试点大学已于2013年正式招生。"孔子新汉学计划"将海外本土人才的培养范围扩展到人文和社会科学领域，其培养对象将不仅精通汉语，而且也会成为中国政治、经济、文化、艺术、汉学等领域的专家。

（3）本土教学资源建设力度加大。

国际汉语教材资源的本土化建设力度进一步加大。国家汉办推动教材本土化建设的方式有三种：第一，扩大版权转让，鼓励国内汉语教材海外发行。国家汉办积极参加全球各类大型书展，推动国产教材向俄罗斯、西班牙、日本等30国转让版权100多种。第二，大力支持海外本土教材开发。一方面，汉办牵头与国际知名出版机构合作开发本土教学资源；另一方面，大力鼓励孔子学院和本土教学机构自主研发教材。截至2014年，国家汉办已支持75个国家的孔子学院（课堂）开发本土教材668套。第三，大力开展教材使用培训。国家汉办每年面向世界各国本土汉语教师举办教材使用培训几百场，增强了本土教师对国产教材的了解，促进了国产教材的本土使用和再创造。

此外，各国自主开发的本土教材也层出不穷，其中韩国、日本、泰国、越南等周边国家的开发速度最为惊人。汉语教材"本土化"问题也日益受到学术界的关注，自 2009 年起，厦门大学连续主办了两届"汉语国别化教材国际研讨会"，吸引了来自世界各国和港澳台地区的近 60 所学校的数百名学者参加，"本土化"成为重要议题之一。

（三）汉语国际传播注重同先进教育技术结合，同文化产品结合

数字技术日新月异的发展，也给汉语国际传播带来了变化和机遇。教学方式和资源形态都呈现出与先进教育技术相结合的特点。国内外以汉语教学为主题的网络平台数量日益增多，全球越来越多的教学机构开始实践远程网络教学，如美国肯尼索州立大学孔子学院尝试开设远程课程；新西兰奥克兰孔子学院开发了"可视汉语学习网络系统"；巴西圣保罗州立大学孔子学院与门户网站 Universia 合作开展网络汉语课程，国务院侨务办公室推出"三常"知识竞赛在线测试及学习系统等①。汉语网络测试和评估发展也很迅速，共在全球 116 个国家（地区）设立 HSK 考点 886 个，在美、加、韩、日、英、法、荷、意、印尼、新加坡、马来西亚、泰国等 15 国设立网络计算机考点 316 个。随着国内知名高校与网络公司推出慕课（MOOC）学习平台，汉语课程加入 MOOC 平台的步伐也将加快。

近年来，汉语国际传播越来越多地同文化产品结合起来，相关文化资源建设得到了较快发展。如国家汉办组织开发并向孔子学院配送含影视、戏剧、音乐、文学等各 100 部优秀作品的文化资源包，《家有儿女》《一个都不能少》《刮痧》等影视作品被改编为汉语视听教材，"孔子学院数字图书馆"上线各类资源 20 万种。而一些综艺节目、中外合拍电影在国内的热播，间接促进了汉语国际传播的发展。如 2012 年上映的《泰囧》掀起了赴泰旅游热潮，直接引起了泰国多地汉语导游供不应求，使近年持续高涨的泰国汉语学习热潮继续升温（中国新闻网，2013）。"非诚勿扰""我是歌手"等综艺节目

---

① "三常"指国务院侨务办公室推出的华文教学辅助读物《中国地理常识》《中国历史常识》《中国文化常识》，在线学习系统网址：http//exam.hwjyw.com/.

在海外华人圈产生了强烈反响，并辐射到非华人群体中，激发了海外人士对中国语言和现代文化的兴趣。

（四）孔子学院进入调整转型阶段

（1）体系结构的调整

孔子学院自建立以来，一直由国家汉办/孔子学院总部直接管理，形成一种伞状传播体系，各孔子学院直接同汉办对接，同一区域内的学院彼此独立，各自为政。随着孔子学院数量的增加，原有体系结构逐渐不能适应发展的需要，因此，在国家汉办的主导下，一些分布较密集的地区开始成立区域中心。2013 年，孔子学院美国中心在华盛顿成立，次年 5 月，智利成立了孔子学院拉美中心（新华网，2014）。区域中心的功能是根据当地特点，协调整个区域的孔子学院工作，强化区域内孔子学院的交流与合作。区域中心的建立显示了孔子学院体系的一种结构调整趋势——由伞状结构向塔网结构的过渡（吴应辉，2012：75-76）。塔网结构的基本构建是，塔尖顶层为决策、指挥和研发机构（孔子学院总部），底层为最基层的语言传播实施机构（孔子学院），中间层是确保顶层和基层直接联络畅通的渠道（区域中心），这种结构的优势是辐射面广、结构有序且不会因为塔顶的扩张而导致塔网结构不稳。依照这一思路，其他大洲和孔子学院密集的国家也应陆续建立区域中心。加强区域中心的建设和研究，不但有利于管理和沟通，更有利于加强传播的针对性区域中心有望成为推进汉语国际传播本土化的重要单位。

（2）孔子学院功能的拓展

孔子学院的调整转型还体现在传播领域的拓展上。从单一的语言教学向文化交流、科技合作、信息咨询等多元服务功能发展，从简单的"你来我往"向深层次的汉学研究、国别研究和经典互译发展（刘延东，2014）。2012 年国家汉办推出《中华传统文化视听读本》，是全球首套以中华优秀文化为主干内容的通用教材，同类教材还有《中外文化交流故事丛书》和《中国蒙学经典故事丛书》等。此外，各国孔子学院与当地合作，大力开展中华传统经典的译介活动，如巴西圣保罗州立大学孔子学院与大学出版社合作出版汉葡双语版《论语》，墨西哥国立自治大学孔子学院在当地推介《红楼梦》西班牙语少年插图版等。更有"孔子新汉学计划"助力海外汉学研究。可见，孔子学院正试图走出民俗、手工艺等物质文化和行为文化的浅层次传播，向传播中华民族优秀思想文化的方向努力。

（3）办学模式的多元化

孔子学院总部鼓励孔子学院因地制宜，谋求特色发展。刘延东指出，有条件的孔子学院可以积极开展当代中国研究，成为认识中国的重要学术平台；还要鼓励兴办以商务、中医、文学、艺术、武术、旅游等教学为特色的孔子学院，支持发展中国家实行汉语教学与职业培训并举（中国新闻网，2012a）。可见，未来孔子学院的类型不仅是语言教学类，还会有学术类、文化类和技术类等等，其职能将更加丰富。

此外，孔子学院的资金渠道也将趋向多元化。孔子学院已告别规模扩张时期，进入内涵发展阶段，财政投入趋于稳定。未来孔子学院将通过多元渠道实现发展融资。2013 年，党的十八届三中全会通过了《中共中央关于全面深化改革若干重大问题的决定》，其中明确鼓励社会组织、中资机构等参与孔子学院和海外文化中心建设，孔子学院也开始讨论成立校友会和基金会等问题（中国日报网，2014）。这些举措都表明，孔子学院未来的发展将更加多元化、市场化，生存和发展的动力将促使孔子学院更加贴近当地需求，积极寻求合作。

（五）汉语国际传播研究日渐形成独立的研究领域

随着汉语国际传播的快速发展，越来越多的学者开始关注该领域的研究，相关研究成果日益丰富，已日渐形成一个独立的研究领域。具体表现在以下方面。

（1）专门研究学会成立。

2012 年 10 月，由上海同济大学牵头，联合中央民族大学、复旦大学、上海交通大学、华东师范大学和上海外国语大学等多所大学共同发起的"中国语文现代化学会汉语国际传播研究分会"正式成立（中国新闻网，2012b）。学会旨在从学术层面对汉语国际传播过程中出现的各种问题进行分析和研究，深入探索和有效解决汉语教学中的诸多难点和难题。学会选举该领域知名学者任理事会成员，每年定期举行"汉语国际传播学术研讨会"。这标志着汉语国际传播研究拥有了独立的学术组织。

（2）相关理论著作问世，专门性学术刊物及学术专栏不断涌现。

截至目前，汉语国际传播领域已有近14部基础理论和专题性、国别性研究专著出版（见表1），这些著作从国际视角探讨了汉语国际传播的背景、现状、问题和研究方法，其中吴应辉的《汉语国际传播研究理论与方法》全面阐述了汉语国际传播的学科内涵、研究对象和研究方法，是构建该领域理论体系的奠基之作。

表 1　汉语国际传播领域相关专著

作者	出版年	专著名称	出版社
吴应辉	2012	汉语国际传播研究理论与方法	中央民族大学出版社
央　青	2012	国际汉语师资教育中的案例教学及案例库构建研究	中央民族大学出版社
吴应辉 央　青 谷陵等	2012	北京市汉语国际推广现状与发展战略研究报告	中央民族大学出版社
刘谦功	2012	汉语国际教育导论	世界图书出版公司
哈嘉莹	2013	汉语国际传播与中国国家形象的构建	对外经贸大学出版社
吴　瑛	2013	孔子学院与中国文化的国际传播	浙江大学出版社
叶婷婷	2013	马来西亚高校汉语作为二语教学研究	中央民族大学出版社
龙伟华	2013	泰国汉语能力标准研究	中央民族大学出版社
潘素英	2013	泰国中小学汉语课程大纲研究	中央民族大学出版社
冯忠芳	2013	泰国中小学本土汉语教师发展的历时考察与标准研究	中央民族大学出版社
孙晓明	2013	汉语国际推广背景下的词汇等级标准研究	中央民族大学出版社

续表

作者	出版年	专著名称	出版社
黄金英	2013	基于五套汉语教材自建语料库的缅甸小学本土化汉语教材建设研究	中央民族大学出版社
袁 礼	2014	基于空间布局的孔子学院发展定量研究	中央民族大学出版社
邹丽冰	2014	缅甸汉语传播体系研究	中央民族大学出版社

近年来，研究汉语国际传播的学术刊物不断涌现，如中央民族大学国际教育学院主办的《汉语国际传播研究》是首家以该领域命名的学术辑刊。此外，一些学术刊物以国际汉语教学和汉语国际传播为主要研究领域，或开辟专栏进行相关研究，亦有相当数量的学术论文集聚焦于汉语国际传播的新情况、新问题。

（3）相关博士点建设取得进展。

中央民族大学于 2008 年在语言学及应用语言学二级学科博士专业之下设立了国内外第一个"汉语国际传播"研究方向。2012 年该校又在中国语言文学一级学科之下设立了"国际汉语教学"二级学科博士点，下设"汉语国际传播理论与实践"研究方向。近年来该方向的研究和人才培养取得了较大进展，到 2014 年底，已有 18 位该方向的中外青年学者获得博士学位，撰写了一批该领域的博士论文。其他高校也相继设立了相关二级学科博士点（见表 2）。

表 2　汉语国际传播相关二级学科博士点列表

建立年份	所在院校	专业名称
2011	华东师范大学	国际汉语教育
2013	厦门大学	汉语国际教育
2013	四川大学	中华文化国际传播
2014	厦门大学	汉语国际推广
2014	北京语言大学	汉语国际教育
2014	北京外国语大学	汉语国际教育

以上统计表明,汉语国际传播已日渐成为一个独立的研究领域。

三、汉语国际传播发展的思考与建议

（一）汉语快速向世界传播的趋势明显

随着中国综合国力的增强,汉语快速向世界传播的趋势愈发明朗。汉语国际传播不是中国一厢情愿地单向输出,而是由世界各国同中国交流的愿望和需求决定的。如今,汉语国际传播已形成政府牵头、民间积极响应、语言文化交流并重的良好格局,孔子学院在全球的布点初具规模,影响力不断提升。在世界格局多元化的背景下,文化传播方式已从单向传播转向多元对话。汉语国际传播活动以其独特的优势,直接和间接地推动了中华文化传播,成为提升国家软实力、促进公共外交的有效途径。越来越多的国家把"汉语"同"未来"联系起来,重视少儿阶段的汉语学习。我们应当把握时机,保持汉语国际传播的良好局面,进一步推动汉语走向世界,在全球青少年心中播下"知华、友华、亲华"的种子。

（二）应大力推进汉语国际传播的本土化进程

一种语言的传播程度,可以从教学的本土化程度上得到证明。纵观世界主要外语的传播状况,英语、法语、俄语等都是如此。语言传播得越广越深入,其本土化程度也越高。应当看到,自海外孔子学院兴建以来,中方外派教师和志愿者为汉语国际传播事业做出了极大的贡献。随着孔子学院的日臻成熟和汉语国际传播事业的深入发展,输出型的教师和教材已不能满足这项事业的发展需求,在"量"和"质"的方面都暴露出越来越多的矛盾。

因此,要进一步推动汉语国际传播事业,必须大力推进本土化进程。要在汉语国际传播的各个方面加速实现本土化,必须克服汉语传播"水土不服""隔靴搔痒"等问题。本土化的核心是教师本土化,尤其要大力推进母语非汉语的本土教师队伍的发展。这类教师的发展水平能够体现汉语教学为对象国主流社会接受的程度。从目前世界各国的情况来看,华人教师仍占本土教师的大多数,母语非汉语的优秀教师还十分稀缺。这从一个侧面说明,实现汉语国际传播本土化,让中国语言文化由"走出去"到"走进去"依然任重而道远。

（三）高端人才培养和项目交流是促进本土化进程的加速器

"本土化"最核心的便是"人"。汉语人才的本土化将直接或间接地推动教材、教法及其他教学资源的本土化。因此，应当特别重视高端人才的培养和项目交流。高端人才的数量可以成为衡量汉语国际传播深度和广度的指标之一。一方面，随着汉语国际推广事业的发展，各国汉语教学将逐渐由"普及型"向"专业型"发展，对本土高端汉语人才的需求将会大大增加；另一方面，高端人才的培养和项目交流将成为促进本土化进程的"加速器"。如"孔子新汉学计划"这类高端人才项目，其培养的人才不但会成为中国语言文化的专家，更是本土汉语言文化传播的意见领袖。他们的本土身份在汉语国际推广方面具有天然优势，不仅能有效避免对象国的抵触和质疑，还能发挥巨大的示范作用；与华人教师相比，他们的意见对本国政府和民众更具影响力和号召力。雄厚的专业背景也是他们开展汉语国际推广工作的利器。高端人才的特点是受过系统训练，系统的学习不但能提高专业能力，而且能建立专业意识，增强汉语国际传播的责任心，培养对中国和中华文化的深厚感情。这些素质与天然的身份优势相结合，使高端人才在汉语国际传播中能够发挥以一当十、以一当百的作用。因此，应当大力支持中国语言文化的高端本土人才培养计划，加大投入力度，推动汉语国际传播取得事半功倍的效果。

（四）加强学科建设是促进汉语国际传播事业发展的学术保障

如前文所述，汉语国际传播已日渐形成一个独立的研究领域，但与实践发展的速度相比，现有研究还十分薄弱，尤其缺乏系统的、指导性的理论研究。在中国知网上检索到关于"孔子学院"的期刊论文有 24783 篇，硕博论文 10765 篇，绝大部分研究还停留在经验总结的层次上，缺乏理论提升，缺乏宏观指导意义。究其原因，汉语国际传播研究尚未形成一个学科，研究涉及多个学科领域，难度较大，缺乏专业的跨学科研究团队。当前，汉语国际传播事业将进入新的发展阶段，一些结构矛盾将会凸显，如何优化结构，细分需求，制定传播方略，都是迫切需要解决的问题。要科学地进行决策，需要加强学术研究和相关智库建设。在此，本文提出几点建议：一是加强汉语国际传播相关学科建设，提高学科地位；二是加大投入，大力支持相关学会的发展，设立专项研究基金，使各类科研基金项目向汉语国际传播领域倾斜；三是加强相关博士点建设，培养高端研究人才；四是整合研究资源，建立汉语国际传播智库，为这项事业提供有力的智力保障，使学术研究真正服务于国家战略。

四、结语

语言传播基于国家实力，语言传播又能够助力国家实力。在2011至2014年这4年中，汉语国际传播与中国国家实力的快速增长同步，取得了举世公认的长足发展，这不仅体现在全球学习汉语的人数、孔子学院及孔子课堂数量、国家公派汉语教师及志愿者等方面，更重要的是汉语走向世界已经成为各国人民心中的预期，并逐渐成为各国与中国共同的事业。在这项事业取得可喜进展的同时，与之相应的汉语国际教育学科还显得薄弱。我们期待着学科与事业同步，相互支撑，共同发展。

参考文献

[1] 国家汉办暨孔子学院年度报告. 2013.

[2] 胡锦涛. 坚定不移沿着中国特色社会主义道路前进　为全面建成小康社会而奋斗. 中国共产党第十八次全国代表大会报告，2012.

[3] 贾益民. 世界华文教育年鉴（2013）. 北京：社会科学文献出版社. 2014.

[4] 刘延东. "第九届孔子学院大会"主旨发言. 厦门，2014-12-09.

[5] 吴应辉. 汉语国际传播研究理论与方法. 北京：中央民族大学出版社. 2012.

[6] 吴勇毅. 汉语种子教师"直通车"培养模式. 国际汉语教育. 2011（1）.

[7] 新华网. 孔子学院拉美中心在智利揭牌. http://news.xinhuanet.

com/world/2014-05/13/c_1110665413.htm. 2014.

［8］中共中央办公厅、国务院办公厅. 国家"十二五"时期文化改革发展规划纲要. 2012.

［9］中共中央关于深化文化体制改革　推动社会主义文化大发展大繁荣若干重大问题的决定. http://news.xinhuanet.com/politics/2011-10/25/c_122197737.htm. 2011.

［10］中国日报网. "好声音"助力中国文化"走出去". http://www.chinadaily.com.cn/hqcj/xfly/2015-02-06/content_13188767.html. 2015.

［11］中国日报网. 外媒：孔子学院何去何从?. http://www.Chinadaily.com.cn/interface/toutiao/1139301/2014-12-29/cd_19189909.html. 2014.

［12］中国文化中心官网. http://www.cccweb.org/cn/whzxjs/zxjj/23122.shtml. 2015.

［13］中国新闻网. 孔子学院转型传播，力推首套传统文化国际教程. http://www. chinanews.com/hwjy/2012/12-16/4412047.shtml. 2012a.

［14］中国新闻网. 泰囧刺激中国人赴泰国旅游，当地华语导游紧缺. http://www.chinanews.com/hr/2013/03-15/4645920.shtml. 2013.

［15］中国新闻网. 中国语文现代化学会汉语国际传播研究分会在沪成立. http://www.chinanews.com/hwjy/2012/10-15/4248059.shtml. 2012b.

［16］中华人民共和国文化部. 海外中国文化中心：延伸的美丽风景线. http://www.mcprc.gov.cn/whzx/bnsjdt/dwwhllj/201408/t20140804_435021.html. 2014.

（原文载于《新疆师范大学学报》（哲学社会科学版）2015年第4期）

19. 孔子学院与塞万提斯学院之比较

——中国文化的现代意识与西班牙文化的后殖民主义

杨　敏

（中国人民大学外语学院）

一、引言

社会语言学认为，在构成群体、民族和人类的过程中，语言是承继过去并且确保未来的"文化资产"，是辅助不同群体之间商贸交易的"经济要素"，也是实现民族团结、凝聚社会以及发展国际关系的"政治工具"。任何语言政策的拟定与执行都深刻反映出政治角力与权力较量。因此，一门语言的国际化程度是一个国家"软实力"大小的象征。

"西班牙语作为经济财富发展协会"会长博迪戈 2001 年在西班牙语国际会议上说，"如果西班牙语设法成为美国西语社区的身份参考，或者文化身份的标志和信号灯，我们就能改善自身在该国的地位"（Del Valle & Villa，2006：384）。其实，作为老牌殖民帝国，早在 16 世纪，号称海上"无敌舰队"的西班牙就发现了语言的地位和作用，一直在拉丁美洲十几个殖民国家强制推行西班牙语，并于 1713 年成立了皇家教育研究院，致力于语言的教学和推广。步入现代社会，在加入欧盟、实现经济腾飞后，西班牙政府决定进一步推广西班牙语。1991 年 3 月，西班牙国王签署法令，成立塞万提斯学院，并且亲自担任名誉院长。目前，西语是南美洲 19 个国家的官方语言，在美国是第一大外语，是世界上除英语外应用范围最广的语言。

不只西班牙，西方有很多国家也建立了海外语言学院，比如英国的文化委员会、德国的歌德学院、法国的法语中心等，都致力于本国语言和文化的全球推广，历史悠久。面对全球化的浪潮，中国也于 2004 年 11 月在韩国创立了第一所"孔子学院"，面向海外大众教授基本汉语。至 2010 年，中国已建立了近 500 所孔子学院和孔子课堂，遍布 80 多个国家和地区。我国的孔子学院和其他国家的语言学院有什么异同？有哪些可以互相借鉴和互为补充的优势？他山之石可以攻玉，我们可以孔子学院和塞万提斯学院为例，以后殖民主义理论为基础，进行一定的比较研究。

二、理论背景和研究方法

后殖民主义是一种重要的文化批评思潮，兴起于 20 世纪中期，在 20 世纪末期达到繁荣兴盛的巅峰。"学术界对后殖民主义的理解主要可以分为三类观点：第一类观点把后殖民主义定义为新殖民主义的表现形式，即与'文化帝国主义'雷同；第二类观点把'后殖民主义'界定为'殖民主义之后'或是'反殖民主义的一种形式'；第三类观点是前两种界定的综合，即后殖民主义既可以指殖民主义和新殖民主义的表现形式，又可以指对这种表现形式的描述"（邓欢，2010：33）。其中所谓的"文化帝国主义"已有多位学者论述，主要是指后殖民时期，帝国主义已不再热衷于从事领土征服和武装霸权地进行殖民主义活动，而是注重在文化领域里攫取第三世界的宝贵资源并进行政治、意识形态、经济和文化方面的殖民，即西方发达国家通过文化输出对不发达和欠发达地区实现文化霸权和文化控制（金慧敏，2011；丁锐、孙鲁飞，2011）。

为了透彻地理解孔子学院和塞万提斯学院，笔者查阅了几百篇关于孔子学院的新闻和论文，以及近百种关于塞万提斯学院的论文和书籍，并且利用在纽约访学的便利，走访了纽约的孔子学院和塞万提斯学院。运用后殖民主义等理论分析，经过大量的比较研究，同时笔者发现了两所学院的异同之处。

三、塞万提斯学院与孔子学院的相同之处

（一）同借名人之势

塞万提斯是西班牙文艺复兴时期的文学家，他的小说《堂吉诃德》被称作文学史上的第一部现代小说，小说主人公"风车骑士"——堂吉诃德的形象早已深入人心。用塞万提斯命名西班牙海外语言学院具有强大的号召力。另一方面，孔子是中国古代伟大的思想家、教育家和儒家学派的创始人，影响东方文化长达两千多年。因此，汉语学院以孔子命名，具有强大的文化吸引力，同时避免了意识形态的争论。

（二）相似的办学模式

中西两国的海外语言学院办学模式大同小异，都由政府创办和拨款，总部都设在自己国家的首都，向海外分支机构提供教学模式、课程产品等主要教学资源，选派国内教师，赠送教材，组织语言水平证书考试等。语言水平考试的目的也类似：一方面衡量学员语言水平（可为学员入学或者就业提供参考）；另一方面维护语言规范，限制由于世界应用而产生的民族语言变异。

（三）共同面临英语霸权

在某种意义上，全球语言环境中存在激烈的生存竞争。虽然语言的多样性是促成文化丰富性的重要条件，但并非所有语言的地位都是平等的。全球化是强势语言征服弱势语言的过程，而强势语言中最典型的例子就是英语。美国一流科技水平、大学教育以及魅力四射的影视文化传播，强烈地吸引着世界各地的人们；全球媒体几乎都有英语传媒频道；跨国公司、学术交流、体育赛事等，都把英语作为交流的工具。同时，英语所携带的文化价值观也会逐渐植根于非英语国家国民的思想，不断维护和巩固英语的霸权地位。

这种不同语言文化之间的强烈反差使许多年轻人看轻自己的母语，中国甚至出现了建议高考取消语文考试的声音。要想让民族语言在严酷竞争中存活，提高本国在国际社会中对于国际事务的话语

权，扭转"文化逆差"，就不能不重视民族语言的推广工作，在国内弘扬民族文化，在海外宣传民族文化。当然，这需要强大的国力、高质量的教学和周全的组织安排来保证。

塞万提斯学院和孔子学院正是承载了这样的历史重任，他们均成为了 21 世纪本国文化复兴和文化自觉的代言人。

四、孔子学院与塞万提斯学院的相异之处

同为语言学院，孔子学院与塞万提斯学院的办学方针与教学模式等都很相似。但是，由于地处不同的环境，来自不同的民族和文化，拥有不同的历史背景，许多因素决定了二者之间的差异。

（一）不同的哲学基础

孔子和塞万提斯同为历史文化名人，但是代表的哲学思想不同。以儒家文化为核心的中国传统文化强调"天人合一""和实生物"以及"和而不同"等思想，主张人与人之间和谐共处，人与自然和谐共生。这种肯定世界多样性的统一，承认差异，倡导多元共处和相互依存的思想，在人类社会面临诸多问和困境的今天，可以发挥出独特的协调、平衡和包容作用，为新时代的国际秩序做出贡献。

而塞万提斯学院则以文学家的内涵赋予了该学院一种故事的亲和力，一种文学的想象空间。与风车作战的骑士堂吉诃德凸显了西方人的个人主义和英雄主义思想，体现了西方自文艺复兴以来的理性和进化的文化思潮。同时，该哲学理念不可避免地带有西方征服主义精神：以人类为中心，牺牲自然和社会来满足人类私欲。这种观念在促进近现代文明发展的同时，也把人类拖进了战争冲突、霸权主义和生态危机等灾难之中。

（二）不同的历史背景

中国与西班牙有着截然不同的历史背景。中国是个多民族国家，以五千年历史为傲，界定自己的方式不是国家意识，而是文明意识。纵观中华民族的历史，所经历的战争除了内战外，都是抵御外国侵略。中国文明与世界文明的著名的历史融合是丝绸之路、鉴真东渡、郑和下西洋等。通过这些文明贸易和文化传播，中国的"送去主义"带给世界的是发展、友谊和共存。

纵观西班牙历史，16 世纪"无敌舰队"横行海上近百年，所到之处焦土遍野，文明丧失。拉丁美洲的许多土地沦为其殖民地，直到 19 世纪初才逐渐获得独立。"拿来主义"带给世界的是掠夺、恐惧和暂时的臣服。

（三）不同的办学意图

孔子学院和塞万提斯学院拥有不同的哲学基础，来自具有不同历史背景的国家，这催生了它们不同的办学意图。

孔子学院的宗旨是为增进世界人民对中国语言文化的了解，发展中国与各国的友好关系，为全世界汉语学习者提供方便、优良的学习条件。进入 21 世纪后，西方"中国威胁论"甚嚣尘上。为了让西方了解中国文化，理解中国社会，同时改变被动地等待国外留学生来华学习中国文化局面，中国开始有意识地主动发掘语言与文化资源，采取"送去主义"的方式。于是，历经两十多年风雨的孔子学说被赋予了现代意识，承载了中国人民"以人为本""以和为贵"的"和平"希望，漂洋过海，为传播中华五千年文化史开辟道路。由此，我国的文化建设与管理进入现代化时期。塞万提斯学院的办学意图在该学院法则第 7 条第 3 款中被解释为"改进西班牙语作为第二语言的教育、学习和使用，在全部非西班牙语国家推广西班牙和拉美西班牙语国家文化"。但是，德尔·瓦伊（Del Valle，2009）在对塞万提斯学院的大量文献进行研究后认为，西班牙语言政策的一个意图是追赶各方面都强大的英语，挑战古老的有声望的语言，比如法语和德语。另一个意图是把西班牙语看成有价值的语言，把它当成商品进行推广。西班牙政府相信，通过推广西班牙语，语言学行业得以繁荣，西班牙的国际形象将有所提升，与西班牙有关的一切事物的普及和对待西班牙的积极态度反过来都会促进对这个国家相关产品的购买欲，从而包容西班牙公司的存在促进。由此可见，西班牙政府不仅把语言教学当作一项收入来源，还用作宣传文化的工具以支持政治和经济利益，足见该学院浓厚的新殖民意识和语言帝国主义色彩。

（四）不同的经营效果

目前来看，孔子学院发展势头良好，但是市场人气仍显不足。

多份资料表明，孔子学院的主体受众为旅居海外的华裔子弟但这些满口当地语言的华裔子弟学习汉语的民族情怀，其学习效果可想而知。仅仅是为了满足父辈在纽约的孔子学院，非华裔学员大多只是出于对东方古老文明的好奇，浅浅涉猎让他们望而却步的方形文字的书法，或练一练太极拳。

同时，海外语言学院的发展需要巨大的财政和物力支持，这一点从各国的统计数据即可看出。例如，塞万提斯学院每年有约 0.8 亿美元的政府拨款，英国文化协会每年有 6 亿美元政府拨款，歌德学院每年约有 4 亿美元的政府和公共基金投入，而孔子学院 2004 年到 2009 年的投入累计仅为 1 亿多美元（段奕，2008）。由此看来，孔子学院只靠政府拨款，发展会有所限制，其经营模式应该更加广阔。

西班牙的塞万提斯学院尽管也是非营利运营形式，但是对于利润的渴求却是明显的。西班牙报纸 *EL PAIS* 上有篇文章论述道：在西班牙，语言是与旅游业占有相同份额的财富。1996 年，西班牙语推广协会的奠基人博迪戈说，语言学产业创造了一个复杂的文化符号，它通过"西班牙语"这个品牌保护伞，通过各种服务和产品，可以渗透进许多不同的市场（Del Valle & Villa，2006）。与之呼应，塞万提斯学院 1999—2001 年度的主管拉芬特说："巴西有 1 亿 6 千 5 百万人口，其中 5 千万是学生。大约需要 20 万西语教师，随后还需要书籍、电影和音乐产业。"（Del Valle & Villa，2006：375）巴西有报纸惊呼："西班牙语征服了巴西！"（Del Valle & Villa，2006：378）由此可以看到，塞万提斯学院绝不仅是简单的非营利模式。

众所周知，一个品牌、一个产业发展，必须有其商业化的道路。孔子学院是迄今为止我国第一个语言文化品牌，但是重于扩张，疏于管理，不利于品牌的发展。借鉴一下塞万提斯学院和国内外各种语学院和教育集团的商业化的经营模式，可以让孔子学院走得更好、更远。

五、塞万提斯学院的后殖民主义理念与孔子学院的现代意识

正如前面章节所述，早已达成国际共识的是，英语的推广与英美的经济、军事和政治利益相关，但是英语的推广却被巧妙地掩饰

为一种自然的、中立的且对使用者有利的现象。英语的特权地位引发了一些反应：有国家出现民族语言退化的现象，强大的英语推广被解读为盎格鲁—撒克逊强大的文化侵略。比起政治侵略和军事侵略，文化侵略对一个国家的伤害更为深远。

在这种情形中，西班牙语扮演了一个复杂的角色：一方面，作为国际语言，它的辩护者们把它展示成与英语相抗衡的力量，他们坚信对西语的足够忠诚将能抵制英语的霸权；另一方面，为了让西语的地位和推广合法化，他们采用的手段几乎与推广英语的那些人一样。例如，英语在成为全球化语言时，是成功、希望和自由的代名词。西语的推行者在向全球公众推销西语这个产品时，就以正在增长的西语经济市场为特色，以西语音乐、舞蹈和时尚为特色，以西语国家和地区的丰富旅游资源为特色。

又如，在拉美地区西班牙语的强化推广中，仍存在语言等级，西语凌驾于拉美当地语言之上，从而使得西班牙政府仍享有对于当年殖民地的领导地位。比如，巴西的官方语言是葡萄牙语，西班牙政府在巴西大力推广西语，但在其本土并不宣扬葡萄牙语的学习，也没有推行巴西文化。

为了推广西班牙语，塞万提斯学院还与政府、文化和商贸实体签署了大量协议以资助泛西语政策项目。许多为西语扩张活动大开方便之门的高端公司比如能源、航空、保险或者金融等公司发现，随着使用西语的人口数量的增加以及使用西语的地区的扩大，拉美最大的商机对他们敞开了门。

这一切促使西班牙政府制定更具野心的扩展经济力量和政治地位的政策。西班牙在拉美组织"泛西语联盟"，希望对于拉美的集体秩序起到核心作用，在语言融合过程中给大家提供一个母国（Del Valle 2009）。正如马-莫里乃洛（Mar-Molinero，2008）所说，西班牙和拉美的关系仍由帝国形象协调，由扎根于殖民时代的经济不平等结构所协调。

如此一来，西班牙语的辩护者们把"英语威胁论"成借口，并将其转化为对西语的忠诚，以此为经济和政治利益服务，阻止更适于国际语言多样性的语言文化政策的出现。西语推广的后殖民主义色彩已经开始令很多人不安。

在中国的孔子学院，一位须眉鹤发的长者的雕像笑容可掬地对世界各国鞠躬行礼，谦谦君子的胸怀很容易让人对这个古老国家产生亲近感暖和崇敬之情。孔子的英译词"Confucius"含有"智慧"的意思，可见西方文化对孔子的推崇。而且，孔子学院的"和"的理念更适合后现代社会。美国《纽约时报》曾评论孔子学院是迄今为止中国最好最妙的一个出口产品，是中国实施和平外交战略、提升国家软实力的重要措施。

但是，作为2500多年前的历史人物，在中国历朝变革的风风雨雨中，孔子及其思想的地位也是沉沉浮浮。孔子学院的海外推广也曾遇到阻力。比如，在东南亚某些国家，孔子学说被看作一种宗教观，孔子学院因而遭到某些排外势力的抵制。如何以现代的眼光重新解读孔子是目前的紧迫任务。另外，周明朗（2009）指出：目前孔子学院的运行机制上存在三大漏洞：政治风险（总部在北京，西方及东南亚国家对于孔子学院的办学目的有疑虑）、学术上被边缘化和经济上的无底洞（依靠政府拨款）。如前文所述，孔子学院在经济上的运作可以借鉴塞万提斯学院的先例。

以上巧合突显了发展推广国际语言的政策的批评研究和比较研究的重要性，或许，比较研究的视角更会有助于诠释一种更精细、更全面的理论模式。

六、结语

正如马莫里乃洛（2008）认为，现在的语言全球化本身即是一种帝国主义的形式。在语言推广中，我们可以辨别出欧洲在塑造语言行为以及促成语言阶层方面凌驾于世界之上的殖民地和后殖民地影响。强加或者抵制世界新秩序的斗争一定程度上是关于语言的斗争，这些斗争不可避免地在有权者和无权者之间、强势者和弱势者之间进行，这是受权力支配的霸权主义的实例。

从社会语言学角度来看，塞万提斯学院很好地开发了语言的三大功能："文化资产""经济要素"和"政治工具"。政治层面上的拉美西语国家联盟（泛西语联盟）、经济上的西班牙为首的跨国集团，文化层面上的西语文化都在不断地强大，寻找既能够与英语抗衡又能与之合作的立足点。但是，西班牙对于拉美地区的不平等的政治和经济权力的诉求使得塞万提斯学院的发展蒙上一层厚厚的后殖民主义色彩。

中国的孔子学院虽然建成时间相对较短，但是它深厚的哲学思想——"和而不同"使目前徘徊于稳定与混乱之间的国际社会能够在文化多样性以及和谐、正义、团结的前提下，规避风险，承提起造福人类的重任。

参考文献

[1] 邓欢. 浅议后殖民主义对西方现代义历史思维的挑战. 西华师范大学学报（哲学社会科学版）. 2010（5）：32-37.

[2] 丁锐、孙鲁飞. 解读文化帝国主义. 重庆科技学院学报. 2011（12）：23-25.

[3] 段奕. 硬实力、软实力理论框架下的语言、文化国际推广与孔子学院. 复旦教育论坛. 2008（6）：48-51.

[4] 金慧敏. 走向全球对话主义. 文学评论. 2011（1）：159-166.

[5] 周明朗. 语言意识形态和语言秩序：全球化与美中两国的多语（教育）战略. 暨南学报（哲学社会科学版）. 2009（1）：45-57.

[6] Del Valle, J. & L. Villa. Spanish in Brazil: Language policy, business, and cultural propaganda. Language Policy. 2006, 5(4): 369-392.

[7] Del Valle, J. 2009. Total Spanish: The politics of a Pan-Hipanic grammar. PMLA. 124(3): 880-887.

[8] Mar-Molinero, C. & M. Stewart. Globalization and Language in the Spanish-speaking World. New York: Palgrave Macmilan. 2006.

[9] Mar-Molinero, C. Suberting Cervantes: Language Authority in Global Spanish. International Multilingual Research Journal. 2008(2): 27-48.

（原文载于《当代外语研究》2012 年第 3 期）

20. 孔子学院发展和对外汉语教材本土化进程中的问题及对策

李　佳　胡晓慧

（浙江大学国际教育学院）

近年来，随着中国综合国力的发展、国际地位的提高，汉语作为外国人了解中国、进入中国的交际工具和文化载体，正受到世界上越来越多政府、教育机构和传媒等领域的重视，以及普通民众的喜爱。我国政府也已经把"汉语与中国文化走出去"列为国策，其中一项重要的举措，就是通过国家汉办和国内高等院校合作，在世界各地的著名大学联合开办孔子学院和孔子课堂。截至 2012 年 12 月，孔子学院在世界 108 个国家建立了 400 所孔子学院和 500 多个孔子课堂，汉语学员的总数达到 65.5 万人。在世界前 200 名的大学中，有 70 所已设立孔院。此外，还有 76 个国家的 400 多所大学正在申办孔院（国家汉办官网，2012）。经过十几年的发展，海外孔子学院已经成为一个面向世界各国各界人士，提供开展汉语教学、了解中国传统文化内涵、开展文化经贸交流活动等多种功能的国际化平台。

在这样的大背景下，近年来对外汉语教材的编写与出版取得了相当丰厚的成果，对外汉语教材的数量快速增长，教材开发和推广呈现出立体化、市场化和国际化的趋势。目前参与对外汉语教材的出版社已有近百家，图书种类包含语法用书、口语和听力教材、阅读和写作教材、经贸和商务汉语、工具书、应试用书、文化背景类和学术专著等十几个门类。除了品种的增多，教材形式也从最初的单一纸质教材发展到如今的配套音像制品、电子产品、多媒体及网络资源的立体化教材体系。

但是，在数量和品种迅速扩张的同时，对外汉语教材的总体质量和个性化建设进展缓慢。在孔子学院海外高速发展的形势下，如何积极利用孔子学院的平台，使孔子学院成为汉语推广在海外的主力，特别是成为对外汉语教材本土化建设的主导力量，应该引起政府和学界的高度重视。

一、海外汉语教材出版和使用现状

在国内对外汉语教材蓬勃发展的同时，近年来海外汉语教材的本土化进程也方兴未艾。与中国一衣带水的日韩两国近年对汉语教材的编写与出版日益重视，教材数量从 20 世纪 80 年代后期开始稳步增长，大有超过中国本土的趋势。据专家统计，日本 2000 年以后每年发行的汉语教材数量达到 100 种以上，从 1978 年到 2008 年，日本累计出版了 2100 多种汉语教材（津田量，2010）。而韩国汉语教材出版界的四大出版社——YBM 时事汉语出版社、多乐园出社、尼克索斯出版社和进明出版社在 2009 年所出版的汉语教材数量共计 497 种，尤其是尼克索斯出版社，出版汉语教材共计 253 种，其累计出版汉语教材的数量已经超过了中国汉语教材出版"老三家"之中的华语教学出版社和北京大学出版社，直逼国内汉语教材出版界的老大哥——北京语言大学出版社。韩国最大的书店"教保文库"2009 年在售的汉语教材数量更为惊人，共有 6067 种（胡晓慧、金秀景，2009）。

海外市场热衷于研发并出版汉语教材，弃用国内对外汉语教材的主要原因在于国内教材存在着诸多缺陷与不足，一到海外市场就出现水土不服的现象。尽管中国政府每年都往海外免费赠送大量的国内汉语教材，但赠送的教材多数在中国人自己办的中文学校和孔子学院打转，难以进入全日制教育体系。例如在美国，主流公立学校汉语教材仍鲜见国内汉语教材的踪影。根据罗春英（2010）的统计，在所调查的 29 所美国高校中，一、二、四年级使用比率最高的汉语教材是美国剑桥出版社（Cheng & Tsui）出版的；三年级使用比率最高的是普林斯顿大学出版社的汉语教材。同样，美国大华风采有限公司（Better Chinese）出版的《快乐幼儿华语》和《快乐儿童华语》得到美国 7 个州政府的认可，认为其适合美国小学的汉语教学。美国 200 多所初中所使用的汉语教材是大华风采有限公司（Better Chinese）出版的《奇妙中文》（*Discovering Chinese*） 和《奇妙中国游》（*Magical Tour of China*）。加拿大法语区大多数高校所选择的汉语教材也是本土编写的《今日汉语》。在澳大利亚，各侨团中文学校主要使用国侨办赠送的暨南大学出版社出版的《中文》课本，澳大利亚孔院则用汉办赠送的北京语言大学出版社出版的《汉语教程》。但澳大利亚国内编写的一些本土汉语教材日益受到欢迎，例如一套专门针对澳大利亚学习者的汉语教材《你好》，凸显了澳大利亚本土化汉语教材的特点，目前在澳大利亚使用非常广泛。

汉语教材的本土化基本上是两条线路，一是国内出版的教材尽力适应国外的需要，以实体图书或版权贸易合作出版的形式进入海外；二是国外的教育和出版机构独立编写出版汉语教材。可以看到，汉语教材本土化进程有越来越多的外国人进入，很多外国出版社看到了汉语教育巨大的市场前景，开始投资汉语教材的出版。国内的教育和出版机构如何利用海外孔子学院的力量，加快汉语教材的本土化进程，利用本土的语言、文化以及资金优势，掌握海外汉语教材的主导权，是汉语教材本土化战略的一个重要课题。

二、汉语教材本土化所面临的十大关系

汉语教材的本土化是其发展的大方向和战略问题。对外汉语教材的海外本土化包含十大关系，概括起来就是针对性和科学性的问题。正确处理好十大关系，是当前研究、推进汉语教材本土化的核心问题。

（一）儿童汉语和成人汉语的关系

目前国内主流的汉语教材基本上是为来中国留学的成年学生编的，而海外以未成年人为主要学习人群的中文学校或孔子课堂几乎无一例外地使用国内的成人汉语教材。在儿童和成年人之间，还有

全日制中学的学生，特别是高中生，这是海外汉语教学一个很大的群体，也是未来海外汉语教学的主体。国内汉语教材一贯重视词汇、语法编排的科学性与系统性，而忽略了课文的生动性、趣味性，面对未成年学习者，这就成为一个主要问题。美国人编的儿童语言教材，一篇课文往往安排十几个互动游戏可供教师选择。美国中文教师李兆红谈到，"大陆出版的教材很少注意设计活动"；澳大利亚中文教师赵小梅说，"我觉得中国大陆在研究课堂游戏方面还是一个空白，如果教学研究者、教材编写者能好好把这个问题研究透，编出有意思的教学手册，在西方国家肯定会畅销的"（佚名，2006）。

（二）汉语培训和全日制汉语教学的关系

全日制汉语教学和汉语培训对教材的要求完全不同。由于教材系统性和专业性存在区别，国外大中小学全日制汉语教学较多采用本土教材，而不用国内出版的专业汉语教材。汉语培训主要是由侨团和机构主办的中文培训学校以及孔子学院培训班，一般在晚上或是周末开课，教材多用国内赠送的专业教材。无论是汉语培训班还是全日制学校，每周的课时都比国内的留学生少得多，国内的汉语教材对他们而言往往容量偏大，进度过快，难以消化。尤其是国内汉语教材针对全日制学生所编排的巨大词汇量让海外学习者望而生畏。美国最受欢迎的儿童文学家、教育家苏斯博士（Dr. Seuss）的代表作《戴高帽子的猫》只用了 236 个英文单词，《绿色鸡蛋和火腿》仅用了 50 个词。但是他的作品语言幽默风趣，韵文易记易诵，情节夸张而富有想象力。虽然汉语教材与文学作品有性质上的区别，但是殊途同归，尤其是针对海外只有零星业余时间学习汉语的大量学习者来说，教材的语言生动有趣，词汇与语法简单实用，课文易懂易记才能激发学习者持续的学习兴趣。

（三）翻译克隆和特定编写的关系

在国外使用的汉语教材多是以英美学习者为背景编写的，教材没有考虑到不同国家、不同背景的学习者在思维、语言方面的差异。目前国内几套主流教材都有不同国家的版本，有的多达几十个语种，但基本上是在一个版本的基础上经过简单的翻译而成，人物、环境、场景基本相同。我们所熟知的华语教学出版社出版的汉语教材《当代中文》有43个语种注释本，如今已经推广到了世界各地，但最早是专门针对加拿大学习者编写的。加拿大版的课文中有这样的人物对话，提问"你是哪国人"，回答"我是加拿大人"；已有43个语种注释本的《当代中文》显然不能再简单地回答"我是加拿大人"了，或许应该改编为"阿拉伯的朋友""西班牙的同学""中国的老师"等等。课文中的国别还是容易处理的，但是文化、教育体制、教学方法、思维方式等意识形态的问题却很难通过改变课文的几句对话来解决。

（四）国内出版和境外出版的关系

在一些汉语教育起步较早的国家，如日本、韩国、美国等，已经有了很多本土化的汉语教材，即由本国编写，本国出版发行。从目前来看，国内出版的对外汉语教材，尽管也有不同国家和语种的版本，但与海外本土出版的还相去甚远。近年来，国家一直鼓励出版资本走出去，积极推进出版本土化，也是这个道理。相比国内出版的汉语教材，这些海外出版的教材特征鲜明：语境符合当地文化，文章生动有趣，印刷装帧美观，一般采用全彩色或二色印刷，开本的形式多样，教学容量明显少于国内汉语教材，一般在 200～300 页，教材中配有大量插图。例如，汉字是外国学生一致认为汉语中最难学习的部分，但是国内的对外汉语教材中却鲜有汉字演变的图示，学生缺乏记汉字的方法和练习。而针对国内幼儿学习汉字的《儿童直映高速认字教材》则把每一个汉字都变成了图，字就是图，图就是字，让中国孩子轻松认字。这种汉字教学方法，汉字教材的策划与出版很值得借鉴。在这一方面，出版界与学术界应该鼓励国内外专家、出版社的合作，充分利用国内与境外的不同优势，积极采取措施，努力探索汉语教材中外合作编写及联合出版模式。

（五）教材和教辅的关系

大量与教材配套的教辅，不但是中国教育的特色，也是海外基础教育的特点。海外基础教育本来就轻教材、重教辅，所不同的是，我们的教辅多是题海战术，是应试教辅，而国外则是调动学生学习积极性、创造性，增加学习趣味的教辅，如多媒体光盘、网络教学、各种教具和挂图等。目前国内的一些汉语教材也开始配套提供教辅材料，但还远远不够。对出版业来说，为海外汉语教材配套教辅不仅可以提高教材品质，推动教材的使用，更是出版社很大的经济增长点。

（六）繁体和简体的关系

在中国改革开放之前，海外中文书店、中文教育和中文媒体基本上是繁体字的天下。近 10 年来，海外的繁简格局已经产生了质的变化，但繁简之争仍在继续，还有许多技术问题需要处理。目前大部分海外中文学校教授普通话、简体字和汉语拼音，一些院校同时教繁体字与注音符号。早期有些来自中国台湾的老师教繁体字，现在由中国大陆留洋的老师，教简体字。教简认繁成为各类海外汉语教学机构的一大趋势。国内教学界应积极研究这一课题，政府要出台有效措施，在扶持政策、教学衔接、教材配套、教师培训等各方面采取主动，保证海外中文教育中简体字的权威性和一致性。

（七）语言拐杖和语言环境的关系

曾经有海外的中文教师戏言，要让汉语教材进入当地全日制中学，只要将当地的中学课本翻译成中文就可以了；因为，学生都学过这些课文，对课文非常熟悉，对照着看连老师都不用了。这也许是教材翻译派的一种极端表述。但是，在海外的中文教材中不乏生词、语法都用母语进行注释，甚至连整篇课文都进行译解的先例。

汉语教材应该采用何种课文形式，以汉字为主，还是以使用国母语注释为主？是否需要添加使用国母语的注释？如若需要，是使用国母语与汉语并列出现，还是单独出现？更进一步，使用国母语注释的汉语教材，乃至以母语作为教学语言，或用翻译法进行教学是否有利于汉语教学？这些问题都应该有充分的教学与学习理论，以及相应的研究成果支撑，并须视教学环境、教学内容、教学对象等具体情况而定。

（八）语言教学和文化传播的关系

本土化教材涉及本土文化和中国文化的有机融合。在课本中充分利用本土熟悉的语言环境，如人物、场景、习惯、用具等，一方面可以调动学生的学习积极性，同时，也可以让学生尽快学以致用；另一方面，外国人学汉语是因为对中国文化感兴趣，目的是了解中国，与中国人交流，所以，在教材中如何有机地体现中国文化，是语言应用和学习兴趣的需要。要恰到好处地兼顾这两个方面，是本土化教材很难把握的一点。如何把学习汉语与了解中国传统文化和现代生活相结合，从"为学习汉语而学习汉语的"的单一目标中解脱出来，融入生动、丰富、有机、活泼的生活元素是本土化汉语教材的一个重要研究课题。在反映中国文化方面，大多数教材过于注重传统文化，轻视现代生活，课文的选取也不够用心，经典的、精彩的内容不是太多。

（九）小语种和大语种的关系

小语种有两个概念。一是指英语以外的所有外语，二是指除联合国通用语种（英语、法语、俄语、西班牙语、阿拉伯语）外的其他语种。目前，日本等国家有汉语教材几千种，但非洲、东欧、南美以及亚洲的许多国家基本没有本土化的汉语教材。在国家的外交战略上，小语种国家的战略地位并不亚于发达国家，特别是非洲、南美以及中国周边的亚洲国家等，对外汉语教学必须配合国家的外交格局。在非洲，豪萨语、斯瓦希里语甚至有上亿的使用人口。许多亚非国家的人口也往往数倍于欧美发达国家。国家应该重点扶持这些地区的本土化教材建设。东欧国家与中国的传统友谊非常深厚，在冷战时期的 30 年中，只有东欧国家有大量的留学生派往中国，这些国家现在虽然比较落后，但有深厚的汉学底子，汉语教育传统扎实，进行汉语教材的本土化建设有很好的条件。

外语教育"大语种"热、"小语种"冷对汉语教材的本土化进程不利。目前全国大学开设的外语专业一共才 30 种。北外最多，有19 个语种，而且招生人数屈指可数。与英语相比，其他语种外语人才稀缺，现在孔子学院派到法语、俄语、西班牙语系的国家和地区的教师，也大多是英语老师，更不用说更小的语种。因此，"小语种"的本土化教材建设有赖于国内相应语种外语教育的发展。在美国，公立高中注册学习的外语除了法语、西班牙语等联合国通用语种，还有汉语、挪威语、波兰语、葡萄牙语、越南语、意大利语、日语、韩语、希腊语、海地语、夏威夷语、希伯来语等。把"小语种"外语教育延伸到高中，是我国外语教育可以借鉴的一个方法。孔子学院教师和志愿者的培养可以从中学抓起。

（十）传统教材和现代教育的关系

在网络时代，远程教学日益显示活力。目前对外汉语教学遍布全球，虽然我国总体经济发展水平不如欧美，但在信息和网络技术方面紧跟世界潮流，海外本土化教材应该借力多媒体和网络技术，丰富教学体系，加强推广力度。对外汉语教学、传播中国文化的方式也不应再仅限于书本和言传身教，可以通过网络让越来越多的外国人来学习汉语和了解中国文化。现代远程教学采用特定的传输系统和传播媒体进行教学，优势在于可以突破时空限制，提供更多的学习机会，扩大教学规模，提高教学质量，降低教学成本。这无疑是解决海外孔子学院师资匮乏的一个有利途径，也能帮助学习者选择个性化的学习模式，还能不断更新所学语言知识和文化内容，做到真正的与时俱进。

在海外孔子学院对外汉语教材的建设中，远程化和数字化的进一步深入发展刻不容缓。汉语教材的数字化可以说是我们十大关系中最重要的一点。正如一些学者提出的那样，"汉语教材的数字出版并不仅仅是对外汉语教材的电子化、光盘化，而是要真正打造集互动性、趣味性、科学性与实用性为一体的数字材料"（应学凤，2012）。为此，国内有不少出版社已经采取了一些举措。外研社的国际汉语出版中心在原有的国际汉语编辑部之外新设立了海外业务拓展部，主要负责拓展培训业务和网络服务，网络服务的工作就是将其对外汉语教育资源数据化，进而数据库化，为提供个性化的定制产品提供了可能性。

三、孔子学院发展路径和对外汉语教材本土化策略分析

最近，国家汉办出台了《孔子学院发展规划（2012—2020 年）》（以下简称《规划》）。《规划》指出：要制定国际汉语课程标准和国际汉语教材编写指南。发挥孔子学院和社会各方面积极性，改编和新编一批知识性、趣味性和通用性较强的汉语教学和中华文化精品教材，大力开发各种文化辅助读物、多媒体课件及实用教具和工具书，支持各国孔子学院编写本土教材，形成适应幼儿、中小学生到

高校学生和社会人士等不同人群、不同层次汉语学习需求的教材和教学资源体系。加强各国本土师资使用教材的能力培训。加快教学方法改革创新，加强教学案例库建设，注重与本土文化相结合，克服话语体系和文化差异带来的障碍，探索出外国人易于接受的教授汉语和介绍中国文化的方式方法。上述《规划》是孔子学院十余年发展的经验总结，《规划》的出台，将有力推动孔子学院对外汉语教材本土化工作。但是，贯彻落实这一《规划》，加强孔子学院的海外教材建设，需要在孔子学院发展方针上作相应的功能和体制改革，出版界也要以孔子学院的发展为己任，积极参与孔子学院的各项建设，特别是本土化教材的建设。

首先，孔子学院办学模式要更加自主。与国外大学合作目前几乎是孔子学院的唯一办学模式。在这种模式下，重大项目和资金使用权基本上由外方控制，中方自主力较弱，发展规模和发展空间受到限制，也直接影响教材的本土化建设。孔子学院最初是克隆德国歌德学院的模式，但歌德学院至今在全球也不过只有 140 余所，其成立却已有 56 年的时间。在国家资金、师资等能力有限的情况下，孔子学院应该集中人力物力，扩大个体的规模，以规模和质量取胜，建设更多自主独立的孔子学院。

同时，孔子学院设在大学内部，也限制了与社会的联系，社会开放性受到影响，造成一些孔子学院生源不足。与此相应的是，在欧美国家，华人办的业余中文学校，学生规模上千的比比皆是，而且没有要国家一分钱，经营火热，生存发展效益良好。这一冷一热也说明了孔子学院办学模式的某些问题。除了侨团举办的中文学校，一股更大的汉语学习浪潮正在出现，这就是国外全日制学校大量开设汉语课程。2011 年，美国开设汉语课的公立大中小学超过 5000 所，学习汉语的学生人数突破 20 万人，相当于 5 年前的 10 倍；同时，1000 多所大学开设了汉语专业，招生规模达 5.2 万人。全日制学校不但是未来海外汉语教育的主体，也是汉语教材本土化建设的重点。因此，孔子学院的工作要实现转型，要从单纯的教学机构变成国家和城市的教师培训指导中心、考试中心、教材编写中心。授人以鱼，不如授人以渔。

其次，孔子学院的边界要更加扩大。孔子学院首先以语言为主体，但发展初期往往成为单纯的语言学校。如前文所及，如何处理好语言和文化的关系，是孔子学院发展的一个重要战略问题。学语言当然重要，但学语言的最终目的是文化和经济的交流，是弘扬中华文化。孔子学院的建设以国家汉办为基础，还要充分发挥文化、新闻出版广电等部委的积极性。海外孔子学院都面临着一个共同的问题——缺少用当地语言出版的中国文化图书，缺少为当地学习者量体编制的汉语教科书和教辅读物，这在小语种国家更加突出。所以，出版的参与无论对孔子学院的建设还是对汉语教材的本土化都有积极的意义。孔子学院的课程和教材的内容也要从纯语言向商务、中医、艺术、旅游、经济等与中国相关文化学科拓展，这对于中国出版走出去是难得的机遇，海外孔子学院可以成为中国出版走出去的跳板和港口。

英国文化委员会、哥德学院、法语同盟的办学模式都有一个共同的特点，就是与著名的企业合作。目前国内只有凤凰出版集团有一个孔子学院的合作项目，全国文化产业 30 强中出版集团占有三分之一，这些出版集团应该积极参与孔子学院的建设。近年来，浙江出版联合集团分别与英国的奥斯特大学、肯尼亚的罗内毕大学、罗马尼亚的克鲁热大学签订了合作协议框架，依托这三所大学的孔子学院和大学出版社合作出版汉语教材和中国文化图书。李长春同志分别参加了内罗毕大学和克鲁热大学合作协议的签字仪式，这是对出版业和孔子学院合作的极大支持。2010 年，浙江出版联合集团与内罗毕大学孔子学院合作成立了中国文化出版中心，目前已经编辑出版了《非洲常见病防治读本》斯瓦希里语版、《汉斯英分类词汇》《汉语会话》和《汉字书法艺术》等图书。浙江教育出版社与罗马尼亚克鲁热大学孔子学院合作出版了《汉罗会话基础》《汉罗分类词典》等图书。2011 年，浙江教育出版社与华沙中文学校合作编写出版《波中分类词典》，印数达 5000 多册，充分说明了出版走出去的本土化的市场前景。

最后，随着孔子学院规模及社会影响的日益扩大，孔子学院中文图书馆应该成为当地国家和城市最大的中文图书馆，孔子学院建设费用应该更多地用于图书馆的采购和建设。对此中国出版业也责无旁贷，海外孔子学院图书馆的馆配业务应该引起国内出版界的高度重视。

参考文献

［1］曹沸. 远程国际汉语教学的认知模式与教学资源研究. 远程教育杂志. 2012（6）：47-52.

［2］国家汉办官网. http://www. hanban.edu.cn/. 2012.

［3］津田量. 日本汉语教材综合研究及分析. 汉语学习. 2010（2）：105-106.

［4］胡晓慧、［韩］金秀景. 从韩国汉语教材市场看汉语教材"走出去". 中国出版. 2009（9-10）：45-46.

［5］罗春英. 美国汉语教材现状综述. 江西科技师范学院学报. 2010（5）：71-77.

［6］佚名. 海外华人谈对外汉语教材教学. 中国图书商报. 2006-09-29.

［7］应学凤. 汉语国际推广背景下对外汉语教材数字出版转型探析. 中国出版. 2012（19）：41-44.

［8］郑通涛. 对外汉语国别化教材开发的启示. 世界汉语教学学会通讯. 2011-03-03.

（原文载于《中国出版》2013 年 6 月（上））